興味の尽きることのない漢字学習

漢字文化圏の人々だけではなく、
世界中に日本語研究をしている人が数多くいます。
漢字かなまじり文は、独特の形を持ちながら
伝統ある日本文化を支え、
伝達と文化発展の基礎となってきました。
その根幹は漢字。
一字一字を調べていくと、
その奥深さに心打たれ、興味がわいてきます。
漢字は、生涯かけての
勉強の相手となるのではないでしょうか。

「漢検」級別 主な出題内容

10級 …対象漢字数 80字
漢字の読み／漢字の書取／筆順・画数

9級 …対象漢字数 240字
漢字の読み／漢字の書取／筆順・画数

8級 …対象漢字数 440字
漢字の読み／漢字の書取／部首・部首名／筆順・画数／送り仮名／対義語／同じ漢字の読み

7級 …対象漢字数 642字
漢字の読み／漢字の書取／部首・部首名／筆順・画数／送り仮名／対義語／同音異字／三字熟語

6級 …対象漢字数 835字
漢字の読み／漢字の書取／部首・部首名／筆順・画数／送り仮名／対義語・類義語／同音・同訓異字／三字熟語／熟語の構成

5級 …対象漢字数 1026字
漢字の読み／漢字の書取／部首・部首名／筆順・画数／送り仮名／対義語・類義語／同音・同訓異字／誤字訂正／四字熟語／熟語の構成

4級 …対象漢字数 1339字
漢字の読み／漢字の書取／部首・部首名／送り仮名／対義語・類義語／同音・同訓異字／誤字訂正／四字熟語／熟語の構成

3級 …対象漢字数 1623字
漢字の読み／漢字の書取／部首・部首名／送り仮名／対義語・類義語／同音・同訓異字／誤字訂正／四字熟語／熟語の構成

準2級 …対象漢字数 1951字
漢字の読み／漢字の書取／部首・部首名／送り仮名／対義語・類義語／同音・同訓異字／誤字訂正／四字熟語／熟語の構成

2級 …対象漢字数 2136字
漢字の読み／漢字の書取／部首・部首名／送り仮名／対義語・類義語／同音・同訓異字／誤字訂正／四字熟語／熟語の構成

準1級 …対象漢字数 約3000字
漢字の読み／漢字の書取／故事・諺／対義語・類義語／同音・同訓異字／誤字訂正／四字熟語

1級 …対象漢字数 約6000字
漢字の読み／漢字の書取／故事・諺／対義語・類義語／同音・同訓異字／誤字訂正／四字熟語

※ここに示したのは出題分野の一例です。毎回すべての分野から出題されるとは限りません。また、このほかの分野から出題されることもあります。

日本漢字能力検定採点基準 最終改定：平成25年4月1日

❶ 採点の対象
筆画を正しく、明確に書かれた字を採点の対象とし、くずした字や、乱雑に書かれた字は採点の対象外とする。

❷ 字種・字体
① 2～10級の解答は、内閣告示「常用漢字表」（平成二十二年）による。ただし、旧字体での解答は正答とは認めない。
② 1級および準1級の解答は、『漢検要覧 1／準1級対応』（公益財団法人日本漢字能力検定協会発行）に示す「標準字体」「許容字体」「旧字体一覧表」による。

❸ 読み
① 2～10級の解答は、内閣告示「常用漢字表」（平成二十二年）による。
② 1級および準1級の解答には、①の規定は適用しない。

❹ 仮名遣い
仮名遣いは、内閣告示「現代仮名遣い」による。

❺ 送り仮名
送り仮名は、内閣告示「送り仮名の付け方」による。

❻ 部首
部首は、『漢検要覧 2～10級対応』（公益財団法人日本漢字能力検定協会発行）収録の「部首一覧表と部首別の常用漢字」による。

❼ 筆順
筆順の原則は、文部省編『筆順指導の手びき』（昭和三十三年）による。常用漢字一字一字の筆順は、『漢検要覧 2～10級対応』収録の「常用漢字の筆順一覧」による。

❽ 合格基準

級	満点	合格
1級／準1級／2級	二〇〇点	八〇％程度
準2級／3級／4級／5級／6級／7級	二〇〇点	七〇％程度
8級／9級／10級	一五〇点	八〇％程度

※部首、筆順は『漢検 漢字学習ステップ』など公益財団法人日本漢字能力検定協会発行図書でも参照できます。

日本漢字能力検定審査基準

10級

程度　小学校第1学年の学習漢字を理解し、文や文章の中で使える。

領域・内容

《読むことと書くこと》　小学校学年別漢字配当表の第1学年の学習漢字を読み、書くことができる。

《筆順》　点画の長短、接し方や交わり方、筆順および総画数を理解している。

9級

程度　小学校第2学年までの学習漢字を理解し、文や文章の中で使える。

領域・内容

《読むことと書くこと》　小学校学年別漢字配当表の第2学年までの学習漢字を読み、書くことができる。

《筆順》　点画の長短、接し方や交わり方、筆順および総画数を理解している。

8級

程度　小学校第3学年までの学習漢字を理解し、文や文章の中で使える。

領域・内容

《読むことと書くこと》　小学校学年別漢字配当表の第3学年までの学習漢字を読み、書くことができる。

- 音読みと訓読みとを理解していること
- 送り仮名に注意して正しく書けること（食べる、楽しい、後ろ　など）
- 対義語の大体を理解していること（勝つ—負ける、重い—軽い　など）
- 同音異字を理解していること（反対、体育、期待、太陽　など）

《筆順》　筆順、総画数を正しく理解している。

《部首》　主な部首を理解している。

7級

程度　小学校第4学年までの学習漢字を理解し、文章の中で正しく使える。

領域・内容

《読むことと書くこと》　小学校学年別漢字配当表の第4学年までの学習漢字を読み、書くことができる。

- 音読みと訓読みとを正しく理解していること
- 送り仮名に注意して正しく書けること（等しい、短い、流れる　など）
- 熟語の構成を知っていること
- 対義語の大体を理解していること（入学—卒業、成功—失敗　など）
- 同音異字を理解していること（健康、高校、公共、外交　など）

《筆順》　筆順、総画数を正しく理解している。

《部首》　部首を理解している。

6級

程度　小学校第5学年までの学習漢字を理解し、文章の中で漢字が果たしている役割を知り、正しく使える。

領域・内容

《読むことと書くこと》　小学校学年別漢字配当表の第5学年までの学習漢字を読み、書くことができる。

・音読みと訓読みとを正しく理解していること
・送り仮名や仮名遣いに注意して正しく書けること（求める、失う　など）
・熟語の構成を知っていること（上下、絵画、大木、読書、不明　など）
・対義語、類義語の大体を理解していること（禁止―許可、平等―均等　など）
・同音・同訓異字を正しく理解していること

《筆順》　筆順、総画数を正しく理解している。

《部首》　部首を理解している。

5級

程度　小学校第6学年までの学習漢字を理解し、文章の中で漢字が果たしている役割に対する知識を身に付け、漢字を文章の中で適切に使える。

領域・内容

《読むことと書くこと》　小学校学年別漢字配当表の第6学年までの学習漢字を読み、書くことができる。

・音読みと訓読みとを正しく理解していること
・送り仮名や仮名遣いに注意して正しく書けること
・熟語の構成を知っていること
・対義語、類義語を正しく理解していること
・同音・同訓異字を正しく理解していること

《四字熟語》　四字熟語を正しく理解している（有名無実、郷土芸能　など）。

《筆順》　筆順、総画数を正しく理解している。

《部首》　部首を理解し、識別できる。

4級

程度　常用漢字のうち約1300字を理解し、文章の中で適切に使える。

領域・内容

《読むことと書くこと》　小学校学年別漢字配当表のすべての漢字と、その他の常用漢字約300字の読み書きを習得し、文章の中で適切に使える。

・音読みと訓読みとを正しく理解していること
・送り仮名や仮名遣いに注意して正しく書けること
・熟語の構成を正しく理解していること
・熟字訓、当て字を理解していること（小豆／あずき、土産／みやげ　など）
・対義語、類義語、同音・同訓異字を正しく理解していること

《四字熟語》　四字熟語を理解している。

《部首》　部首を識別し、漢字の構成と意味を理解している。

3級

程度　常用漢字のうち約1600字を理解し、文章の中で適切に使える。

領域・内容

《読むことと書くこと》　小学校学年別漢字配当表のすべての漢字と、その他の常用漢字約600字の読み書きを習得し、文章の中で適切に使える。

・音読みと訓読みとを正しく理解していること
・送り仮名や仮名遣いに注意して正しく書けること
・熟語の構成を正しく理解していること
・熟字訓、当て字を理解していること（乙女／おとめ、風邪／かぜ　など）
・対義語、類義語、同音・同訓異字を正しく理解していること

《四字熟語》　四字熟語を理解している。

《部首》　部首を識別し、漢字の構成と意味を理解している。

※常用漢字とは、平成22年（2010年）11月30日付内閣告示による「常用漢字表」に示された2136字をいう。

準2級

程度 常用漢字のうち1951字を理解し、文章の中で適切に使える。

領域・内容

《読むことと書くこと》 1951字の漢字の読み書きを習得し、文章の中で適切に使える。

- 音読みと訓読みとを正しく理解していること
- 送り仮名や仮名遣いに注意して正しく書けること
- 熟語の構成を正しく理解していること
- 熟字訓、当て字を理解していること（硫黄／いおう、相撲／すもう　など）
- 対義語、類義語、同音・同訓異字を正しく理解していること

《四字熟語》 典拠のある四字熟語を理解している（驚天動地、孤立無援　など）。

《部首》 部首を識別し、漢字の構成と意味を理解している。

※ 1951字とは、昭和56年（1981年）10月1日付内閣告示による旧「常用漢字表」の1945字から「勺」「錘」「銑」「脹」「匁」の5字を除いたものに、現行の「常用漢字表」のうち、「茨」「媛」「岡」「熊」「埼」「鹿」「栃」「奈」「梨」「阪」「阜」の11字を加えたものを指す。

2級

程度 すべての常用漢字を理解し、文章の中で適切に使える。

領域・内容

《読むことと書くこと》 すべての常用漢字の読み書きに習熟し、文章の中で適切に使える。

- 音読みと訓読みとを正しく理解していること
- 送り仮名や仮名遣いに注意して正しく書けること
- 熟語の構成を正しく理解していること
- 熟字訓、当て字を理解していること（海女／あま、玄人／くろうと　など）
- 対義語、類義語、同音・同訓異字などを正しく理解していること

《四字熟語》 典拠のある四字熟語を理解している（鶏口牛後、呉越同舟　など）。

《部首》 部首を識別し、漢字の構成と意味を理解している。

準1級

程度 常用漢字を含めて、約3000字の漢字の音・訓を理解し、文章の中で適切に使える。

領域・内容

《読むことと書くこと》 常用漢字の音・訓を含めて、約3000字の漢字の読み書きに慣れ、文章の中で適切に使える。

- 熟字訓、当て字を理解していること
- 対義語、類義語、同音・同訓異字などを理解していること
- 国字を理解していること（峠、凧、畠　など）
- 複数の漢字表記について理解していること（國―国、交叉―交差　など）

《四字熟語・故事・諺》 典拠のある四字熟語、故事成語・諺を正しく理解している。

《古典的文章》 古典的文章の中での漢字・漢語を理解している。

※ 約3000字の漢字は、JIS第一水準を目安とする。

1級

程度 常用漢字を含めて、約6000字の漢字の音・訓を理解し、文章の中で適切に使える。

領域・内容

《読むことと書くこと》 常用漢字の音・訓を含めて、約6000字の漢字の読み書きに慣れ、文章の中で適切に使える。

- 熟字訓、当て字を理解していること
- 対義語、類義語、同音・同訓異字などを理解していること
- 国字を理解していること（怺える、毟る　など）
- 地名・国名などの漢字表記（当て字の一種）を知っていること
- 複数の漢字表記について理解していること（鹽―塩、颱風―台風　など）

《四字熟語・故事・諺》 典拠のある四字熟語、故事成語・諺を正しく理解している。

《古典的文章》 古典的文章の中での漢字・漢語を理解している。

※ 約6000字の漢字は、JIS第一・第二水準を目安とする。

※常用漢字とは、平成22年（2010年）11月30日付内閣告示による「常用漢字表」に示された2136字をいう。

個人受検の申し込みについて　申し込みから合否の通知まで

1 受検級を決める

受検資格　制限はありません

実施級　1、準1、2、準2、3、4、5、6、7、8、9、10級

検定会場　全国主要都市約170か所に設置
（実施地区は検定の回ごとに決定）

2 検定に申し込む

●インターネットで申し込む

ホームページ https://www.kanken.or.jp/ から申し込む
（クレジットカード決済、コンビニ決済、楽天ペイが可能です）。

下記の二次元コードから日本漢字能力検定協会ホームページへ簡単にアクセスできます。

●コンビニエンスストアで申し込む

・ローソン「Loppi」
・セブン-イレブン「マルチコピー」
・ファミリーマート「マルチコピー」
・ミニストップ「MINISTOP Loppi」

検定料は各店舗のレジカウンターで支払う。

※申込方法など、変更になることがございます。最新の情報はホームページをご確認ください。

注意

①家族・友人と同じ会場での受検を希望する方は、検定料のお支払い完了後、申込締切日の3営業日後までに協会（お問い合わせフォーム）までお知らせください。

②障がいがあるなど、身体的・精神的な理由により、受検上の配慮を希望される方は、申込締切日までに協会（お問い合わせフォーム）までご相談ください（申込締切日以降のお申し出には対応できかねます）。

③検定料を支払われた後は、受検級・受検地を含む内容変更および取り消し・返金は、いかなる場合もできません。また、次回以降の振り替え、団体受検や漢検ＣＢＴへの変更もできません。

3 受検票が届く

●受検票は検定日の約1週間前にお届けします。4日前になっても届かない場合、協会までお問い合わせください。

お問い合わせ窓口

電話番号　フリーコール　0120-509-315（無料）
（海外からはご利用いただけません。
ホームページよりメールでお問い合わせください。）

お問い合わせ時間　月～金　9時00分～17時00分
（祝日・お盆・年末年始を除く）
※検定日とその前日の土、日は開設
※検定日は9時00分～18時00分

メールフォーム　https://www.kanken.or.jp/kanken/contact/

4 検定日当日

検定時間

2級：10時00分～11時00分（60分間）
準2級：11時50分～12時50分（60分間）
8・9・10級：11時50分～12時30分（40分間）
1・3・5・7級：13時40分～14時40分（60分間）
準1・4・6級：15時30分～16時30分（60分間）

持ち物 受検票、鉛筆（HB、B、2Bの鉛筆またはシャープペンシル）、消しゴム
※ボールペン、万年筆などの使用は認められません。ルーペ持ち込み可。

注意

①会場への車での来場（送迎を含む）は、周辺の迷惑になりますのでご遠慮ください。
②検定開始時刻の15分前を目安に受検教室までお越しください。答案用紙の記入方法などを説明します。
③携帯電話やゲーム、電子辞書などは、電源を切り、かばんにしまってから入場してください。
④検定中は受検票を机の上に置いてください。
⑤答案用紙には、あらかじめ名前や生年月日などが印字されています。
⑥検定日の約5日後に漢検ホームページにて標準解答を公開します。

5 合否の通知

検定日の約40日後に、受検者全員に「検定結果通知」を郵送します。合格者には「合格証書」・「合格証明書」を同封します。欠席者には検定問題と標準解答をお送りします。
受検票は検定結果が届くまで大切に保管してください。

注目

進学・就職に有利！ 合格者全員に合格証明書発行

大学・短大の推薦入試の提出書類に、また就職の際の履歴書に添付してあなたの漢字能力をアピールしてください。合格者全員に、合格証書と共に合格証明書を2枚、無償でお届けいたします。

合格証明書が追加で必要な場合は有償で再発行できます。

次の❶～❹を同封して、協会までお送りください。約1週間後、お手元にお届けします。

❶合格証明書再発行申請書（漢検ホームページよりダウンロード可能）もしくは氏名・住所・電話番号・生年月日、および受検年月日・受検級を明記したもの
❷本人確認資料（学生証、運転免許証、健康保険証など）のコピー
❸住所・氏名を表に明記し切手を貼《は》った返信用封筒
❹証明書1枚につき発行手数料として500円の定額小為替

団体受検の申し込み

学校や企業などで志願者が一定以上まとまると、団体申込ができ、自分の学校や企業内で受検できる制度もあります。団体申込を扱っているかどうかは先生や人事関係の担当者に確認してください。

「漢検」受検の際の注意点

【字の書き方】

問題の答えは楷書で大きくはっきり書きなさい。乱雑な字や続け字、また、行書体や草書体のようにくずした字は採点の対象とはしません。

特に漢字の書き取り問題では、答えの文字は教科書体をもとにして、はねるところ、とめるところなどもはっきり書きましょう。また、画数に注意して、一画一画を正しく、明確に書きなさい。

《例》

○熱　×熱

○言　×言

○糸　×糸

【字種・字体について】

(1)日本漢字能力検定2〜10級においては、「常用漢字表」に示された字種で書きなさい。つまり、表外漢字（常用漢字表にない漢字）を用いると、正答とは認められません。

《例》

○交差点　×交叉点　（「叉」が表外漢字）

○寂しい　×淋しい　（「淋」が表外漢字）

(2)日本漢字能力検定2〜10級においては、「常用漢字表」に示された字体で書きなさい。なお、「常用漢字表」に参考として示されている康熙《こうき》字典体など、旧字体と呼ばれているものを用いると、正答とは認められません。

《例》

○真　×眞　　○渉　×涉

○飲　×飮　　○迫　×迫

○弱　×弱

(3)一部例外として、平成22年告示「常用漢字表」で追加された字種で、許容字体として認められているものや、その筆写文字と印刷文字との差が習慣の相違に基づくとみなせるものは正答と認めます。

《例》

餌 ➡ 餌　と書いても可

遜 ➡ 遜　と書いても可

葛 ➡ 葛　と書いても可

溺 ➡ 溺　と書いても可

箸 ➡ 箸　と書いても可

注意

(3)において、どの漢字が当てはまるかなど、一字一字については、当協会発行図書（2級対応のもの）掲載の漢字表で確認してください。

漢検

漢検
分野別問題集

改訂二版

準2級

漢検 公益財団法人 日本漢字能力検定協会

もくじ

本書の特長と使い方

本書は、「日本漢字能力検定」の準2級合格を目指した問題集です。読み、部首、熟語の理解、対義語・類義語、四字熟語、送りがな、同音・同訓異字、書き取りの分野で構成しており、学習をスムーズに進められるように工夫されています。また練習問題は、「ウォーミングアップ」→「練習1」→「練習2」と基礎的なものから順にレベルアップしていきますので、無理なく学習に取り組むことができます。

❶ まずは、要点整理 漢検おもしろゼミ

各分野の問題に取り組む前に、ぜひ知っておいてほしい基礎知識を解説しています。

❶ 漢字のまめ知識なども取りあげていますので、読書感覚で読むことができます。

❷ わかりにくい項目などは、表やイラストで解説しています。

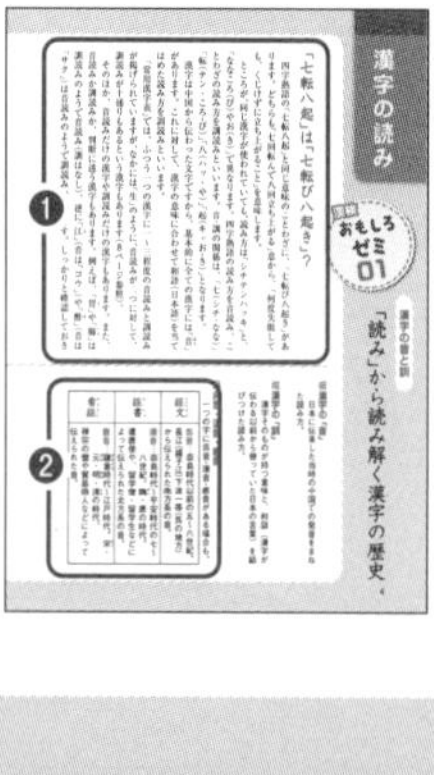

❷ 練習前の肩ならし ウォーミングアップ

基礎力をチェックしましょう。

❶ **チェック欄**

できなかった問題、間違えた問題、自信のない問題はここにチェックして、復習に役立てましょう。

❷ **ミニコラム(ONE Point)**

問題を解く上でのテクニック・注意点・ポイントなどを述べています。

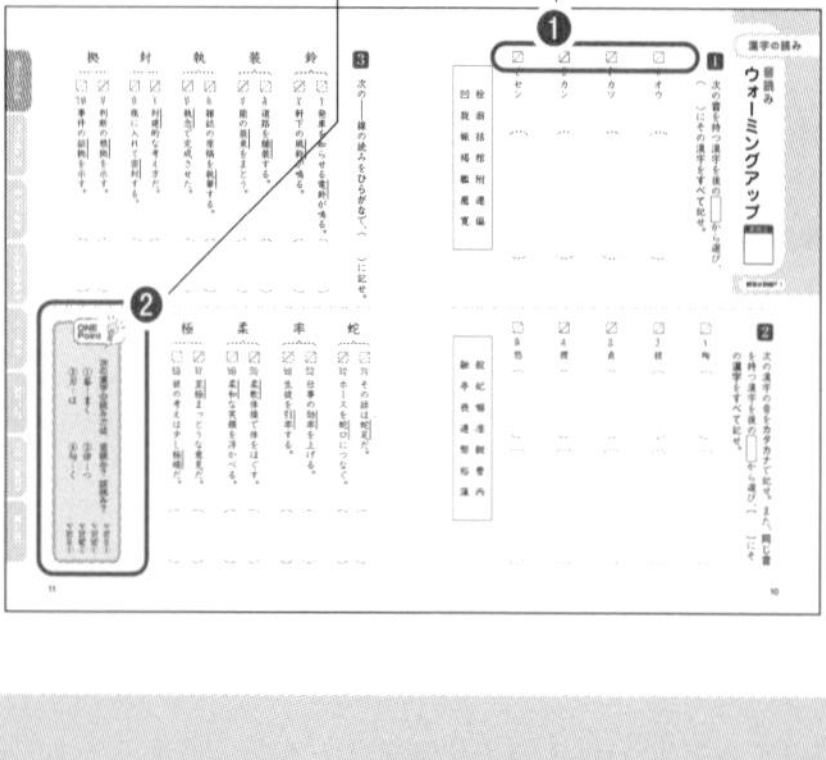

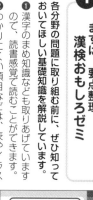

③ いろいろな練習問題に挑戦 練習1・練習2

練習1→練習2と学習を進めることで、検定に必要な漢字能力を正しく確実に身につけましょう。

❶実施日記入欄

❷解答の手助けとなる「ヒント」や「意味」を掲載しているので、漢字の成り立ちや意味などをきちんと理解した上で、問題を解くことができます。

❸間違えやすい問題や難易度の高い問題にはアイコンをつけています。アイコンのついた問題を解くことができれば、自信を持ってよいでしょう。

練習1

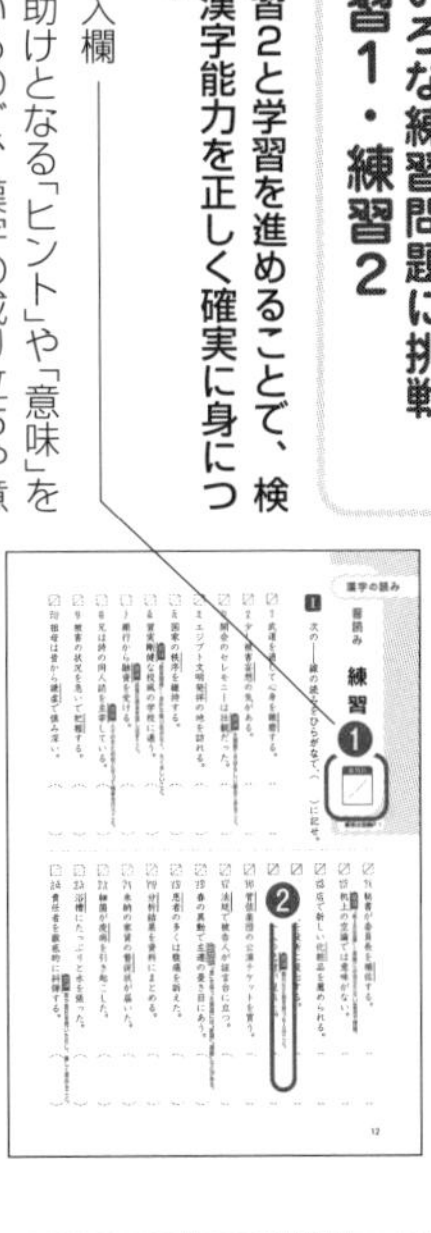

練習2

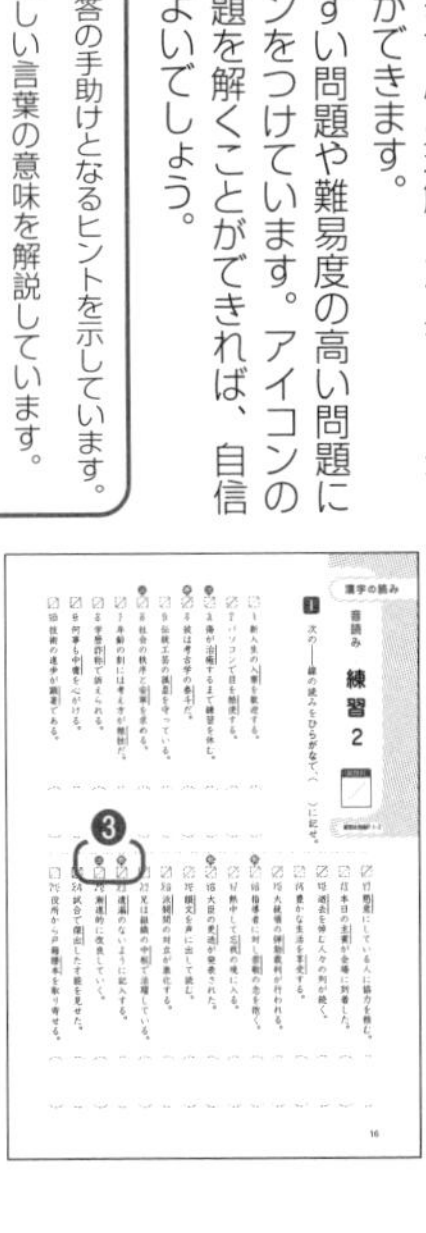

この本で使っているアイコン

- ヒント　解答の手助けとなるヒントを示しています。
- 意味　難しい言葉の意味を解説しています。
- 注　間違えやすい問題です。
- 難　難易度の高い問題です。

④ バッチリ力をつけよう　実力完成問題

全分野の練習を終えたら、審査基準に則した出題形式の実力完成問題にチャレンジしましょう。自己採点して、苦手分野は再度復習しましょう。

⑤ 検定直前ポイント整理　巻末資料

配当漢字の一覧や四字熟語など、確認しておきたい資料や、各種漢字表をまとめました。日々の学習や検定直前の見直しに活用しましょう。

漢検おもしろゼミ01

漢字の音と訓

「読み」から読み解く漢字の歴史

「七転八起」は「七転び八起き」？

四字熟語の「七転八起」と同じ意味のことわざに、「七転び八起き」があります。どちらも「七回転んで八回立ち上がる」意から、「何度失敗しても、くじけずに立ち上がること」を意味します。

ところが、同じ漢字が使われていても、読み方は「シチテンハッキ」と、「ななころ(び)やお(き)」で異なります。四字熟語の読み方を音読み、ことわざの読み方を訓読みといいます。音・訓の関係は、「七(シチ・なな)」「転(テン・ころ-び)」「八(ハッ・や)」「起(キ・お-き)」となります。

漢字は中国から伝わった文字ですから、基本的に全ての漢字には「音《おん》」があります。これに対して、漢字の意味に合わせて和語(日本語)を当てはめた読み方を訓読みといいます。

「常用漢字表」では、ふつう一つの漢字に一～三程度の音読みと訓読みが掲げられていますが、なかには「生」のように、音読みが二つに対して、訓読みが十通りもあるという漢字もあります(8ページ参照)。

そのほか、音読みだけの漢字や訓読みだけの漢字もあります。また、音読みか訓読みか、判断に迷う漢字もあります。例えば、「胃《イ》」や「肺《ハイ》」は訓読みのようで音読み(訓はなし)、逆に「江《え》」(音は「コウ」)や「酢《す》」(音は「サク」)は音読みのようで訓読みの漢字です。しっかりと確認しておき

■漢字の「音」
日本に伝来した当時の中国での発音をまねた読み方。

■漢字の「訓」
漢字そのものが持つ意味と、和語（漢字が伝わる以前から使っていた日本の言葉）を結びつけた読み方。

■呉音・漢音・唐音
一つの字に呉音・漢音・唐音がある場合も。

経文《きょうもん》	呉音…奈良時代以前の五～六世紀。長江(揚子江)下流一帯(呉の地方)から伝えられた南方系の音。
経書《けいしょ》	漢音…奈良時代～平安時代の七～八世紀。隋《ずい》・唐の時代。遣唐使や、留学僧・留学生などによって伝えられた北方系の音。
看経《かんきん》	唐音…鎌倉《かまくら》時代～江戸時代。宋《そう》・元《げん》・明《みん》・清《しん》の時代。禅宗の僧や貿易商人などによって伝えられた音。

ましょう。

それでは、なぜ、音訓にはこのような違いがあるのでしょうか。次に、その成り立ちを追ってみましょう。

漢字の「音読み」は大別して三つ

中国から伝来した漢字を、中国での発音をまねて読んだものが「音読み」です。

日本に伝来した時代や、中国のどの地域から伝わったのかによって読みは異なります。大きく三つ、**呉音**《ごおん》**・漢音**《かんおん》**・唐音**《とうおん》に分けられ、「生」なら「ショウ」が呉音、「セイ」が漢音となります。

これらのほかに、日本で生じた**慣用音**というものもあります。

ちなみに、辞書などでは音は訓と区別するために、カタカナで記載されることが多く、「常用漢字表」の表記もこれに従っています。

［呉音］…仏教用語が中心

日本が奈良時代以前の五～六世紀に、長江(揚子江)下流一帯(呉の地方)から伝えられた、南方系の音は「呉音」といわれています。当時の中国は南北朝時代で、特に南朝は仏教が盛んでした。後に唐の杜牧《とぼく》は、その詩「江南《こうなん》の春」で、そのありさまを次のように歌っています。

千里《せんり》鶯《うぐいす》啼《な》いて緑紅《みどりくれない》に映《えい》ず　水村山郭《すいそんさんかく》酒旗《しゅき》の風《かぜ》
南朝《なんちょう》四百《しひゃく》八十寺《はっしんじ》　多少《たしょう》の楼台《ろうだい》煙雨《えんう》の中《うち》

呉音は仏教用語に多く残されています。日常語では「境界・無言・文句」などが呉音にあたります(「界」は漢音。「句」は漢音も同じ)。

仏教用語に残る呉音の例

回向《えこう》…死者のために仏事を営み、霊を慰めること。
供養《くよう》…死者の霊に物を供えること。
極楽《ごくらく》…阿弥陀仏《あみだぶつ》の浄土。苦しみのない安楽な世界。
勤行《ごんぎょう》…仏前で経を読んだり祈ったりすること。
金堂《こんどう》…寺院の中心をなす建物で、本尊を安置する堂。本堂。
建立《こんりゅう》…寺院や堂塔などを建てること。
修行《しゅぎょう》…悟りを開くために、仏の教えを実践すること。
殺生《せっしょう》…生き物を殺すこと。また、むごいこと。ひどく残酷なこと。

日常語に見られる「呉音」と「漢音」

漢字	呉音	漢音
会	会釈《えしゃく》	会社《かいしゃ》
兄弟	兄弟《きょうだい》	兄弟《けいてい》
万	巨万《きょまん》	万全《ばんぜん》
久	久遠《くおん》	永久《えいきゅう》
化	化粧《けしょう》	化学《かがく》
内	校内《こうない》	境内《けいだい》
今	今昔《こんじゃく》	今古《きんこ》

漢字	呉音	漢音
赤	赤銅《しゃくどう》	赤道《せきどう》
成	成就《じょうじゅ》	成功《せいこう》
省	省略《しょうりゃく》	反省《はんせい》
音	騒音《そうおん》	母音《ぼいん》
体	体面《たいめん》	体裁《ていさい》
生	誕生《たんじょう》	先生《せんせい》
無	無言《むごん》	無礼《ぶれい》

【漢音】…最も多い漢字音

七〜八世紀、隋《ずい》から唐の時代にかけて、洛陽《らくよう》(今の河南《かなん》省の都市)や長《ちょう》安《あん》(今の西安《せいあん》)から、日本の遣唐使や留学僧・留学生などによって伝えられた、北方系の音が「漢音」です。漢音は、日本で平安時代に漢字の標準音として学者たちの間で重用され、呉音よりも広く一般的に使われるようになりました。現在、日本で使用される漢字の音の中で最も多いのが漢音といわれています。

漢音の語としては「極地・発言・勉強」などがあります。

【唐音】…道具の名前などに残る

日本への漢字の伝来はその後も続き、鎌倉《かまくら》時代には留学僧や貿易商人によって、江戸時代には来日した禅宗の僧や中国の通事《つうじ》(通訳。商務官を兼ねることも)などによって伝えられました。

これらの漢字音は「唐音」と呼ばれますが、必ずしも唐代だけの音という意味ではありません。唐以後の宋《そう》・元《げん》・明《みん》・清《しん》などの音も含まれ、「唐宋音《とうそうおん》」ということもあります。

その内容に傾向や共通点は特になく、日常語における使用範囲も狭いので、今日では一部の道具の名前などに残されている程度に過ぎません。

唐音の語は「和尚《おしょう》・普請《ふしん》・南京《なんきん》」などです(「尚《しょう》」は漢音、「普《ふ》」「南《なん》」は呉音)。

【慣用音】…使い慣らされて広く通用

呉音・漢音・唐音のいずれでもなく、日本で広く使われて一般化するようになった音が「慣用音」です。

「緒」の音「チョ」が慣用音の一つです。「緒」は本来、漢音の「ショ」のみで、「情緒」も「ジョウショ」と読んでいましたが、「緒」を慣用で「チョ」と

■道具などの名に多い「唐音」

行火《あんか》　行灯《あんどん》　杏子《あんず》　銀杏《ぎんなん》
和尚《おしょう》　布団《ふとん》　提灯《ちょうちん》　風鈴《ふうりん》
花瓶《かびん》　椅子《いす》　暖簾《のれん》

■呉音・漢音・唐音の読み分け

漢字	呉音	漢音	唐音
脚	脚気《かっけ》	脚本《きゃくほん》	脚立《きゃたつ》
行	行列《ぎょうれつ》	行動《こうどう》	行宮《あんぐう》
経	経文《きょうもん》	経書《けいしょ》	看経《かんきん》
外	外科《げか》	外国《がいこく》	外郎《ういろう》
京	東京《とうきょう》	京師《けいし》	南京《なんきん》
明	明年《みょうねん》	明月《めいげつ》	明朝《みんちょう》

■主な慣用音

愛想《あいそ》　音頭《おんど》　合戦《かっせん》　宮司《ぐうじ》
懸念《けねん》　早急《さっきゅう》　磁石《じしゃく》　情緒《じょうちょ》
消耗《しょうもう》　信仰《しんこう》　正副《せいふく》　掃除《そうじ》
反物《たんもの》　弟子《でし》　独立《どくりつ》　出納《すいとう》
納得《なっとく》　女房《にょうぼう》　暴露《ばくろ》　拍子《ひょうし》
夫婦《ふうふ》　福祉《ふくし》　法主《ほっす》　輸入《ゆにゅう》

読む読み方が定着し、現在では「常用漢字表」の「緒」の読みは、「ショ」のほかに慣用音の「チョ」も掲げられ、例語に「情緒」が挙げられています。

訓読みは漢字の翻訳

漢字が日本に伝えられたとき、漢字は音読みしかありませんでした。しかし、漢字が表す内容と同じ意味の日本の言葉（和語）が、すでに多く存在していました。そこで、音読みしかなかった漢字に、字そのものが持つ意味と和語を結びつけた読み方が開発されました。

このように、漢字が持つ意味に近い日本語を当てはめたものとして誕生したのが訓読みです。

例えば、「松」という漢字は伝来したころ、読み方は「ショウ」のみでした。けれど、字の意味は日本語の「まつ」と同じなのだから、「松」を「まつ」とも読むことにしよう、というように、訓読みは作られてきたのです。

このように、訓は日本人により次々に作られました。次ページに挙げるように、多くの訓を持つ漢字も出てきましたが、さまざまな歴史の中で整理され、今日に至っています。

注意したい多くの訓を持つ漢字

漢字	音	訓
交	コウ	まじ-わる・まじ-える・ま-じる・ま-ざる・ま-ぜる・か-う・か-わす
上	ジョウ・ショウ	うえ・うわ・かみ・あ-げる・あ-がる・のぼ-る・のぼ-せる・のぼ-す

送りがなのつく「語幹が3音節以上の準2級配当漢字」

※【高】は高校で学習する読み

陥（おちい-る・おとしい-れる【高】）　偽（いつわ-る）
患（わずら-う）【高】　謹（つつし-む）
恭（うやうや-しい）【高】　唆（そそのか-す）【高】
懇（ねんご-ろ）【高】　遮（さえぎ-る）
賜（たまわ-る）　償（つぐな-う）
醜（みにく-い）
甚（はなは-だ・はなは-だしい）
拙（つたな-い）　弔（とむら-う）
培（つちか-う）【高】
煩（わずら-う・わずら-わす）
侮（あなど-る）【高】　憤（いきどお-る）【高】
偏（かたよ-る）　賄（まかな-う）

●訓読みが多い漢字（「常用漢字表」より）

生	
音	セイ・ショウ
訓	い-きる・い-かす・い-ける・う-まれる・う-む・お-う・は-える・は-やす・き・なま

下	
音	カ・ゲ
訓	した・しも・もと・さ-げる・さ-がる・くだ-る・くだ-す・くだ-さる・お-ろす・お-りる

ほかにも「志（こころざ-す）」のような一字多音節の語や、「取る・採る・捕る・執る・撮る」など、同訓異字も、学習の際は注意が必要です。

音読みや訓読みのない字もある

「常用漢字表」では、「菊」という漢字に訓読みはありません。これは、「菊」という漢字が日本に伝わったとき、日本には菊が存在していなかったためなのです。このように、その漢字が伝来した当時の日本に、それに相当する事物や概念がなかったために、音読みがそのまま日本語になった漢字がいくつかあります。

ほかにも、初めは訓読みがあったけれど、次第に使われなくなって音読みのみとなった漢字や、逆に「畝《うね》」「浦《うら》」のように「常用漢字表」では訓読みだけが残り、音読みがない漢字もあります。

また、漢字には日本で作られた「国字」もあります。「峠」（とうげ）・「畑」（はた・はたけ）などが国字にあたり、ほとんどが訓読みのみの漢字です。なかには「働」のように、音読み（ドウ）と訓読み（はたら-く）の両方を持つ国字もあります。

■「常用漢字表／付表」熟字訓・当て字（中学校で学習するもの）

※▲は2級配当の漢字

あずき－小豆
いおう－硫黄
いくじ－意気地
いなか－田舎
うなばら－海原
うば－乳母
うわつく－浮つく
えがお－笑顔
おじ－叔父・伯父
おとめ－乙女
おば－叔母・伯母
おまわりさん－お巡りさん
かじ－鍛冶▲
かぜ－風邪
かたず－固唾▲
かな－仮名
かわせ－為替
ここち－心地
さおとめ－早乙女
さしつかえる－差し支える
さつき－五月
さなえ－早苗
さみだれ－五月雨
しぐれ－時雨
しっぽ－尻▲尾
しない－竹刀
しにせ－老舗

しばふ－芝生
しゃみせん－三味線
じゃり－砂利
しらが－白髪
すもう－相撲
ぞうり－草履
たち－太刀
たちのく－立ち退く
たび－足袋
つゆ－梅雨
でこぼこ－凸凹
なごり－名残
なだれ－雪崩
はたち－二十・二十歳
はとば－波止場
ひより－日和
ふぶき－吹雪
みやげ－土産
むすこ－息子
もみじ－紅葉
もめん－木綿
もより－最寄り
やまと－大和
やよい－弥▲生
ゆくえ－行方
わこうど－若人

特別な読み方をする漢字

次の詩は、島崎藤村《とうそん》の詩「千曲川《ちくまがわ》旅情の歌」の第二節の歌い出しです。

昨日またかくてありけり
今日もまたかくてありなむ

ここで歌われている「昨日」「今日」は、「さくじつ」「こんにち」ではなく「きのう」「きょう」と読みます。では一字ずつに分けたときの読みは、「昨(きの)日(う)」でしょうか「今(きょ)日(う)」でしょうか。

実は、これは「きのう」「きょう」でひとまとまりの、分解することができない読みなのです。このような、漢字一字ずつに読みが分解できない特別な読み方を「熟字訓《じゅくじくん》」といいます。「熟字訓」は、日本にもともとあった言葉に、内容に合った漢字を後からあてたものです。そのため、漢字本来の読みとは異なります。ほかにも「為替(かわせ)」「竹刀(しない)」など、「常用漢字表」の「付表」に記載があるので、きちんと読めるようにしたいものです。

なお、「常用漢字表」で認められている音訓のうち、特別なものや用法のごく狭いものがあります。例えば「懸」の「ケ」(懸念)や「献」の「コン」(献立)、「煩」の「ボン」(煩悩)など。これらの特別な読みについても、正しく読めるようにしましょう。

■「常用漢字表」中の特別な音訓と用語例
（中学校で学習するもの）

※赤字は2級配当の漢字

遺	ユイ	遺言《ゆいごん》
唄	うた	小唄《こうた》・長唄《ながうた》
仮	ケ	仮病《けびょう》
夏	ゲ	夏至《げし》
牙	ゲ	象牙《ぞうげ》
街	カイ	街道《かいどう》
胸	むな	胸板《むないた》・胸騒《むなさわ》ぎ
境	ケイ	境内《けいだい》
仰	コウ	信仰《しんこう》
嫌	ゲン	機嫌《きげん》
献	コン	献立《こんだて》・一献《いっこん》
紅	ク	真紅《しんく》・深紅《しんく》
黄	こ	黄金《こがね》
歳	セイ	歳暮《せいぼ》
財	サイ	財布《さいふ》
児	ニ	小児科《しょうにか》
手	た	手綱《たづな》・手繰《たぐ》る
舟	ふな	舟遊《ふなあそ》び・舟歌《ふなうた》
修	シュ	修行《しゅぎょう》
出	スイ	出納《すいとう》
旬	シュン	旬《しゅん》の野菜
緒	チョ	情緒《じょうちょ》
除	ジ	掃除《そうじ》
神	かん	神主《かんぬし》
仁	ニ	仁王《におう》
井	ショウ	天井《てんじょう》
声	こわ	声色《こわいろ》
星	ショウ	明星《みょうじょう》
精	ショウ	精進《しょうじん》・不精《ぶしょう》
静	ジョウ	静脈《じょうみゃく》
石	コク	石高《こくだか》・千石船《せんごくぶね》
昔	シャク	今昔《こんじゃく》
切	サイ	一切《いっさい》
早	サッ	早速《さっそく》・早急《さっきゅう》
曽	ゾ	未曽有《みぞう》
贈	ソウ	寄贈《きそう》
爪	つま	爪先《つまさき》・爪弾《つまび》く
弟	デ	弟子《でし》
度	タク	支度《したく》
稲	いな	稲作《いなさく》・稲穂《いなほ》
丼	どん	牛丼《ぎゅうどん》・天丼《てんどん》
内	ダイ	内裏《だいり》・参内《さんだい》
納	ナッ	納得《なっとく》・納豆《なっとう》
納	トウ	出納《すいとう》
拍	ヒョウ	拍子《ひょうし》
反	タン	反物《たんもの》
彼	かの	彼女《かのじょ》
眉	ミ	眉間《みけん》
苗	なわ	苗代《なわしろ》
夫	フウ	夫婦《ふうふ》・工夫《くふう》
奉	ブ	奉行《ぶぎょう》
坊	ボッ	坊《ぼっ》ちゃん
暴	バク	暴露《ばくろ》
目	ボク	面目《めんぼく》
露	ロウ	披露《ひろう》

音読み ウォーミングアップ

実施日 ／

解答は別冊P.1

1 次の**音**を持つ漢字を後の□から選び、（　）にその漢字を**すべて**記せ。

1 オウ（　　）
2 カツ（　　）
3 カン（　　）
4 セン（　　）

栓 翁 括 棺 附 遷 偏
凹 旋 娠 褐 艦 薦 寛

2 次の漢字の音を**カタカナ**で記せ。また、**同じ音**を持つ漢字を後の□から選び、［　］にその**漢字**を**すべて**記せ。

1 殉（　　）［　　］
2 核（　　）［　　］
3 貞（　　）［　　］
4 捜（　　）［　　］
5 悠（　　）［　　］

殻 妃 嚇 准 艇 曹 丙
融 亭 喪 遵 幣 裕 藻

3 次の――線の読みをひらがなで、（　）に記せ。

鈴

1 発車を知らせる電鈴が鳴る。（　）
2 軒下の風鈴が鳴る。（　）

装

3 道路を舗装する。（　）
4 能の装束をまとう。（　）

執

5 雑誌の原稿を執筆する。（　）
6 執念で完成させた。（　）

封

7 封建的な考え方だ。（　）
8 瓶に入れて密封する。（　）

拠

9 判断の根拠を示す。（　）
10 事件の証拠を示す。（　）

蛇

11 その話は蛇足だ。（　）
12 ホースを蛇口につなぐ。（　）

率

13 仕事の効率を上げる。（　）
14 生徒を引率する。（　）

柔

15 柔軟体操で体をほぐす。（　）
16 柔和な笑顔を浮かべる。（　）

極

17 至極まっとうな意見だ。（　）
18 彼の考えは少し極端だ。（　）

ONE Point

次の漢字の読み方は、音読み？ 訓読み？

①幕―まく　②津―つ
③刃―は　④句―く

①音読み　②訓読み　③訓読み　④音読み

音読み 練習 1

実施日　／

解答は別冊P.1

1 次の――線の読みをひらがなで、（　　）に記せ。

1 武道を通して心身を錬磨する。（　　）

2 少し被害妄想の気がある。（　　）

3 開会のセレモニーは壮観だった。（　　）
意味 大規模ですばらしい眺めであること。

4 エジプト文明発祥の地を訪れる。（　　）

5 国家の秩序を維持する。（　　）

6 質実剛健な校風の学校に通う。（　　）
意味 「質実剛健」＝余計な飾り気がなく、たくましいこと。

7 銀行から融資を受ける。（　　）
意味 必要な資金を貸し出すこと。

8 兄は詩の同人誌を主宰している。（　　）
意味 人々のまとめ役となって物事を行うこと。

9 被害の状況を急いで把握する。（　　）

10 祖母は昔から謙虚で慎み深い。（　　）

11 秘書が委員長を補佐する。（　　）

12 机上の空論では意味がない。（　　）
意味 「机上の空論」＝実際には役立たない意見や理論。

13 店で新しい化粧品を薦められる。（　　）

14 婚姻届を役所に提出する。（　　）

15 十年に一人の逸材が現れた。（　　）
意味 優れた才能を持った人のこと。

16 管弦楽団の公演チケットを買う。（　　）

17 法廷で被告人が証言台に立つ。（　　）

18 春の異動で左遷の憂き目にあう。（　　）
ヒント 「遷」を使った熟語には「変遷」「遷都」などがある。

19 患者の多くは腹痛を訴えた。（　　）

20 分析結果を資料にまとめる。（　　）

21 未納の家賃の督促状が届いた。（　　）

22 細菌が疫病を引き起こした。（　　）

23 浴槽にたっぷりと水を張った。（　　）

24 責任者を徹底的に糾弾する。（　　）
意味 罪や責任を問いただし、厳しく責めること。

- 25 旅行雑誌を定期購読している。（　　）
- 26 街頭でパンフレットを頒布する。（　　）
  意味 多くの人に広く配ること。
- 27 所轄の区域をパトロールする。（　　）
- 28 両者の妥協点を模索する。（　　）
- 29 年とともに淑女の品格が備わる。（　　）
- 30 呉服問屋が軒を並べている。（　　）
- 31 未来に漠然とした不安を感じる。（　　）
- 32 功績をたたえて社員を表彰する。（　　）
  ヒント 「彰」の音符は「章」。
- 33 敵地に密偵を送りこむ。（　　）
- 34 早期解決を図って禍根を断つ。（　　）
  意味 悪いことや災いが起こるもとのこと。
- 35 初出場で全国大会を制覇する。（　　）
- 36 このシャンプーは洗浄力が高い。（　　）
- 37 一対一の均衡が破れる。（　　）
- 38 車が頻繁に出入りしている。（　　）

- 39 校長の寛大な処置に感謝する。（　　）
- 40 与野党の折衷案で解決をみる。（　　）
  ヒント 「和洋折衷」という語もある。
- 41 大雨で洪水注意報が発令された。（　　）
- 42 友人に職場の愚痴をこぼす。（　　）
- 43 扶養家族がいるので控除を受けた。（　　）
- 44 収入の多寡に応じて課税する。（　　）
  意味 多いことと少ないこと。
- 45 この画集を君に進呈しよう。（　　）
- 46 農民は諸侯の圧政に苦しんだ。（　　）

ONE Point

音符は漢字の発音を示す部分

「河《か》」の「可」、「政《せい》」の「正」、「煮《しゃ》」の「者」など、漢字の音符に注目すれば、漢字の音がとらえやすくなります。

音読み 練習 1

実施日

解答は別冊P.1

2 次の――線の読みをひらがなで、（　）に記せ。

1 設備の時間外の利用を黙認する。（　）

2 ロマン主義の系譜をたどる。（　）

3 一人だけ頑強に抵抗し続ける。（　）
意味 意志が強く、なかなか負けないこと。

4 両チームの実力は伯仲している。（　）

5 慶弔費を取りまとめる。（　）
意味 「慶弔」＝喜びごとと不幸なこと。

6 道路が逐次整備されてきた。（　）
意味 順を追って次々と。

7 飾り気のない純朴な人だ。（　）

8 公金を拐帯した疑いがある。（　）

9 侮辱されて気分を害した。（　）

10 ゾウリムシは繊毛で移動する。（　）

11 料理の材料を十分に吟味する。（　）

12 人もうらやむ豪邸に住む。（　）

13 浅学非才の身で恐縮です。（　）
意味 学問・知識がまだ十分に身についていないこと。

14 再戦で王座を奪還する。（　）

15 丁重に誘いの断りを入れる。（　）
ヒント この「重」は、「珍重」の「重」と同じ読み。

16 橋の上から渓谷をのぞく。（　）

17 法案が暗礁に乗り上げた。（　）
ヒント 「礁」の音符は「焦」。

18 部品の摩耗が故障の原因だった。（　）

19 反対派に対する懐柔策を練る。（　）
意味 うまく手なずけて従わせること。

20 世界中を遍歴する旅に出かける。（　）

21 消費税は租税の一種だ。（　）

22 不公平な判定に憤然とする。（　）

23 証拠が見つかり、嫌疑が晴れた。（　）

24 休日は書斎で本を読んで過ごす。（　）

25 昨夜は暑くて熟睡できなかった。（　　）

26 粘土は可塑性が高い。（　　）
意味 固体に外圧を加えて変形させたとき、力を取り去っても元の形に戻らない性質。

27 献身的に患者の世話をした。（　　）

28 その選手は登録を抹消された。（　　）
ヒント 「抹」の音符は「末」。

29 閑静な住宅街で暮らす。（　　）

30 自覚症状は全くなかった。（　　）

31 実家とは長い間疎遠だった。（　　）

32 生涯学習の意義を理解する。（　　）

33 店の営業許可の申請をした。（　　）
ヒント 「申」を使った熟語に「申告」がある。

34 その手続きには、戸籍抄本が要る。（　　）

35 受賞者の話に感銘を受ける。（　　）

36 促成栽培の野菜が育つ。（　　）

37 残された選択肢は二つしかない。（　　）

38 確認のために備忘録をめくる。（　　）
ヒント 「忘」の音符は「亡」。

39 最後まで紳士的な態度だった。（　　）

40 列車の運転を擬似体験した。（　　）

41 代々の当主の肖像画が残る。（　　）

42 事態の収拾に努力する。（　　）

43 父と子の相克を描いた小説だ。（　　）

44 会見で事件の核心に触れた。（　　）

45 政治家の堕落は許されない。（　　）

46 変化の過程を事細かに叙述する。（　　）

ONE Point

熟語の読みの原則　その①

「回顧《かいこ》」「会社《かいしゃ》」「建設《けんせつ》」のように、上の字を音読みすれば、下の字も音読みするのが原則です。

音読み 練習 2

実施日

解答は別冊P.1・2

1 次の――線の読みをひらがなで、(　　)に記せ。

1 新入生の入寮を歓迎する。
2 パソコンで目を酷使する。
注 3 傷が治癒するまで練習を休む。
難 4 彼は考古学の泰斗だ。
5 伝統工芸の孤塁を守っている。
注 6 社会の秩序と安寧を求める。
7 年齢の割には考え方が稚拙だ。
8 学歴詐称で訴えられる。
9 何事も中庸を心がける。
10 技術の進歩が顕著である。
11 懇意にしている人に協力を頼む。
12 本日の主賓が会場に到着した。
13 逝去を悼む人々の列が続く。
14 豊かな生活を享受する。
15 大統領の弾劾裁判が行われる。
難 16 指導者に対し崇敬の念を抱く。
17 熱中して忘我の境に入る。
難 18 大臣の更迭が発表された。
19 韻文を声に出して読む。
20 派閥間の対立が激化する。
21 兄は組織の中枢で活躍している。
難 22 遺漏のないように記入する。
注 23 漸進的に改良していく。
24 試合で傑出した才能を見せた。
25 役所から戸籍謄本を取り寄せる。

26 唯物論の立場で解釈する。（　　）
27 哲学者の思索の跡を追う。（　　）
難 28 同盟罷業は回避された。（　　）
29 貧困撲滅の運動に参加する。（　　）
30 来月にも条約が批准される。（　　）
31 旧弊は思いきって改めるべきだ。（　　）
32 卵は滋養に富んだ食品だ。（　　）
注 33 権力に盲従してはいけない。（　　）
34 地価の高騰に歯止めがかかる。（　　）
35 珠玉といえる出来の小説だ。（　　）
難 36 本人の落款かどうか調べる。（　　）
37 会社を相手取り訴訟を起こす。（　　）
38 対談は明るい雰囲気で進んだ。（　　）
39 国王に謁見することを許される。（　　）
40 未発表作品まで網羅した全集だ。（　　）

41 桟道をたどって頂上を目指す。（　　）
42 身のこなしが俊敏な選手だ。（　　）
注 43 百年の知己を得た思いがした。（　　）
44 仙境を求めて山に入る。（　　）
45 宰相にふさわしい人物は少ない。（　　）
注 46 凹凸のある道路を歩く。（　　）
47 人口がこの数年間逓減している。（　　）
48 通報により窃盗犯が逮捕される。（　　）
49 父の背中に哀愁を感じる。（　　）
50 姉の奔放な性格に振り回される。（　　）

ONE Point

漢字には二つ以上の音を持つものもある！

漢字には複数の音が伝えられたものがあり、「御」の「御《ご》飯（呉音）」「防御《ぎょ》（漢音）」のように二つ以上の音を持つものもあります。

音読み 練習2

実施日 ／

解答は別冊P.2

2 次の――線の読みをひらがなで、（　）に記せ。

1 チームの勝利に貢献する。（　）
2 損害の賠償金が支払われる。（　）
3 敵は恭順の意を表した。（　）
4 高い塀に囲まれた屋敷に住む。（　）
5 心が静まる荘重な調べだ。（　）
6 バスは市内を循環している。（　）
7 常に悠然としていたい。（　）
難 8 武力で敵を威嚇する。（　）
9 殉職者に哀悼の意を表す。（　）
10 業界に旋風を巻き起こした。（　）
11 規則が多く窮屈な思いをする。（　）
12 医薬品の原材料に重曹を用いる。（　）
難 13 その説には首肯しかねる。（　）
14 敗戦で虜囚の身となる。（　）
15 基本的人権を享有する。（　）
難 16 その措置は時宜にかなっている。（　）
17 病原体となる細菌を培養する。（　）
18 脱税を教唆した疑いがある。（　）
19 一刻の猶予も許されない。（　）
20 透徹した論理に感心する。（　）
21 一括購入だと割引率が高い。（　）
22 長々と駄弁を聞かされた。（　）
23 生徒たちが校歌を斉唱した。（　）
24 新しい閣僚が発表される。（　）
25 奇矯な言動に戸惑った。（　）

26 飛行機の搭乗開始時刻が迫る。（　）
27 庶民の感覚を大事にする。（　）
28 大半が名作の亜流に過ぎない。（　）
29 持てる力を遺憾なく発揮する。（　）
30 機関銃のようにしゃべる。（　）
31 人倫に反する行為はするな。（　）
32 各分野の功労者に勲章が授与される。（　）
33 一年間の経費の累計を出す。（　）
34 難 一言のもとに喝破された。（　）
35 農作物がよく育つ土壌だ。（　）
36 注 音楽は愉悦を与えてくれる。（　）
37 高尚な目的で団体を設立した。（　）
38 彼女は裕福な家庭に生まれた。（　）
39 駅前の放置自転車を撤去する。（　）
40 綱紀粛正で一から出直す。（　）

41 親の干渉を嫌がる年ごろだ。（　）
42 遺体を解剖して死因を調べた。（　）
43 日本酒の醸造元を見学する。（　）
44 激しい議論の応酬となった。（　）
45 社長職の禅譲を求める。（　）
46 国王が統帥権を持つ。（　）
47 青少年にスポーツを奨励する。（　）
48 姉の家にしばらく厄介になる。（　）
49 心地よい充足感に満たされる。（　）
50 難 これ以上惰眠をむさぼるな。（　）

ONE Point

「銘じる」を「命じる」と間違えない！

「命じる」→命令する。任命する。例 退場を命じる。
「銘じる」→心に深く刻みつける。例 肝に銘じる。

訓読み ウォーミングアップ

実施日 ／

解答は別冊P.2・3

1 次の漢字の**訓読み**を**ひらがな**で、（　）に記せ。

1 蚊（　）
2 猿（　）
3 蛇（　）
4 繭（　）
5 猫（　）
6 竜（　）
7 蛍（　）
8 鯨（　）
9 鶏（　）
10 蚕（　）

2 次の漢字の**訓読み**を**ひらがな**で、（　）に記せ。

1 漆（　）
2 塊（　）
3 魂（　）
4 寿（　）
5 趣（　）
6 侍（　）
7 炎（　）
8 幻（　）
9 杯（　）
10 薪（　）
11 紅（　）（　）
12 志（　）（　）す

3 次の——線の読みをひらがなで、（　）に記せ。

1 晴れ姿を鏡に映す。（　）
2 新緑が日の光に映える。（　）
3 二つの道が交わる。（　）
4 大通りを人々が行き交う。（　）
5 あと五分で電車が来る。（　）
6 来る四月一日に実施します。（　）
7 辞書で意味を調べる。（　）
8 家財道具を調える。（　）
9 優しい声で話しかけた。（　）
10 発想力に優れている。（　）
11 祖母は厳しい人だった。（　）
12 式は厳かに執り行われた。（　）
13 明日こそは試合に勝つ。（　）
14 聞きしに勝る雄大な光景だ。（　）
15 注意を怠ると失敗する。（　）
16 掃除当番を怠けて遊ぶ。（　）
17 兄はギターを弾くのが上手だ。（　）
18 高く弾んだボールを打ち返す。（　）
19 価格が著しく変化した。（　）
20 人気作家が自叙伝を著す。（　）
21 氷上で華麗な滑りを見せる。（　）
22 滑らかな肌触りの布地を使う。（　）

ONE Point

「生」の訓読み、いくつ知っている?

い-きる・い-かす・い-ける
う-まれる・う-む・お-う
は-える・は-やす・き・なま

訓読み 練習1

実施日 ／

解答は別冊P.3

1 次の——線の読みをひらがなで、（　）に記せ。

1 彼の話は聞くに及ばない。（　）

2 泥にまみれて白球を追う。（　）

3 独学で学問を究める。（　）

ヒント 深く研究して物事の本質を明らかにする場合に「究める」を使う。

4 古い塚も歴史の証人だ。（　）

意味 土を小高く盛った墓のこと。

5 希望に胸を膨らませて入学する。（　）

6 あどけない乳飲み子の顔を眺める。（　）

7 襟を正して恩師の話を聞く。（　）

意味 「襟を正す」＝服装の乱れを整える、気持ちを引き締めること。

8 長い髪を後ろで一つに結わえた。（　）

9 太陽がだんだんと西に傾く。（　）

10 畑の土を耕して畝を作る。（　）

意味 作物を植えるために、畑の土を一定間隔で細長く盛り上げた所。

11 スーツに合う革靴を購入する。（　）

12 夕方になり暑さが和らぐ。（　）

ヒント 送りがなに注目。

13 子どもの生い立ちを記録する。（　）

意味 「生い立ち」＝成長することとその経歴。

14 坪当たりの単価を計算する。（　）

15 天気は週末から崩れるらしい。（　）

16 よく遊び、且つよく学べ。（　）

17 尼となって仏に仕える。（　）

18 子供が増えて家が手狭になった。（　）

19 まだ若くて経験に乏しい。（　）

ヒント 「資源が乏しい」などとも使う。

20 業種の垣根を越えて連携した。（　）

21 新人のころは気後れしたものだ。（　）

22 パーティーの支度が調った。（　）

23 霜の降りる季節になった。（　）

24 チームの敗北に唇をかむ。（　）

意味 「唇をかむ」＝悔しさや怒りをじっと我慢する。

25 仕事を一括して請ける。

26 バッグを肩から提げる。

27 遠くに蚊柱が見える。

意味 たくさんの蚊がひとかたまりになって飛んでいて柱のように見えるもの。

28 海や湖に突き出た陸地を崎という。

29 開発で美しい自然が滅びゆく。

30 外堀を埋めながら再編を進める。

31 歳月を隔てて再会した。

32 若い世代が新時代の扉を開く。

33 闘病の末、若くして逝った。

34 興奮の渦が巻き起こる。

35 神妙な面持ちで話を切り出した。

36 春は杉の花粉が飛散する。

37 娘の健やかな成長を願う。

38 ライバル同士が技を競う。

39 津津浦浦まで名声が知れ渡る。

意味 全国いたる所。

40 王子の婚約が公に発表された。

41 ガスが臭うので元栓を閉めた。

42 ふとんを畳んで片付けた。

43 海に潜って貝を採る。

44 雨が降り出し傘の花が開いた。

45 感極まって泣き出した。

46 妻と自家用車で岬を巡る。

ONE Point

訓の読み分けは送りがなに注目

複数の訓を持つ漢字には、凍《こお》る・凍《こご》える、荒《あら》い・荒《あ》れる などのように、送りがなによって区別できるものもあります。

訓読み　練習 2

実施日　／

解答は別冊P.3

1 次の――線の読みをひらがなで、（　）に記せ。

1 規約の但し書きを読む。（　）
2 入会を強いられ困惑する。（　）
3 通信講座のために時間を割く。（　）
4 脅し文句に惑わされてはいけない。（　）
5 隣の人とあいさつを交わす。（　）
6 気負うことなく試合に臨んだ。（　）
7 トラックの騒音が安眠を妨げた。（　）
8 予想以上の恩恵を被った。（　）
9 寒さのために手が凍える。（　）
注 10 梅の香がほのかに漂う。（　）

難 11 犯人逃走の虞がある。（　）
12 悲劇の主人公を哀れむ。（　）
13 改革の枠組みはできあがった。（　）
14 熱い思いを胸に秘める。（　）
難 15 赤ん坊の柔肌に触れる。（　）
16 拙いが心を打つ文章だ。（　）
17 ささいなことでも思い煩う。（　）
18 悪天候で開催が危ぶまれた。（　）
19 海外での一人旅は貴い体験だった。（　）
20 故郷の父の戒めを守る。（　）
21 理学博士の学位を授かる。（　）
22 鋭い指摘に舌を巻いた。（　）
23 念願かなってイシダイを釣る。（　）
24 己の限界に挑戦する。（　）
25 失恋の痛手が癒える。（　）

26 誠を尽くして説得にあたる。
27 非を認めて素直に謝った。
28 父は凝り性で注文が細かい。
29 大勢のファンが集って観戦した。
30 横殴りの雨の中を帰宅する。
31 暁の空にまだ星が残っている。
32 弟は漫画に病みつきになった。
33 復学のために会社を辞めた。
34 鋼のような肉体を誇る。
35 社内に潜む問題点を洗い出す。
36 難 古代の窯跡が発見された。
37 町を一本の川が貫く。
38 秋の訪れに感傷的になる。
39 故あって欠席いたします。
40 優しいお言葉を賜り恐縮です。

41 注 彼女に会う絶好の機会を逃がす。
42 ものは試しと懸賞に応募する。
43 難 いたずらに時間が費える。
44 迷惑も甚だしいと申し出を断る。
45 空手のけいこで心身を鍛える。
46 泣いている子どもを慰めた。
47 げたの鼻緒が切れる。
48 我が身を省みることも大切だ。
49 発表が終わり表情が和んだ。
50 用が済み次第、社に戻ります。

ONE Point

熟語の読みの原則　その②

「垣根《かきね》」「道端《みちばた》」「矛先《ほこさき》」のように、上の字を訓読みすれば、下の字も訓読みするのが原則です。

訓読み 練習 2

実施日

解答は別冊P.4

2 次の――線の読みをひらがなで、（　　）に記せ。

1 日本各地の童歌を集める。（　　）
2 宵やみに美しい月が浮かぶ。（　　）
3 二人の仲が引き裂かれた。（　　）
4 不摂生から健康を損ねた。（　　）
5 彼は営業部の稼ぎ頭です。（　　）
6 兄は頼もしい相談相手だ。（　　）
7 残酷な場面から目を背ける。（　　）
8 委細は電話にて承ります。（　　）
9 事態を収拾するには時間が要る。（　　）
10 口幅ったいことを申し上げました。（　　）
11 危険を冒してでも行きたい。（　　）
12 勇気ある行動を褒めたたえた。（　　）
13 民の声が届く方法を考える。（　　）
14 オーディオセットが欲しい。（　　）
15 難 資料を血眼になって探す。（　　）
16 干潟の生物を観察する。（　　）
17 意地の勝利で一矢を報いた。（　　）
18 最前列の席を学生が占める。（　　）
19 風薫る五月に心が躍る。（　　）
20 他人の気持ちを推し量る。（　　）
21 歩き疲れたのでベンチに座る。（　　）
22 注 慣れとは怖いものである。（　　）
23 この地方では農業が盛んだ。（　　）
24 彼は人の上に立つ器ではない。（　　）
25 難 重い任に堪えて実績を上げる。（　　）

26 半期に一度の棚卸しが済む。（　　）

27 衣をつけて油で揚げる。（　　）

28 土壇場で決心が鈍る。（　　）

29 難 レースを幾重にも縫い付けた。（　　）

30 祖母は機織りが得意だ。（　　）

31 長靴の中で足が蒸れる。（　　）

32 人混みに紛れて友人を見失う。（　　）

33 会社が経営の合理化を図る。（　　）

34 布地を裁って服を作る。（　　）

35 横から口を挟みすぎた。（　　）

36 切れのよくない包丁を研ぐ。（　　）

37 速やかな対応を心がける。（　　）

38 難 自然と接し心の渇きを癒やす。（　　）

39 入手するのは至難の業だ。（　　）

40 大学を卒業し、研究職に就く。（　　）

41 たれに漬け込んだ肉を焼く。（　　）

42 口は災いのもと。（　　）

43 難 何かと目の敵にされる。（　　）

44 据わりが悪い机を取り換えた。（　　）

45 米がふっくらと炊き上がった。（　　）

46 傷んだ家を修理する。（　　）

47 彼は致命的な間違いを犯した。（　　）

48 クリの実の渋皮をむく。（　　）

49 大通りに日用品を商う店を構えた。（　　）

50 はさみの刃が欠けてしまった。（　　）

ONE Point

同訓異字「ととのえる」の使い分け

整える → 整理する。きちんとする。例 息を整える。

調える → 調達する。適度な状態にする。例 味を調える。

特別な読み ウォーミングアップ

実施日 ／

解答は別冊P.4

1

次の――線の読みをひらがなで、（　）に記せ。

1 今年は梅雨入りが早い。（　）
2 外は時雨模様だった。（　）
3 五月雨の季節になる。（　）
4 叔母は父の妹にあたる。（　）
5 伯母は父の姉にあたる。（　）
6 乳母車を押して歩く。（　）
7 若人の祭典に参加する。（　）
8 一人になってよく考える。（　）
9 二十の門出を祝う。（　）
10 二十日前の日誌を読み返す。（　）

2

次の――線の読みをひらがなで、（　）に記せ。
（＊は特別な読み）

1 仮病＊を使って練習を休む。（　）
2 仮説を立てて実験する。（　）
3 厳しい修行＊に耐える。（　）
4 小学校の課程を修了する。（　）
5 自分の部屋を掃除＊する。（　）
6 施設内の危険物を除去する。（　）
7 寺の境内＊＊を散策する。（　）
8 恵まれた境遇にいる。（　）
9 早速＊、手紙の返事を書く。（　）
10 風邪で学校を早退する。（　）
11 出納＊＊帳をつける。（　）
12 納豆＊を使った料理を作る。（　）

特別な読み 練習 1

実施日 ／

解答は別冊P.4

1 次の――線の読みをひらがなで、（　）に記せ。

1 反物から着物を仕立てる。（　）
意味 一反ずつになっている織物、和服用の織物。

2 天にも昇る心地だ。（　）

3 豆腐は大豆の加工品だ。（　）

4 凸凹した道が続いている。（　）

5 入念に旅の支度をする。（　）

6 ひもを手元に手繰り寄せる。（　）
ヒント 「手綱」の「手」も同じ読み。

7 天井の壁画に目を奪われる。（　）

8 庭園の芝生の緑が美しい。（　）

9 夫婦で旅行に出かける。（　）

10 秋には紅葉狩りを楽しむ。（　）

11 交番のお巡りさんに道を聞く。（　）

12 声色を変えながら物語を読んだ。（　）
意味 声の様子や調子。

13 昔は米の生産量を石高で表した。（　）
ヒント 「百石取りの武士」の「石」も同じ読み。

14 草履を模した民芸品を買う。（　）

15 財布から診察券を取り出す。（　）

16 いつまでも名残を惜しむ。（　）

17 白い木綿のシャツを着る。（　）

18 大和絵の伝統を守った作品だ。（　）
ヒント 「大和時代」「大和魂」も同じ読み。

19 一人息子の成功を自慢する。（　）

20 母は穏やかな笑顔で客を迎えた。（　）

21 夕食の献立を考える。（　）

22 万葉仮名を読んでみる。（　）

23 秋になり稲穂が色づいてきた。（　）

24 日本には歳暮を贈る習慣がある。（　）

ONE Point

漢字の「特別な読み」

常用漢字表で認められている音訓の中には、特別なものや、用法のごく狭いものとされている読み方があります。本書ではこれらと「付表」の語を「特別な読み」として扱っています。

特別な読み 練習 2

実施日

解答は別冊P.5

1 次の――線の読みをひらがなで、（　　）に記せ。

1 波止場から船を見送る。（　　）
2 何かの拍子で金具が外れた。（　　）
3 議員の不正が暴露された。（　　）
4 落語家の弟子になる。（　　）
5 この温泉は硫黄のにおいが強い。（　　）
6 庭に砂利を敷き詰める。（　　）
7 祖父は厚い信仰心を持っている。（　　）
8 街道沿いに店が立ち並ぶ。（　　）
9 風邪のひき始めに注意する。（　　）
10 祖母は三味線の名手だ。（　　）
11 後頭部に白髪が増えてきた。（　　）
12 手土産を持って帰省する。（　　）
13 みごとな五月晴れだ。（　　）
14 急斜面での雪崩を警戒する。（　　）
15 それは彼女自身の問題だ。（　　）
16 竹刀で素振りをする。（　　）
17 絶好の行楽日和になった。（　　）
18 難 桃の節句に内裏びなを飾る。（　　）
19 赤ちゃんは抱かれて機嫌がいい。（　　）
20 難 建て替えでアパートを立ち退く。（　　）
21 山門に仁王像が安置されている。（　　）
22 政局の行方を案じる。（　　）
23 難 苗代に稲の種をまく。（　　）
24 たっぷりの水で小豆を煮る。（　　）
25 宵の明星が輝く。（　　）
26 田んぼに早苗が植えられた。（　　）

□ 27 父と子が相撲を取る。
□ 28 看護師が静脈に注射を打つ。
□ 29 外はものすごい吹雪だ。
□ 30 日ごろの筆不精をわびる。
□ 31 田舎の母から荷物が届いた。
□ 32 真新しい足袋を履く。
注 □ 33 ぜひとも一献差し上げたい。
□ 34 最寄りの駅まで出迎える。
□ 35 船は大海原に乗り出した。
□ 36 夏至に祭りをする国もある。
□ 37 結婚披露のパーティーを開く。
□ 38 眼鏡の度が合わなくなってきた。
□ 39 劇で町奉行の役を演じる。
□ 40 「早乙女」は夏の季語だ。
□ 41 今昔の感に堪えない。
□ 42 真紅のバラが庭に咲き誇る。
□ 43 為替レートの変動を注視する。
□ 44 展示方法に工夫を凝らす。
注 □ 45 意気地無しと言われ発奮する。
□ 46 子どもを小児科に連れていく。
□ 47 浮ついた気持ちを静める。
□ 48 その件とは一切関係ありません。
注 □ 49 舟歌を歌いながら川を下る。
□ 50 双方が納得するまで話し合う。

ONE Point

よく切れる太刀でも「太刀」は切れない!?

熟字訓の読みは一字一字の音訓として分けられません。「太刀」を「た+ち」と切り離しては読めないのです。

同字の音訓 ウォーミングアップ

実施日 ／

解答は別冊P.5

1 次の漢字の**音読み**と**訓読み**を、それぞれ下の**音**と**訓**から選び、（　）と［　］に記せ。

1 殼　音（　）　訓［　］
2 飢　音（　）　訓［　］
3 琴　音（　）　訓［　］
4 拒　音（　）　訓［　］
5 茎　音（　）　訓［　］
6 陥　音（　）　訓［　］
7 竜　音（　）　訓［　］
8 隅　音（　）　訓［　］
9 江　音（　）　訓［　］
10 賄　音（　）　訓［　］
11 償　音（　）　訓［　］
12 嫌　音（　）　音（　）　訓［　］

音

カク　カン　キ　キョ　キン
グウ　ケイ　ケン　ゲン　コウ
ショウ　リュウ　ワイ

訓

いや　う―える　え
おちい―る　から　きら―う
くき　こと　こば―む
すみ　たつ　つぐな―う
まかな―う

2

次の漢字の**音読み**と**訓読み**を□に書き入れ、言葉の読みを完成させよ。

盛
1 盛大　□□だい
2 盛る　□る

駆
3 駆使　□し
4 駆ける　□ける

授
5 授受　□□じゅ
6 授ける　□□ける

熟
7 半熟　はん□□□
8 熟れる　□れる

躍
9 活躍　かつ□□
10 躍る　□□る

漏
11 漏電　□□でん
12 漏れる　□れる

潤
13 湿潤　しつ□□□
14 潤む　□□む

渋
15 渋滞　□□たい
16 渋る　□□る

懲
17 懲役　□□えき
18 懲りる　□りる

ONE Point

漢字伝来時の中国の発音をまねたのが音。さて訓は？
漢字の訓は、漢字の持つ意味と、日本古来の言葉とが関連づけられた読み方です。

同字の音訓　練習 1

実施日

解答は別冊P.6

1 次の——線の読みをひらがなで、（　）に記せ。

1 嫌煙家がたばこの害を訴える。（　）
2 嫌なことを後回しにする。（　）
3 医師から診断の結果を聞く。（　）
4 患者の手首を触って脈を診る。（　）
5 猿人は直立歩行をしていた。（　）
6 動物園で猿を観察した。（　）
7 あまりにも節操がない行動だ。（　）
意味 正しいと信じる主義や主張をかたく守り変えないこと。
8 英語とドイツ語を自在に操る。（　）

9 水墨画の個展が開かれた。（　）
10 墨をすって書をしたためる。（　）
11 悔恨の念にさいなまれる。（　）
12 浅はかな行動を悔いる。（　）
13 その川は大きく蛇行している。（　）
ヒント 「蛇」の音は「ジャ」ともう一つある。
14 蛇がとぐろを巻いていた。（　）
15 怠惰な生活を改める。（　）
16 日々の努力を怠るな。（　）
ヒント 送りがなに注目する。
17 都会の一隅に事務所を構える。（　）
18 部屋の片隅でひざを抱える。（　）
19 今までの苦労は水泡に帰した。（　）
20 口角泡を飛ばす。（　）
意味 「口角泡を飛ばす」＝激しく議論するさま。

21 実現に向けて粉骨砕身する。（　　）
意味 「粉骨砕身」＝骨を粉にして身を砕くほどに努力すること。

22 息子の安否に心を砕く。（　　）

23 積年の懸案がついに解決した。（　　）

24 優勝を懸けた試合が始まる。（　　）

25 しばし忍従を強いられる。（　　）
意味 苦しい境遇に耐えて服従すること。

26 忍び足で近づいて驚かす。（　　）

27 蛍光灯で部屋を照らす。（　　）

28 澄んだ川に蛍が飛び交う。（　　）

29 常に挑戦者の気持ちでいる。（　　）

30 体力の限界に挑んだ。（　　）

31 諮問委員会が答申をまとめる。（　　）
意味 専門知識のある機関に意見を求めること。

32 この問題は委員会に諮ろう。（　　）
ヒント 同訓異字の多い読み。

33 一升瓶に水をためる。（　　）

34 升酒が振る舞われる。（　　）

35 新聞に社員募集の広告を出す。（　　）

36 学生のボランティアを募る。（　　）
ヒント 「いとしさが募る」などとも使う。

37 招待状の返事を催促する。（　　）

38 遅刻の常習者に注意を促す。（　　）

39 若くして世の辛酸をなめる。（　　）

40 兄は辛いカレーライスが好きだ。（　　）

ONE Point

熟語の読みの少数派　その① 「重箱《ジュウばこ》読み」

派《ハ》手《で》・素《ス》顔《がお》・縁《エン》側《がわ》などのように、上の字を音読みし、下の字は訓読みする読み方を「重箱読み」といいます。

同字の音訓 練習 1

実施日 ／

解答は別冊P.6

2 次の――線の読みをひらがなで、（　　）に記せ。

1 オレンジの果汁を搾った。（　　）
2 こしあんで汁粉を作る。（　　）

3 二つの方法を併用する。（　　）
4 両者の意見を併せて考える。（　　）

5 抽選に外れて粗品をもらう。（　　）
6 目の粗いざるで裏ごしする。（　　）

7 快刀乱麻の活躍を見せる。（　　）
意味 「快刀乱麻」＝「快刀乱麻を断つ」の略。もつれた物事を鮮やかに解決するさま。
8 麻のブラウスを新調した。（　　）

9 国境に緩衝地帯を設ける。（　　）
ヒント 「緩」を使った熟語には「緩和」などがある。
10 川が緩やかに流れている。（　　）

11 彼女は探究心にあふれている。（　　）
12 人気商品誕生の秘密を探る。（　　）

13 酢酸のにおいが鼻をついた。（　　）
14 キュウリの酢の物を食べる。（　　）

15 自著にサインを求められた。（　　）
16 生涯に多くの書物を著した。（　　）

17 自縄自縛となり苦しむ。（　　）
意味 「自縄自縛」＝自分の言動で自身の行動が束縛されること。
18 刈り取ったわらで縄をなう。（　　）

19 エビやカニは甲殻類だ。（　　）
20 自分の殻に閉じこもるな。（　　）

21 接触により病気に感染する。
22 夕日で空が真っ赤に染まる。
23 新社屋は円筒形の建物だ。
24 その話は全員に筒抜けだ。
25 委員会で討議を重ねる。
26 江戸の敵を長崎で討つ。
27 違反をして謹慎を命じられる。
28 謹んで御礼申し上げます。
29 新商品の開発を企図する。
意味 計画を立てること。
30 事業の海外進出を企てる。
31 地下茎が養分を蓄えて肥大する。
32 歯茎がはれて治療を受ける。

33 生ごみの臭気が漂っていた。
34 酒に漬けて肉の臭みを消す。
35 市長が施政方針を説明した。
ヒント 「施」を用いた熟語に「施設」がある。
36 救急隊員が応急処置を施す。
37 本日は臨時休業いたします。
38 万全な状態で試験に臨む。
39 ルビーの原石を研磨する。
ヒント 「磨」の音符は「麻」。
40 練習を重ねて腕を磨く。

ONE Point

熟語の読みの少数派　その② 「湯桶《ゆトウ》読み」

身分《みブン》・場所《ばショ》・手帳《てチョウ》などのように、上の字を訓読みし、下の字は音読みする読み方を「湯桶読み」といいます。

同字の音訓 練習 2

実施日

解答は別冊P.6

1 次の――線の読みをひらがなで、（　）に記せ。

1 自薦他薦を問わない。（　）
2 委員長候補として薦める。（　）
3 明朗な人柄で好かれている。（　）
4 朗らかな笑顔が魅力的だ。（　）
5 沈滞したムードを一掃する。（　）
難 6 休日は自動車の流れが滞る。（　）
難 7 詩人らしく詞藻が豊かだ。（　）
8 金魚鉢に藻を入れる。（　）
9 辺りは漆黒のやみに包まれた。（　）
10 漆塗りの器に菓子を盛る。（　）

難 11 煩雑な手続きに困惑する。（　）
12 他人の手を煩わすまでもない。（　）
13 恩師を敬慕してやまない。（　）
14 後輩から慕われている。（　）
15 都市の空洞化を食い止める。（　）
16 大きな洞の中をのぞく。（　）
17 自信喪失から立ち直る。（　）
18 来月になれば喪が明ける。（　）
19 不覚にも詐欺に遭ってしまった。（　）
注 20 昼を欺くような月の明るさだ。（　）
21 弔問客が絶えなかった。（　）
難 22 涙をこらえて丁重に弔う。（　）
23 問題解決の端緒をつかむ。（　）
24 げたの緒をすげ替える。（　）

25 厳正な審査が求められる。（　）

注 26 鐘が厳かに鳴り響く。（　）

27 世相をとらえた川柳を作る。（　）

28 柳に風と受け流す。（　）

難 29 不正が発覚し諭旨免職となる。（　）

30 部下に心得違いを諭す。（　）

31 往時の繁栄を回顧する。（　）

32 危険を顧みないで行動する。（　）

33 重大な欠陥が見つかった。（　）

難 34 自己矛盾に陥ってしまう。（　）

35 侵略の脅威におびえる。（　）

36 人を脅すようなまねはするな。（　）

37 教育の荒廃が深刻化している。（　）

38 はやり廃りのない商品を選ぶ。（　）

注 39 苦手科目を再履修する。（　）

40 かかとの高いブーツを履いた。（　）

41 外部の騒音を遮断する。（　）

42 カーテンで日光を遮る。（　）

43 双方譲らず、会議が紛糾した。（　）

44 音楽を聴いて気を紛らす。（　）

45 贈賄の疑惑をかけられる。（　）

46 初期費用を自己資金で賄う。（　）

47 期限内の完成を誓約する。（　）

48 二人は将来を誓った仲だ。（　）

ONE Point

大家《おおや》さん(貸家の持ち主)は書道の大家《タイカ》(その道の権威)！

「大家《おおや》《タイカ》」「生物《なまもの》《セイブツ》」「目下《めした》《モッカ》」などのように、訓で読むか音で読むかで、意味の異なる熟語があるので文脈に注意して読み分けましょう。

同字の音訓 練習2

実施日

解答は別冊P.7

2 次の――線の読みをひらがなで、(　　)に記せ。

1 療養病棟は最上階にある。(　　)
2 明日はいよいよ棟上げ式だ。(　　)
3 単身赴任中の父を訪ねる。(　　)
4 心の赴くままに旅を続ける。(　　)
5 彼の顔に焦燥の色が見える。(　　)
6 魚を焦がしてしまった。(　　)
7 部長の独断専行で事が進む。(　　)
8 休日は専ら釣りを楽しむ。(　　) 難
9 学歴偏重の風潮を見直す。(　　) 注
10 公平で偏りのない運営を行う。(　　)
11 父の態度がようやく軟化した。(　　)
12 御飯が軟らかく炊けた。(　　)
13 新製品の開発に腐心する。(　　)
14 停電で冷蔵庫の食材を腐らす。(　　)
15 商店街との共催で祭りを行う。(　　)
16 フリーマーケットが催される。(　　)
17 話題沸騰中の人気商品だ。(　　)
18 観客席が大いに沸いた。(　　)
19 相手の顔を凝視する。(　　) 注
20 暗がりで目を凝らして見る。(　　)
21 不当な要求を断固拒絶する。(　　)
22 従業員の申し出を拒む。(　　)
23 小説の中に挿話を織り込む。(　　)
24 花瓶にユリの花を挿す。(　　)

25 詩句が心の琴線に触れる。
26 姉妹で琴を演奏する。
27 納涼花火大会が開かれる。
28 縁側に座って夕涼みをする。
29 背筋力を測定する。
30 県代表の名に背かぬ活躍だ。
31 眺望のきく高台へ登る。
32 部屋からの眺めに感動した。
33 他社との業務提携を発表した。
難
34 カメラを携えて外出する。
35 大騒ぎして醜態をさらした。
36 醜い争いが繰り広げられた。
37 警察に捜索願いを出した。
38 刑事が犯人を捜し出した。

39 排水溝のつまりを解消する。
40 二人の溝は埋まらなかった。
41 借金を五年で償却する。
42 一生かけて罪を償うつもりだ。
難
43 「覆水盆に返らず」を実感した。
44 山の斜面を雪が覆い隠した。
45 虚偽の陳述をしてはならない。
46 理由があって身分を偽る。
47 格差の拡大が憂慮される。
48 後顧の憂いをなくして旅立つ。

ONE Point
音訓どちらで読んでも意味は同じ!
「草原《くさはら》《ソウゲン》」「牧場《まきば》《ボクジョウ》」「洞穴《ほらあな》《ドウケツ》」などのように、音訓の読み方が異なっても同じ意味で使用される熟語があります。

漢検 おもしろゼミ 02

「慶」「懐」「恭」で共通するものは？

形は違っていても「心」はひとつ！

準2級の漢字に「慶」「懐」「恭」があります。字の形も読みも異なるこれらの漢字に、何か共通点はあるのでしょうか。実は、これらの漢字は属する部首が同じなのです。具体的には、「慶」が「心（こころ）」、「懐」が「忄（りっしんべん）」、「恭」が「⺗（したごころ）」ですが、「心」「忄」「⺗」のおもととなる部首は、いずれも「心」なのです。

「部首」って何？

「部首」とは、漢字をその意味や字画構成のうえから分類・配列し、あるひとまとまり（部）としてとらえたときの、それらの漢字に共通する基本的な構成部分のことをいいます。

前述の「慶」や「懇」などは、基本的な構成部分は「心（こころ）」で、「懐」や「悼」のように、それが偏になったときを「忄（りっしんべん）」、「恭」や「慕」のように、脚になったときを「⺗（したごころ）」と呼んでいます。

（「懇」「悼」は準2級漢字、「慕」は3級漢字）

このように「部首」は字のどの部分に属しているかにより分類が細分化されています。しかもすべての漢字が字形だけで分類されているわけでもなく、同じパーツを使っていても、成り立ちや字義が異なれば別の部

■間違えやすい部首の漢字

部首	部首名	漢字
丶	てん	主 丹
丿	の はらいぼう	乗 久
人	ひと	以
入	いる	内 全
八	は	具
冫	にすい	冬
几	つくえ	処 凡
凵	うけばこ	出
刀	かたな	分 初
刂	りっとう	前 利 則
力	ちから	勝 功 労 務 募 勲
卩	わりふ ふしづくり	巻
匕	ひ	化
厶	む	去
又	また	取 反 及
口	くち	合 同 命 問 和 喜 周 句 唐
土	つち	堂 墓 圧 垂 墨 塁
士	さむらい	売 壱
夕	た ゆうべ	夜 夢
大	だい	天 夫 奮 奈
子	こ	学 字 季 孝
寸	すん	寺 将
⺌	しょう	尚
尸	かばね しかばね	局
巛	かわ	巡
巾	はば	席 常 幕
干	かん いちじゅう	幸 幹
幺	よう いとがしら	幽
心	こころ	愛 応 憲 恥 慮 憂 慶
⺗	したごころ	慕
手	て	挙 撃
攵	のぶん ぼくづくり	放 敗 攻

首に分類されるという場合があります。一例を下段に掲載していますので、参考にしてください。

「部」や「部首」は研究者が便宜的に定めたものであり、その選び方や分類の仕方はさまざまです。今日の日本の漢和辞典の大部分は、中国・清《しん》代の『康熙字典《こうきじてん》』の部立てによっており、漢検も基本的にこれに則していますが、辞典によって部首や部首名が異なる場合があります。これは編者（研究者）の考え方の違いで、字形を重視するか、意味や成り立ちを重視するかによって、分類が異なります。どの考えが正しく、どれが誤っているということではありません。ただし「日本漢字能力検定」に限っては、漢検の定める部首で解答してください。

部首一覧

部首を画数順に並べ、その下に漢字の中で占める位置によって形が変化するもの、特別な部首名のものを分類しています。

偏《へん》… 旁《つくり》… 冠《かんむり》… 脚《あし》… 垂《たれ》… 繞《にょう》… 構《かまえ》…

	部首		位置	名称
一画				
1	【一】	一		いち
2	【丨】	丨		ぼう たてぼう
3	【丶】	丶		てん
4	【丿】	丿		の はらいぼう
5	【乙】	乙		おつ
5	【乙】	乚	旁	おつ
6	【亅】	亅		はねぼう
二画				
7	【二】	二		に
8	【亠】	亠	冠	なべぶた けいさんかんむり
9	【人】	人		ひと
		亻	偏	にんべん
9	【人】	𠆢	冠	ひとやね
10	【入】	入		いる
11	【儿】	儿		ひとあし にんにょう
12	【八】	八		はち
		ハ	冠	は
13	【冂】	冂	構	どうがまえ けいがまえ まきがまえ
14	【冖】	冖	冠	わかんむり

斗	日	木	欠	止	歹	氵	火	牜	玄	田	𤴔	目	禾	立	糸	耳	聿	肉	至
とます	ひ	き	あくび かける	とめる	かばねへん いちたへん がつへん	さんずい	ひ	うしへん	げん	た	ひき	め	のぎへん	たつ	いと	みみ	ふでづくり	にく	いたる
料	昼暮旬暦	栄案条栽	次	歴	死	準	炭灰	牧	率	男画畑申由甲	疑	直真相	穀	章	累繭	聞聖	粛	育胃背能肩膚腐	致

臼	舌	艹	衣	見	言	豕	貝	赤	車	辛	酉	里	隹	頁	食	馬	鳥	黒
うす	した	くさかんむり	ころも	みる	げん	ぶた いのこ	かい こがい	あか	くるま	からい	ひよみのとり	さと	ふるとり	おおがい	しょく	うま	とり	くろ
興	舎舗	蒸	裁	覚視	誉謄	豚	貞貢賓買賞	赦	軍載	辞	酒	重量	集雇隻	項	養	騰	鳴	黙

番号	部首	字	名称
15	【冫】	冫	にすい
16	【几】	几	つくえ
17	【凵】	凵	うけばこ
18	【刀】	刀	かたな
		刂	りっとう
19	【力】	力	ちから
20	【勹】	勹	つつみがまえ
21	【匕】	匕	ひ
22	【匚】	匚	はこがまえ
23	【匸】	匸	かくしがまえ
24	【十】	十	じゅう
25	【卜】	卜	と うらない
26	【卩】	卩	わりふ ふしづくり
		㔾	わりふ ふしづくり
27	【厂】	厂	がんだれ
28	【厶】	厶	む
29	【又】	又	また
三画			
30	【口】	口	くち
		口	くちへん
31	【囗】	囗	くにがまえ
32	【土】	土	つち
		土	つちへん
33	【士】	士	さむらい
34	【夂】	夂	すいにょう ふゆがしら
35	【夕】	夕	た ゆうべ
36	【大】	大	だい
37	【女】	女	おんな
		女	おんなへん
38	【子】	子	こ
		子	こへん
39	【宀】	宀	うかんむり
40	【寸】	寸	すん
41	【小】	小	しょう
		⺌	しょう
42	【尢】	尢	だいのまげあし
43	【尸】	尸	かばね しかばね
44	【屮】	屮	てつ
45	【山】	山	やま
		山	やまへん
46	【川】	川	かわ
		巛	かわ
47	【工】	工	え たくみ
		工	たくみへん
48	【己】	己	おのれ
49	【巾】	巾	はば
49	【巾】	巾	はばへん きんべん
50	【干】	干	かん いちじゅう
51	【幺】	幺	よう いとがしら
52	【广】	广	まだれ
53	【廴】	廴	えんにょう
54	【廾】	廾	こまぬき にじゅうあし
55	【弋】	弋	しきがまえ
56	【弓】	弓	ゆみ
		弓	ゆみへん
57	【彐】	彑	けいがしら
58	【彡】	彡	さんづくり
59	【彳】	彳	ぎょうにんべん
60	【⺍】	⺍	つかんむり
		忄→心　扌→手　氵→水 犭→犬　艹→艸　辶→辵 阝(右)→邑　阝(左)→阜	
四画			
61	【心】	心	こころ
		忄	りっしんべん
		⺗	したごころ
62	【戈】	戈	ほこづくり ほこがまえ
63	【戸】	戸	と
		戸	とだれ とかんむり
64	【手】	手	て

■「こころ」「りっしんべん」「したごころ」の漢字

「常用漢字表」には、漢検の部首分類で「心」に属する字が76字あります。そのうち準2級の漢字を左に挙げておきます。

部首（部首名）	準2級の漢字
心　こころ	慶・患・懸・懇・愁・懲・忍 悠
忄　りっしんべん	懐・憾・惰・悼・憤・愉
⺗　したごころ	恭

■部首の意味の例

偏（へん）

部首（部首名）	意味
冫　にすい	氷の表面の筋目の形・冷たい
巾　はばへん きんべん	垂れた布のきれ
忄　りっしんべん	心の動きや働き
氵　さんずい	水が流れる様子
禾　のぎへん	イネや穀物
貝　かいへん	お金や財産

旁（つくり）

刂　りっとう	刀やその働き
彡　さんづくり	美しい模様や飾り

番号	部首	形	位置	名前
64	【手】	扌	◧	てへん
65	【支】	支		し
66	【攴】	攵	◨	のぶん ぼくづくり
67	【文】	文		ぶん
68	【斗】	斗		とます
69	【斤】	斤		きん
		斤	◨	おのづくり
70	【方】	方		ほう
		方	◧	ほうへん かたへん
71	【日】	日		ひ
		日	◧	ひへん
72	【曰】	曰		ひらび いわく
73	【月】	月		つき
		月	◧	つきへん
74	【木】	木		き
		木	◧	きへん
75	【欠】	欠		あくび かける
76	【止】	止		とめる
77	【歹】	歹	◧	かばねへん いちたへん がつへん
78	【殳】	殳	◨	るまた ほこづくり
79	【毋】	毋		なかれ
80	【比】	比		ならびひ くらべる
81	【毛】	毛		け
82	【氏】	氏		うじ
83	【气】	气	◳	きがまえ
84	【水】	水		みず
		氵	◧	さんずい
		氺	⬓	したみず
85	【火】	火		ひ
		火	◧	ひへん
		灬	⬓	れんが れっか
86	【爪】	爪		つめ
		爫	⬒	つめかんむり つめがしら
87	【父】	父		ちち
88	【片】	片		かた
		片	◧	かたへん
89	【牙】	牙		きば
90	【牛】	牛		うし
		牛	◧	うしへん
91	【犬】	犬		いぬ
		犭	◧	けものへん

王・𤣩→玉　耂→老　礻→示　辶→辵

五画

番号	部首	形	位置	名前
92	【玄】	玄		げん
93	【玉】	玉		たま
93	【玉】	王		おう
		王	◧	おうへん たまへん
94	【瓦】	瓦		かわら
95	【甘】	甘		かん あまい
96	【生】	生		うまれる
97	【用】	用		もちいる
98	【田】	田		た
		田	◧	たへん
99	【疋】	疋		ひき
		𤴔	◧	ひきへん
100	【疒】	疒	◰	やまいだれ
101	【癶】	癶	⬒	はつがしら
102	【白】	白		しろ
103	【皮】	皮		けがわ
104	【皿】	皿		さら
105	【目】	目		め
		目	◧	めへん
106	【矛】	矛		ほこ
107	【矢】	矢		や
		矢	◧	やへん
108	【无】	旡		なし ぶ すでのつくり
109	【石】	石		いし
		石	◧	いしへん

部首	名前	意味
殳	るまた ほこづくり	人を殴る・打つ
頁	おおがい	人の姿や人の頭

冠(かんむり) ⬒

部首	名前	意味
宀	うかんむり	家や屋根・覆う
耂	おいかんむり おいがしら	つえを突いた年寄り
雨	あめかんむり	雨や雨降りの様子

脚(あし) ⬓

部首	名前	意味
灬	れんが れっか	火・燃え上がる炎
⺗	したごころ	心の動きや働き

垂(たれ) ◰

部首	名前	意味
厂	がんだれ	切り立ったがけ
广	まだれ	屋根・建物

繞(にょう) ◺

部首	名前	意味
辶	しんにょう しんにゅう	歩く・進む
廴	えんにょう	道を行く

構(かまえ) ▣ ◫

部首	名前	意味
囗	くにがまえ	周りを囲んだ形
行	ぎょうがまえ ゆきがまえ	歩く・道を行く

番号	部首	形	名前
110	【示】	示	しめす
		ネ	しめすへん
111	【禾】	禾	のぎ
		禾	のぎへん
112	【穴】	穴	あな
		穴	あなかんむり
113	【立】	立	たつ
		立	たつへん
		氺→水　罒→网　ネ→衣	
六画			
114	【竹】	竹	たけ
		⺮	たけかんむり
115	【米】	米	こめ
		米	こめへん
116	【糸】	糸	いと
		糸	いとへん
117	【缶】	缶	ほとぎ
118	【网】	罒	あみがしら あみめ よこめ
119	【羊】	羊	ひつじ
120	【羽】	羽	はね
121	【老】	耂	おいかんむり おいがしら
122	【而】	而	しかして しこうして
123	【耒】	耒	すきへん らいすき
124	【耳】	耳	みみ
		耳	みみへん
125	【聿】	聿	ふでづくり
126	【肉】	肉	にく
		月	にくづき
127	【自】	自	みずから
128	【至】	至	いたる
129	【臼】	臼	うす
130	【舌】	舌	した
131	【舟】	舟	ふね
		舟	ふねへん
132	【艮】	艮	ねづくり こんづくり
133	【色】	色	いろ
134	【艸】	艹	くさかんむり
135	【虍】	虍	とらがしら とらかんむり
136	【虫】	虫	むし
		虫	むしへん
137	【血】	血	ち
138	【行】	行	ぎょう
		行	ぎょうがまえ ゆきがまえ
139	【衣】	衣	ころも
		ネ	ころもへん
140	【襾】	西	にし
140	【襾】	覀	おおいかんむり
七画			
141	【見】	見	みる
142	【臣】	臣	しん
143	【角】	角	かく つの
		角	つのへん
144	【言】	言	げん
		言	ごんべん
145	【谷】	谷	たに
146	【豆】	豆	まめ
147	【豕】	豕	ぶた いのこ
148	【豸】	豸	むじなへん
149	【貝】	貝	かい こがい
		貝	かいへん
150	【赤】	赤	あか
151	【走】	走	はしる
		走	そうにょう
152	【足】	足	あし
		⻊	あしへん
153	【身】	身	み
154	【車】	車	くるま
		車	くるまへん
155	【辛】	辛	からい

まぎらわしい部首

①「阝(おおざと)」と「阝(こざとへん)」

● 阝(おおざと)　…邸・郭・郊・邪など

もとは「邑(むら)」で、人が住む場所を表し、「おおざと」は「大きな村里」を意味しています。「阝」は「邑」が旁《つくり》になったときの省略された形です。

● 阝(こざとへん)　…陥・隅・附・隔など

もとは「阜(おか)」で、土を積み重ねた高い土地という意味を表しました。「阝」は「阜」が偏になったときの省略された形で、「おおざと」に対して「こざとへん」といわれます。

②位置によって形や呼び名が変わるもの

部首	形	名前	例
人	イ	にんべん	偽・償・偏　など
	𠆢	ひとやね	傘・介・企　など
心	忄	りっしんべん	懐・憾・憤　など
	㣺	したごころ	恭・慕
手	手	て	摩・掌・撃　など
	扌	てへん	括・挟・挿　など
水	氵	さんずい	渦・沸・泡　など
	氺	したみず	泰
火	火	ひへん	煩・炊・煙　など
	灬	れんが・れっか	焦・煮・然　など
示	示	しめす	祭・票・禁　など
	ネ	しめすへん	禍・祥・禅　など
衣	衣	ころも	哀・褒・裂　など
	ネ	ころもへん	褐・襟・裕　など

番号	部首	形	名称
156	【辰】	辰	しんのたつ
157	【辵】	辶	しんにょう しんにゅう
		辶	しんにょう しんにゅう
158	【邑】	阝	おおざと
159	【酉】	酉	ひよみのとり
		酉	とりへん
160	【釆】	釆	のごめ
		釆	のごめへん
161	【里】	里	さと
		里	さとへん
162	【舛】	舛	まいあし
163	【麦】	麦	むぎ
		麦	ばくにょう
八画			
164	【金】	金	かね
		金	かねへん
165	【長】	長	ながい
166	【門】	門	もん
		門	もんがまえ
167	【阜】	阜	おか
		阝	こざとへん
168	【隶】	隶	れいづくり
169	【隹】	隹	ふるとり
170	【雨】	雨	あめ
		雨	あめかんむり
171	【青】	青	あお
172	【非】	非	あらず ひ
173	【斉】	斉	せい
九画			
174	【面】	面	めん
175	【革】	革	かくのかわ つくりがわ
		革	かわへん
176	【音】	音	おと
177	【頁】	頁	おおがい
178	【風】	風	かぜ
179	【飛】	飛	とぶ
180	【食】	食	しょく
		飠	しょくへん
		飠	しょくへん
181	【首】	首	くび
182	【香】	香	か かおり
十画			
183	【馬】	馬	うま
		馬	うまへん
184	【骨】	骨	ほね
		骨	ほねへん
185	【高】	高	たかい
186	【髟】	髟	かみがしら
187	【鬯】	鬯	ちょう
188	【鬼】	鬼	おに
		鬼	きにょう
189	【韋】	韋	なめしがわ
190	【竜】	竜	りゅう
十一画			
191	【魚】	魚	うお
		魚	うおへん
192	【鳥】	鳥	とり
193	【鹿】	鹿	しか
194	【麻】	麻	あさ
195	【黄】	黄	き
196	【黒】	黒	くろ
197	【亀】	亀	かめ
十二画			
198	【歯】	歯	は
		歯	はへん
十三画			
199	【鼓】	鼓	つづみ
十四画			
200	【鼻】	鼻	はな

※注　常用漢字表では「辶」は「遡・遜」、「飠」は「餌・餅」のみに適用。

■「月」の部首について

「月」の形の成り立ちには、次の三つの系統があります。

①つき「月」…細い月の形を描いた象形文字時に関係する字に多く見られます。
⇒月・有・朝・朗・望・期 の六字

②つきへん「月」…「舟」が変形したもの「ふなづき」と呼ばれていましたが、現在は「つきへん」と呼ばれています。
⇒服・朕の二字

③にくづき「月」…「肉」が変形したもの「にく」のみ「肉」と書きますが、ほかの字と組み合わさると「月」の形になり、人体に関する漢字に添えられています。
⇒肌・肢・肝・膜 など

本来は、形もそれぞれ違っていましたが、「常用漢字表」では、これらの字形の区別をせず、全て「月」とされています。

漢検では、「肉」が偏となった「にくづき」の漢字は「月」の部ですが、偏ではない部分で扱われる字は「肉」の部に分類しています。

●部首「肉」の漢字(準2級以下のもの)
肯・肖・脅・肩・腐・膚・胃・背・能・育・肉

ウォーミングアップ

実施日 ／

解答は別冊P.7

1 次の漢字群の**部首**を（　）に記せ。

（例）漢・潟・溝・沸　（氵）

1 俊・偽・併・傑（　）
2 彫・彰・影・彩（　）
3 衡・衝・衛・術（　）
4 飽・飼・飾・餓（　）
5 蚕・蛮・融・蛍（　）
6 亭・享・交・亡（　）
7 痢・癖・痴・疫（　）
8 妃・妊・媒・嫡（　）

9 駐・騎・駄・騒（　）
10 物・特・牲・犠（　）
11 団・困・圏・囚（　）
12 夜・多・外・夕（　）
13 弾・張・弧・弦（　）
14 壮・壱・売・士（　）
15 踊・践・距・踏（　）
16 事・了・争・予（　）
17 卑・升・卓・博（　）
18 帳・帽・幅・帆（　）
19 遍・逓・迅・遮（　）
20 羅・罷・署・罰（　）
21 典・兵・共・具（　）
22 死・殖・殉・残（　）

2

次のひらがなで示された**部首名**を持つ漢字を［　］から選び、その**記号**を（　）に記せ。

(例) さんずい ［ア冷　イ形　ウ汁　エ営］（ウ）

1 まだれ ［ア摩　イ廃　ウ慶　エ腐］（　）
2 ひ ［ア宴　イ量　ウ香　エ晶］（　）
3 がんだれ ［ア厘　イ暦　ウ歴　エ灰］（　）
4 た ［ア畝　イ累　ウ胃　エ奮］（　）
5 ひとやね ［ア舎　イ金　ウ食　エ企］（　）
6 ふでづくり ［ア建　イ粛　ウ律　エ筆］（　）
7 しんのたつ ［ア辱　イ振　ウ震　エ娠］（　）
8 しん ［ア監　イ臨　ウ賢　エ緊］（　）
9 め ［ア自　イ見　ウ盲　エ具］（　）
10 じゅう ［ア南　イ索　ウ支　エ幹］（　）
11 む ［ア鬼　イ弁　ウ台　エ参］（　）
12 つち ［ア去　イ堕　ウ寺　エ至］（　）
13 くち ［ア兄　イ石　ウ呉　エ足］（　）
14 うかんむり ［ア賓　イ宰　ウ憲　エ字］（　）
15 つかんむり ［ア覚　イ挙　ウ厳　エ誉］（　）
16 うけばこ ［ア歯　イ幽　ウ凹　エ画］（　）
17 つき ［ア肩　イ朗　ウ背　エ青］（　）
18 にく ［ア脅　イ望　ウ期　エ有］（　）
19 くさかんむり ［ア慕　イ夢　ウ繭　エ薫］（　）
20 たつ ［ア競　イ辛　ウ竜　エ意］（　）
21 さと ［ア黒　イ墨　ウ重　エ童］（　）
22 れんが れっか ［ア魚　イ焦　ウ勲　エ黙］（　）

ONE Point

部首は便宜的に考え出された漢字の分類方法です。「漢検」は『漢検要覧　2〜10級対応』に示す部首分類によります。

練習 1

実施日

解答は別冊P.7

1 次の漢字群のうち、一つだけ**部首**が**異なるもの**がある。その**漢字**を選んで（　）に書き、さらにその**部首**を［　］に記せ。

（例）還・遺・逸・巡・迭　（漢字 巡）［部首 巛］

1 菌・荘・墓・葬・薦　ヒント もとは、獣が食べる草の意味。（　）［　］

2 舗・垣・壊・壇・堪（　）［　］

3 褒・衷・裏・衣・京（　）［　］

4 悠・熟・愁・患・忌（　）［　］

5 工・差・左・巨・距　ヒント 部首「工(え・たくみ)」に属さない漢字。（　）［　］

6 贈・賊・賠・賦・則　ヒント もとは、刀で傷をつける意味。（　）［　］

7 庁・座・庶・麻・廊（　）［　］

8 白・伯・皇・皆・的　ヒント 部首「白(しろ)」に属さない漢字。（　）［　］

9 現・覧・観・見・規（　）［　］

10 直・真・貝・省・盾　ヒント 部首「目(め)」に属さない漢字。（　）［　］

11 祭・察・禁・示・票（　）［　］

12 岸・岩・崇・炭・島（　）［　］

13 章・競・立・童・並（　）［　］

14 桑・朱・某・集・架（　）［　］

15 冒・替・曹・更・量（　）［　］

16 与・丙・兼・丘・且　ヒント 部首「一(いち)」に属さない漢字。（　）［　］

17 秩・稿・税・租・和（　）［　］

18 刃・券・分・刀・忍（　）［　］

19 焼・煙・燥・畑・炊（　）［　］

20 永・求・尿・氷・泉　ヒント 部首「水(みず)」に属さない漢字。（　）［　］

2

次の漢字群のうち、一つだけ**部首**が**異なるもの**がある。その**漢字**を選んで（　）に書き、さらにその**部首**を［　］に記せ。

（例）還・遺・逸・巡・迭　漢字（巡）　部首［巛］

1 倫・化・例・僚・偵（　）［　］

2 粉・料・粘・粧・糧（　）［　］

3 裸・裕・初・襟・褐（　）［　］

4 慮・虞・虜・虐・虚（　）［　］

5 脚・胎・肌・謄・肢（　）［　］

ヒント 「月（にくづき）」は、「肉・身体」の意味を持つ部首。

6 奪・尉・尋・寿・封（　）［　］

7 凍・准・凝・冬・次（　）［　］

ヒント 「冫（にすい）」は、「冬・寒い」の意味を持つ部首。

8 翼・扇・翁・翻・翌（　）［　］

9 欲・欺・欧・款・軟（　）［　］

10 床・廉・庸・席・度（　）［　］

11 段・殴・殻・穀・殿（　）［　］

12 反・及・叙・隻・叔（　）［　］

13 視・禍・祥・禅・社（　）［　］

ヒント 「礻（しめすへん）」は、「神」に関する意味を持つ部首。

14 載・暫・輩・輝・軍（　）［　］

15 鳴・唆・呼・吟・喝（　）［　］

16 岳・崇・密・崩・岸（　）［　］

17 柔・栽・棄・禁・果（　）［　］

18 涼・酒・渋・泡・漸（　）［　］

19 稲・穫・稼・利・種（　）［　］

ヒント 「禾（のぎへん）」は、「穀物」の意味を持つ部首。

20 族・旋・施・旗・放（　）［　］

21 履・尺・局・昼・尼（　）［　］

22 購・敗・財・賄・販（　）［　］

ヒント 「貝（かいへん）」は、「貨幣・宝」の意味を持つ部首。

23 雅・唯・雄・離・雑（　）［　］

ONE Point

同じ形の部首でもどこに位置するかによって呼び名が変わるものに注意！ その①

城・場→「つちへん」　型・報→「つち」

輪・輪→「くるまへん」　軍・輝→「くるま」

練習 1

実施日

解答は別冊P.8

3 1～20の字群は、それぞれ**同じ部首**の漢字の一部である。**部首を**（　）に書き、その**画数**を**漢数字**で［　］に記せ。

（例）工・共・歩・尼　（部首 氵）［画数 三］画

1 公・普・若・召　（　）［　］画
2 孝・乍・褱・州　（　）［　］画　ヒント「壊・嬢・醸・譲」がある。
3 至・大・九・切　（　）［　］画　ヒント「冠（かんむり）」に分類される部首。
4 亥・氐・良・牙　（　）［　］画　ヒント「旁（つくり）」に分類される部首。
5 伐・尌・兌・木　（　）［　］画　ヒント「構（かまえ）」に分類される部首。
6 段・充・童・監　（　）［　］画
7 東・隹・亥・甚　（　）［　］画

8 斗・岡・黽・申　（　）［　］画　ヒント この部分から考える。
9 同・付・耤・固　（　）［　］画
10 兪・貴・衷・卓　（　）［　］画
11 分・步・柬・雇　（　）［　］画　ヒント「旁（つくり）」に分類される部首。
12 守・袁・王・苗　（　）［　］画
13 余・正・盾・皮　（　）［　］画
14 需・旦・左・菐　（　）［　］画　ヒント「撲・僕」がある。
15 戈・取・己・卜　（　）［　］画
16 般・成・次・分　（　）［　］画
17 付・扁・禺・粦　（　）［　］画　ヒント この部分から考える。
18 古・大・玉・袁　（　）［　］画　ヒント「構（かまえ）」に分類される部首。
19 音・乗・开・肖　（　）［　］画　ヒント この部分から考える。
20 相・田・而・令　（　）［　］画

4 次のひらがなで示された**部首名**を持つ漢字を□から**五つ**選び、（　）に記せ。ただし、1～5はA群、6～10はB群の□から選ぶこと。

□ 1 ひとあし・にんにょう（　）
□ 2 かい・こがい（　）
□ 3 わりふ・ふしづくり（　）
□ 4 に（　）
ヒント 部首の形は「二」。
□ 5 ひつじ（　）

A群

五・貴・即・免・着・互・兆・井
美・貞・児・亜・貫・貢・羊・却
克・印・卵・二・群・賃・義・卸・充

□ 6 かん・いちじゅう（　）
□ 7 はば（　）
□ 8 のぶん・ぼくづくり（　）
□ 9 だい（　）
ヒント 部首の形は「大」。
□ 10 ほこづくり・ほこがまえ（　）

B群

攻・戒・奥・奇・幣・敢・幕・幹
帥・幸・敷・奉・敬・戦・帝・成
敏・干・我・奔・戯・奨・年・平・希

ONE Point

同じ形の部首でもどこに位置するかによって呼び名が変わるものに注意！　その②

駅・験→「うまへん」
驚・騰→「うま」

絵・練→「いとへん」
素・系→「いと」

練習 2

実施日

解答は別冊P.8

1 次の漢字の**部首**を（　）に記せ。

（例）菜（艹）

1 肖（　）
2 弔（　）
3 嚇（　）
4 嗣（　）
5 遷（　）
6 音（　）
7 繊（　）

8 尚（　）
9 疎（　）
10 弊（　）
11 注 問（　）
12 缶（　）
13 難 裏（　）
14 難 甚（　）

15 拷（　）
16 杉（　）
17 丈（　）
18 堕（　）
19 韻（　）
20 娠（　）
21 吏（　）
22 難 率（　）
23 靴（　）
24 難 務（　）
25 寛（　）

26 濯（　）
27 鼓（　）
28 青（　）
29 唇（　）
30 銘（　）
31 顕（　）
32 拐（　）
33 警（　）
34 藻（　）
35 尉（　）
36 賜（　）

- ☐ 37 津（　）
- ☐ 38 朴（　）
- 難 ☐ 39 再（　）
- ☐ 40 癒（　）
- ☐ 41 斉（　）
- ☐ 42 酪（　）
- ☐ 43 恭（　）
- 注 ☐ 44 整（　）
- ☐ 45 崎（　）
- ☐ 46 宵（　）
- 難 ☐ 47 衷（　）

- ☐ 48 耐（　）
- ☐ 49 傘（　）
- 難 ☐ 50 執（　）
- ☐ 51 累（　）
- ☐ 52 矯（　）
- 難 ☐ 53 承（　）
- 難 ☐ 54 疑（　）
- ☐ 55 淑（　）
- ☐ 56 琴（　）
- ☐ 57 半（　）
- 注 ☐ 58 豪（　）

- ☐ 59 雇（　）
- ☐ 60 逐（　）
- ☐ 61 喪（　）
- ☐ 62 乏（　）
- 難 ☐ 63 束（　）
- ☐ 64 臭（　）

- ☐ 65 殊（　）
- ☐ 66 陥（　）
- ☐ 67 窮（　）
- 注 ☐ 68 準（　）
- ☐ 69 雰（　）
- ☐ 70 斥（　）

ONE Point

その漢字自体が部首になっている例　その①

竜→「竜（りゅう）」　又→「又（また）」
止→「止（とめる）」　玄→「玄（げん）」
生→「生（うまれる）」
欠→「欠（あくび・かける）」

練習 2

実施日

解答は別冊P.8・9

2 次の漢字の**部首**と**部首名**を記せ。部首名が二つ以上あるものは、そのいずれか一つを記せばよい。

	漢字	部首	部首名
(例)	菜	艹	くさかんむり
1	謁		
2 難	垂		
3	旬		
4	璽		
5	泰		
6 注	聖		
7	侯		

	漢字	部首	部首名
8 注	朕		
9	戻		
10	斎		
11	毎		
12	誓		
13	窯		
14	猶		
15	塾		

	漢字	部首	部首名
16 注	赦		
17 注	聞		
18	厄		
19 難	夜		
20	塁		
21	寧		
22	飢		
23 注	煩		
24 注	票		
25	酷		
26 注	案		

	漢字	部首	部首名
27	瓶		
28 注	町		
29 注	豚		
30	爵		
31 注	襲		
32	扉		
33	磨		
34	耗		
35 難	黙		
36	呈		
37	版		

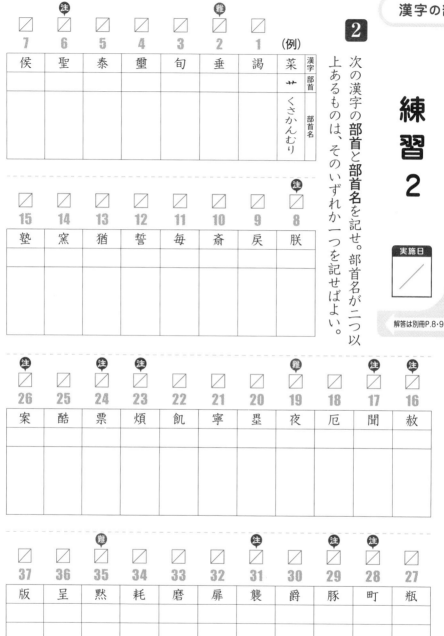

48	47	注 46	注 45	注 44	43	42	41	40	39	38
牧	肯	字	労	巡	憂	覆	凸	碁	辞	岬

注 59	58	注 57	難 56	55	54	注 53	52	注 51	50	49
夢	昆	致	屯	頑	者	栄	掌	習	献	督

ONE Point

その漢字自体が部首になっている例　その②

見→「見(みる)」　歯→「歯(は)」
舌→「舌(した)」　黄→「黄(き)」
甘→「甘(かん・あまい)」
香→「香(か・かおり)」

65	64	63	62	61	60
皮	処	徹	乙	轄	妥

71	70	69	68	注 67	66
弐	獣	懲	妄	蒸	廷

漢検おもしろゼミ03

「完熟」ー「半熟」＝「未熟」？

■熟語とは
二字以上の漢字を組み合わせたもので意味を区別・限定し、一定の意味を表す言葉。

漢字の組み合わせで広がる言葉の世界

漢字は一字一字が意味を持つ表意文字ですが、一字で物事を表すには限界があります。そこで、二字以上の漢字を組み合わせることによって意味を区別・限定し、より多くの事柄を表すようになりました。こうした一定の意味を表す漢字の組み合わせを「**熟語**」と呼びます。

「熟」を使った語には「熟視」「熟睡」「熟知」「熟読」などがありますが、「熟」が二字熟語の上でなく下の字になる場合もあります。

完熟…果実や種子が十分にうれる（例 **完熟トマト**）。
半熟…食べ物が十分に煮えていない。なま煮え（例 **半熟たまご**）。
未熟…果実などが十分にうれていない。また、学芸の修練が十分でない（例 **未熟者**）。

ほかにも「早熟」「成熟」「円熟」などがあります。

このように、「熟」という漢字一字をとってみても、ほかのさまざまな漢字と結びついて熟語を形成し、多種多様な言葉の世界を展開しています。いずれも「熟」の字義（漢字が持つ意味）「うれる」「じゅうぶんに」「こなれる」などが共通して含まれています。

これこそ表意文字の大きな利点で、知らない熟語と出会ったときも、字義を知っていれば熟語の意味を類推する手がかりになります。しかし

「熟」と結びつく漢字の例

完 ［字義］欠けたところがない すっかり・全く → 完熟

半 ［字義］二つに分ける・なかほど・不十分 → 半熟

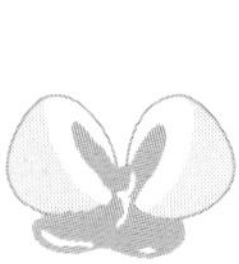

未 ［字義］いまだ・まだ…しない → 未熟

意味が何となくわかっても、読み方がわからないのでは不十分。熟語の読み方のルールを見ていきましょう。

熟語のいろいろな読み方

熟語の読み方には一定の法則があります。

(1)上の字を音読みすれば下の字も音読みする。➡「音読語」

(2)上の字を訓読みすれば下の字も訓読みする。➡「訓読語」

しかし例外も多く、音読みと訓読みを混用した「重箱読み」や「湯桶《ゆとう》読み」、慣用音や熟字訓、当て字などの「慣用的な読み」などがあります。

1 音読語　上の字も下の字も音読みをする熟語

原則として、上が呉音なら下も呉音で、上が漢音なら下も漢音で、上が唐音なら下も唐音で読みます。ただし、それらが交ざった読みも多数あります。

(例)交渉・分析　**※「交渉」はともに漢音、「分析」は呉音と漢音が交ざった読み方**

2 訓読語　上の字も下の字も訓読みをする熟語

(例)雨傘・竜巻

3 重箱読み　上の字を音読み、下の字を訓読みする熟語

(例)献立・別棟

4 湯桶読み　上の字を訓読み、下の字を音読みする熟語

(例)偽札・泥棒

5 慣用的な読み　慣用音や熟字訓、当て字などの特別な読み方

(例)音頭・老舗《しにせ》(「音頭」の「頭《ド》」は慣用、「老舗」は熟字訓)

音読語

●上下とも呉音で読むもの

回向《えこう》　功徳《くどく》　症状《しょうじょう》　殺生《せっしょう》　文言《もんごん》　など

●上下とも漢音で読むもの

回顧《かいこ》　決定《けってい》　殺人《さつじん》　勢力《せいりょく》　反省《はんせい》　など

●上下とも唐音で読むもの

行脚《あんぎゃ》　行灯《あんどん》　提灯《ちょうちん》　払子《ほっす》　など

●上を呉音、下を漢音で読むもの

境界《きょうかい》　時間《じかん》　省略《しょうりゃく》　凡人《ぼんじん》　無職《むしょく》　など

●上を漢音、下を呉音で読むもの

越境《えっきょう》　勘定《かんじょう》　承認《しょうにん》　反逆《はんぎゃく》　墨守《ぼくしゅ》　など

訓読語

青空《あおぞら》　尼寺《あまでら》　渦潮《うずしお》　貝塚《かいづか》　垣根《かきね》　片隅《かたすみ》

革靴《かわぐつ》　霜柱《しもばしら》　戸棚《とだな》　鼻緒《はなお》　日傘《ひがさ》　など

重箱読み(上が音、下が訓)

縁組《えんぐみ》　座敷《ざしき》　石高《こくだか》　地肌《じはだ》　蛇腹《じゃばら》　反物《たんもの》

納屋《なや》　瓶詰《びんづめ》　歩合《ぶあい》　幕内《まくうち》　など

湯桶読み(上が訓、下が音)

今風《いまふう》　初陣《ういじん》　金具《かなぐ》　消印《けしいん》　酒代《さかだい》　挿絵《さしえ》

指図《さしず》　敷布《しきふ》　手本《てほん》　夕刊《ゆうかん》　喪服《もふく》　など

慣用的な読み

輸入《ゆにゅう》　磁石《じしゃく》　為替《かわせ》　雪崩《なだれ》　若人《わこうど》　など

熟語の構成と意味の理解

熟語が表意文字である漢字を二字以上組み合わせて構成されていることは、先ほど説明したとおりです。知らない熟語に出会ったとき、漢字の意味と熟語の構成（組み立て）を考えると、熟語のおおよその意味を推測することができます。

熟語の構成（組み立て）はおおむね、次のように分類できます。

1 同じような意味の漢字を重ねたもの

●同じ漢字を重ねて様子や状態を表すもの

「代代」「徐徐」などがこれにあたります。「代々」のように、踊り字（々）を使って書くこともできます。

●同じような意味の漢字を重ねて互いに意味を補い合うもの

この構成の熟語は多く、どちらかの漢字の意味がわかると、熟語の意味もだいたい見当がつきます。

・物のありさまや性質を表す漢字を重ねたもの　(例)豊富　永久
・動作を表す漢字を重ねたもの　(例)言語　禁止
・物の名を表す漢字を重ねたもの　(例)岩石　河川

2 反対または対応の意味を表す漢字を重ねたもの

●物のありさまや性質を表す漢字を組み合わせたもの　(例)高低　善悪
●動作を表す漢字を組み合わせたもの　(例)昇降　発着
●物の名を表す漢字を組み合わせたもの　(例)心身　主従

この構成に分類されるのは、相反する二つの意味を対照的に表す熟語

熟語の組み立て方の例

①同じような意味の漢字を重ねたもの

●同じ漢字を重ねて様子や状態を表す熟語

少少　個個　再再　刻刻　続続　堂堂
淡淡　洋洋　朗朗　歴歴

●同じような意味の漢字を重ねて互いに意味を補い合う熟語

・物のありさまや性質を表す漢字を重ねた熟語

寛大　強硬　軽薄　濃厚　新鮮　清潔
粗悪　精密　悲哀　詳細　華麗

・動作を表す漢字を重ねた熟語

逸脱　勧奨　圧迫　依頼　勤務　映写
過去　上昇　分割　選択　満足　繁栄

・物の名を表す漢字を重ねた熟語

甲殻　樹木　絵画　船舶　宮殿　身体
皮膚　租税　道路　機器　霊魂　陰影

②反対または対応の意味を表す字を重ねたもの

●物のありさまや性質を表す漢字を組み合わせた熟語

雅俗　衆寡　苦楽　軽重　広狭　寒暑
有無　細大　厚薄　安危　難易　美醜

●動作を表す漢字を組み合わせた熟語

隠顕　集散　攻守　送迎　浮沈　断続
発着　去来　授受　伸縮　贈答　貸借

が大半ですが、どちらか一つの漢字の意味だけを表す熟語や、もとの意味から転じて別の意味を表す熟語もありますので、注意が必要です。

(例) 黒白《こくびゃく》**（物の善《あ》し悪し）**
動静 **（人や物事の活動の様子）**
始終 **（いつも）**
異同 **（異なっているところ、違い）**

3 上の字が下の字を修飾しているもの

修飾と被修飾の関係にあり、上から下へ読むと、熟語のおおよその意味がわかります。

●上の字が下の字を連体修飾するもの
(例) 国歌 **（↓国の歌）** 深海 **（↓深い海）**

●上の字が下の字を連用修飾するもの
(例) 楽勝 **（↓楽に勝つ）** 予告 **（↓予《あらかじ》め告げる）**

4 下の字が上の字の目的語・補語になっているもの

「…を〜する」「…に〜する」というように、下から上へ読むと、熟語のおおよその意味がわかります。

(例) 握手 **（↓手を握る）** 乗車 **（↓車に乗る）**

※便宜上、熟語で前に来る漢字（一字目）を「上の字」、後に来る漢字（二字目）を「下の字」としています。

●物の名を表す漢字を組み合わせた熟語

艦艇 表裏 今昔 縦横 師弟 賞罰

③上の字が下の字を修飾しているもの

●上の字が下の字を連体修飾する熟語

貴賓 会員 罪人 胃液 品質 洋画
脳波 物価 銀幕 麦芽 酪農 急病
新人 悪役 晩秋 重罪 美談

●上の字が下の字を連用修飾する熟語

酷使 早熟 優遇 重視 漸進 永住
先発 厳禁 急増 晩成 再会 激突
徐行 予知

④下の字が上の字の目的語・補語になっているもの

懐疑 造幣 叙勲 越年 延期 開会
加熱 観劇 脱皮 求婚 護身 追跡
始業 指名 失明 執務 開幕 遅刻
出題 尽力 避難 増税 登頂 保健

⑤上の字が下の字の意味を打ち消しているもの

●「不」がついた熟語

不純 不慮 不備 不断 不潔 不服
不肖 不徳 不滅 不義 不興 不要

●「無」がついた熟語

無謀 無為 無恥 無尽 無量 無粋
無窮

5 上の字が下の字の意味を打ち消しているもの

上に「不」「無」「非」「未」など、打ち消し(否定)の意味を表す漢字がついて、下の漢字の意味を打ち消します。

(例) 不穏　無数　非常　未開

6 上の字が主語、下の字が述語になっているもの

「…が〜する」と、上から下へ読むと意味がわかります。

(例) 日没(**↓日が没する**)

7 上に「所」「被」をつけたもの

「所」は行為の対象や内容を示す言葉、「被」は受け身の意を表す言葉で、それぞれ「…するところのもの」「…される(もの)」という意味の熟語を作ります。

(例) 所得　被告

8 「然」「的」などの接尾語が下についたもの

上の字の意味に基づいて、そのような状態・性質・傾向であることを表します。

(例) 平然　美的

9 三字以上の熟語を略したもの(略語)

(例) 高校(**高等学校**)　特急(**特別急行**)
学割(**学生割引**)　原爆(**原子爆弾**)

● 「非」がついた熟語

非番　非才　非情　非凡

● 「未」がついた熟語

未踏　未明　未完　未刊　未婚　未収
未熟　未遂　未然　未知　未着　未定

⑥ 上の字が主語、下の字が述語になっているもの

地震　人造　雷鳴　国立　私製　官選

⑦ 上に「所」「被」をつけたもの

● 「所」がついた熟語

所感　所見　所産　所属　所有　所用

● 「被」がついた熟語

被告　被虐　被害　被災

⑧ 「然」「的」などの接尾語が下についたもの

● 「然」がついた熟語

断然　純然　判然　漫然　歴然　騒然
端然　突然

● 「的」がついた熟語

法的　病的　物的　静的　動的　詩的

三字の熟語の組み立て方

三字の熟語は、そのほとんどが二字の熟語の上か下に漢字が一字ついてできています。

❶もとの熟語に新たな意味が付加されたもの

●上に漢字が一字ついたもの

「大」+「自然」で「大自然」となる形です。

●下に漢字が一字ついたもの

「人類」+「学」で「人類学」となる形です。

❷否定の意味を表す漢字が上についたもの

「不始末」「無意識」「非公式」「未解決」のように「不」「無」「非」「未」などが下の熟語の意味を打ち消す形のものです。

《注意すべき語例》

「不凍港」…「不凍」+「港」→凍結しない港

「未知数」…「未知」+「数」→まだ知られていない数

❸接尾語が下についたもの

「協調性」「効果的」など、「性」「的」「化」などの接尾語がつく形です。

❹漢字が三字対等に重ねられたもの

「天」+「地」+「人」で「天地人」となる形です。

三字の熟語の組み立て方の例

①もとの熟語に新たな意味が付加されたもの

●上に漢字が一字ついたもの

再確認　最高潮　夢心地　低気圧
小規模　高性能　定位置　美意識
微生物　手荷物　初対面　核実験
密貿易

●下に漢字が一字ついたもの

埋蔵量　自尊心　専門家　安心感
調査官　最大限　必需品　善後策
報道陣　性善説

②否定の意味を表す漢字が上についたもの

不本意　不合理　不名誉　不首尾
不作法　無責任　無感覚　無慈悲
無造作　無分別　非公開　非合法
非常識　非人情　未経験　未完成
未成年　未開拓

③接尾語が下についたもの

協調性　国民性　社交性　柔軟性
必然性　標準的　効果的　本格的
通俗的　楽観的　図案化　合理化
長期化　機械化　習慣化

④漢字が三字対等に重ねられたもの

大中小　衣食住　松竹梅　陸海空

熟語の構成
ウォーミングアップ

実施日 ／

解答は別冊P.9

1 次の各文の**意味を表す熟語**を、それぞれ**文中にある漢字**を使って□□に記せ。

(例) 岩と石。 → 岩石

1 国が経営している。 → □□
2 豊かで富んでいる様子。 → □□
3 厳しく禁止する。 → □□
4 功績と罪過。 → □□
5 税金を納入する。 → □□
6 攻撃と守備。 → □□
7 書物・書籍を読む。 → □□
8 定められた価格。 → □□

2 次の□には――線の漢字を**打ち消す**(否定する)意味の漢字が入る。(　)にその**漢字**を記せ。

(例) 書類に□備があった。 (不)

1 切手の料金が□足していた。 (　)
2 □凡な才能を見せる。 (　)
3 □吉な予感がする。 (　)
4 電気代が□納になっている。 (　)
5 □着の荷物を問い合わせる。 (　)
6 油断して□覚を取った。 (　)
7 今日は仕事が□番です。 (　)
8 そんな□常識なことをするな。 (　)
9 □名誉な記録が残る。 (　)
10 作品は□完成のままだ。 (　)
11 返品は□使用のものに限る。 (　)
12 実験は□首尾に終わった。 (　)

熟語の構成 練習 1

実施日 ／

解答は別冊P.9

1 **熟語の構成**のしかたには次のようなものがある。

ア 同じような意味の漢字を重ねたもの（岩石）
イ 反対または対応の意味を表す字を重ねたもの（高低）
ウ 上の字が下の字を修飾しているもの（洋画）
エ 下の字が上の字の目的語・補語になっているもの（着席）
オ 上の字が下の字の意味を打ち消しているもの（非常）

次の**熟語**は、**ア〜オ**のどれにあたるか。（　）の中に**記号**で記せ。

1 融解（　）
2 甲殻（　）
3 造幣（　）　ヒント 貨幣をつくること。
4 貸借（　）
5 妄信（　）　ヒント「妄」の意味は「むやみに」。
6 親疎（　）
7 崇仏（　）
8 赴任（　）

9 凡庸（　）　ヒント「庸」には「ふつう」という意味がある。
10 逸話（　）　ヒント 話を逸するという意味ではない。
11 霊魂（　）
12 不祥（　）
13 媒体（　）
14 遮光（　）　ヒント 光をさえぎること。
15 献杯（　）
16 巧拙（　）

ONE Point

意味は反対。でも「公私」ともに仲良し！

「公私」とは、公的なことと私的なこと。『「公」と「私」』というように「と」を入れて考えるとよいでしょう。

熟語の構成 練習2

実施日 ／

解答は別冊P.10

1 **熟語の構成**のしかたには次のようなものがある。

ア 同じような意味の漢字を重ねたもの （岩石）
イ 反対または対応の意味を表す字を重ねたもの （高低）
ウ 上の字が下の字を修飾しているもの （洋画）
エ 下の字が上の字の目的語・補語になっているもの （着席）
オ 上の字が下の字の意味を打ち消しているもの （非常）

次の**熟語**は、**ア～オ**のどれにあたるか。（　）の中に**記号**で記せ。

1 筆禍（　）
2 衆寡（　）
3 破砕（　）
4 愉悦（　）
5 遷都（　）
6 不遇（　）
7 頻発（　）
8 克己（　）
9 還暦（　）難
10 模擬（　）

11 憂愁（　）
12 添削（　）
13 義憤（　）
14 徹夜（　）
15 殉教（　）
16 醜態（　）
17 経緯（　）
18 剰余（　）
19 露顕（　）
20 合掌（　）

21 拙劣
22 硝煙
23 往還
24 弔辞
25 懐郷
26 難 広漠
27 収賄
28 併記
29 禍福
30 抑揚
31 威嚇
32 誓詞

33 無為
34 懇談
35 翻意
36 勧奨
37 難 俊秀
38 弦楽
39 喫煙
40 腐臭
41 慶弔
42 媒介
43 起伏
44 撤兵

45 逸脱
46 環礁
47 注 酪農
48 虚実
49 叙情
50 共謀
51 災禍
52 遅刻

53 点滅
54 注 謹聴
55 紡績
56 譲歩
57 難 貴賓
58 抑圧
59 難 上棟
60 哀悼

ONE Point

熟語の構成を見分けよう！①「孤独」

「孤独」という熟語は、「孤」にも「独」にも「ひとり」という意味があるので、「同じような意味の漢字を重ねたもの」となります。

熟語の構成 練習 2

実施日 ／

解答は別冊P.10・11

2 次の――線の漢字と**似た意味**の**漢字**を□に入れて**熟語**を作り、その**漢字**を（　）に記せ。

1 世俗を□越している人だ。（　）
2 人生の悲□を感じる。（　）
3 気分転換に五分間休□をとった。（　）
4 工事の不備で道路が□没した。（　）
5 幼□な振る舞いを恥じる。（　）
6 厳しい選□を迫られた。（　）
7 独自の□値を見いだす。（　）
8 部屋を□潔に保つ。（　）
9 部屋に煙が□満する。（　）
10 昼寝をして□眠を補う。（　）

3 次の――線の漢字と**反対の意味**の**漢字**を□に入れて**熟語**を作り、その**漢字**を（　）に記せ。

1 不正な金銭の授□があった。（　）
2 事の真□を確認する。（　）
3 どの作品も□劣をつけがたい。（　）
4 貧□の差の是正を求める。（　）
5 □尾よく検定に合格した。（　）
6 住民投票で議会の是□を問う。（　）
7 □縮する物干ざおを買う。（　）
8 難 □果関係を明らかにする。（　）
9 朝夕の寒□の差が大きい。（　）
10 一国の存□の危機を回避する。（　）

4

次の□には――線の漢字を**修飾する漢字**が入る。その漢字を後の[　]から選んで**熟語**を作り、その**記号**を(　)に記せ。

1 あらぬ□想に取りつかれる。（　）
2 □作だと評判の映画を見る。（　）
3 有名な絵画に□似している。（　）
4 和菓子と□茶をいただく。（　）
5 地元の□謡に合わせて踊る。（　）
6 一点差で逃げきり、□勝した。（　） 注
7 人々の□意にこたえたい。（　）
8 □黒の長い髪を結い上げた。（　）
9 他人の□跡をまねて署名する。（　）
10 聞く人の涙を誘う□談だ。（　）

ア 漆　イ 酷　ウ 善　エ 筆　オ 美
カ 辛　キ 抹　ク 民　ケ 妄　コ 傑

5

次の熟語と**同じ構成の熟語**を[　]から選び、その**記号**を(　)に記せ。

1 繁閑［ア 窮地　イ 尊卑　ウ 謙譲　エ 懐旧］（　）
2 懇請［ア 無粋　イ 閲兵　ウ 専従　エ 明滅］（　） 注
3 殉職［ア 挑戦　イ 舌禍　ウ 硬軟　エ 不審］（　）
4 寡少［ア 暗礁　イ 独酌　ウ 乾湿　エ 詐欺］（　）
5 不惑［ア 得喪　イ 無謀　ウ 喫茶　エ 楽譜］（　）

ONE Point

熟語の構成を見分けよう！②「開幕」

「開幕」という熟語は、「幕を開ける」と下から上へ読めるので、「下の字が上の字の目的語・補語になっているもの」となります。

熟語の構成 練習 2

実施日 ／

解答は別冊P.11

6 **熟語の構成**のしかたには次のようなものがある。

ア　同じような意味の漢字を重ねたもの　（**岩石**）
イ　反対または対応の意味を表す字を重ねたもの　（**高低**）
ウ　上の字が下の字を修飾しているもの　（**洋画**）
エ　下の字が上の字の目的語・補語になっているもの　（**着席**）
オ　上の字が下の字の意味を打ち消しているもの　（**非常**）

右の**ア〜オ**の**熟語の構成**になるように下の［　］から漢字を選び、その**記号を**（　）に記せ。

ア		イ		ウ		エ		オ	
1	2	3	4	5	6	7	8	9	10
解	承	昇	賢	謹	急	述	仰	不	未
（　）	（　）	（　）	（　）	（　）	（　）	（　）	（　）	（　）	（　）

a 逝　b 呈　c 愚　d 懐
e 剖　f 屈　g 諾　h 降
i 決　j 天

熟語の作成
ウォーミングアップ

実施日

解答は別冊P.11

1 四つの熟語が完成するように、次の□に入る適切な漢字を後の□から選べ。

1 優・風・楽・趣

2 散・秀・材・脱

3 占・証・出・点

4 端・鼻・戦・論

5 拡・補・満・足

6 荒・撤・棄・止

7 陥・埋・収・落

8 残・過・似・使

緒　酷　雅
美　逸　没
充　置　還
大　拠　廃

ONE Point

熟語の構成を見分けよう！③「山頂」

「山頂」という熟語は、「山の頂」と考えます。「山」が「頂」を修飾しているので、「上の字が下の字を修飾しているもの」となります。

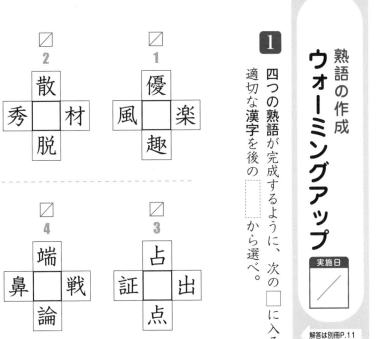

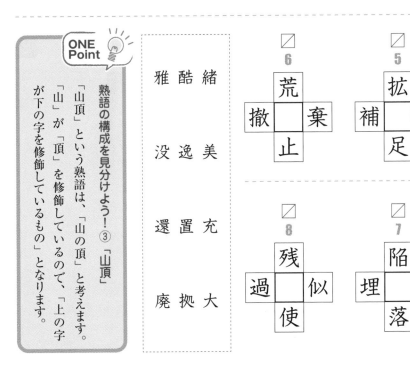

熟語の作成

練習 1

実施日 ／

解答は別冊P.11

1

次の漢字と後の［　］の漢字を組み合わせて二字の**熟語**を作り［　］に記せ。ただし［　］の漢字は上でも下でもよい。

1 拒
2 秩
3 疫
4 艇
5 哀（意味 悲しむ。あわれむ。）
6 著
7 買（ヒント 似た意味の漢字に注目。）
8 括（意味 まとめる。）
9 助
10 窮

免（意味 のがれる。許す。やめさせる。）　総　地　否　顕（意味 目立つ。明らか。）
艦　購　惜　序　扶

2

次の漢字と組み合わせて二字の**熟語**が作れる漢字を後の［　］から**すべて**選び、その**漢字**を（　）に記せ。ただし、［　］の漢字は**何度選んでもよく**、また上でも下でもよい。

1 概（意味 おおよそ。あらまし。）（　　）
2 慨（意味 なげく。いきどおる。）（　　）
3 愉（意味 楽しい。喜ぶ。）（　　）
4 諭（意味 言い聞かせる。）（　　）
5 癒（意味 病気やけがが治る。）（　　）
6 騰（意味 上がる。のぼる。）（　　）
7 謄（意味 うつす。）（　　）

念　快　悦　説　沸　写　着
貴　本　憤　高　嘆　旨　数

熟語の作成 練習 2

実施日

解答は別冊P.11

1 三つの□に**共通する漢字**を□から選び、熟語を作れ。その漢字の**記号**を（　）に記せ。

1 安□・□然・□西（　）
2 □建・開□・□筒（　）
3 □逐・先□・□除（　）
4 □務・□念・妄□（　）
注 5 □在・不□・□重（　）

ア 全　イ 駆　ウ 遍　エ 泰　オ 債
カ 封　キ 偏　ク 専　ケ 天　コ 執

2 三つの□に**共通する漢字**を□から選び、熟語を作れ。その漢字の**記号**を（　）に記せ。

1 長□・□口・□行（　）
2 □口・□声・□撃（　）
3 難□・□苦・□茶□（　）
4 □声・□起・□問（　）
注 5 □気・機□・□疑（　）

ア 歓　イ 渋　ウ 行　エ 運　オ 悪
カ 勧　キ 蛇　ク 嫌　ケ 銃　コ 喚

ONE Point

複数の読みに注意

□に共通する漢字を入れて熟語を作る問題では、複数の読みを持つ漢字に注意しましょう。

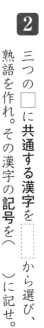

熟語の作成 練習 2

実施日

解答は別冊P.12

3 三つの□に**共通する漢字**を［　］から選び、熟語を作れ。その漢字の**記号**を（　）に記せ。

1 □一・放□・□次 （　）
2 地□・外□・貝□ （　）
3 注 未□・完□・□行 （　）
4 空□・□外・□開 （　）
5 □末・□月・□時記 （　）

ア 欄　イ 逐　ウ 年　エ 唯　オ 歳
カ 無　キ 殻　ク 疎　ケ 遂　コ 熟

4 三つの□に**共通する漢字**を［　］から選び、熟語を作れ。その漢字の**記号**を（　）に記せ。

1 □却・□静・等□視 （　）
2 □遇・仙□・□内 （　）
3 安□・平□・□当 （　）
4 □退・□収・□去 （　）
5 注 □戦・偽□・□後策 （　）

ア 穏　イ 易　ウ 撤　エ 前　オ 境
カ 冷　キ 隠　ク 徹　ケ 閑　コ 善

5

次のア〜オに入る**漢字**を後の［　］から選び、漢字の**熟語しりとり**を完成させよ。

難 ☐ 1 精ア→アイ→イ素→素ウ→ウ綱→綱エ→エオ→オ旨

ア（　）イ（　）ウ（　）エ（　）オ（　）

［色　手　要　彩　紀］

☐ 2 甲ア→アイ→イ車→車ウ→ウエ→エ内→内オ→オ糾

ア（　）イ（　）ウ（　）エ（　）オ（　）

［窓　紛　列　枠　羅］

☐ 3 監ア→アイ→イ進→進ウ→ウ廃→廃エ→エオ→オ威

ア（　）イ（　）ウ（　）エ（　）オ（　）

［促　退　督　権　棄］

6

次の漢字と［　］の漢字を組み合わせて熟語を作る場合、**熟語とならない漢字が一つだけ**ある。その漢字の**記号**を（　）に記せ。

（a〜fの漢字は上でも下でもよい。）

☐ 1 卓［a 抜　b 球　c 配　d 電　e 食　f 越］（　）

注 ☐ 2 徴［a 特　b 役　c 収　d 税　e 象　f 候］（　）

☐ 3 償［a 罰　b 補　c 却　d 賠　e 還　f 報］（　）

☐ 4 容［a 赦　b 姿　c 態　d 授　e 変　f 寛］（　）

☐ 5 粛［a 正　b 自　c 清　d 厳　e 静　f 恐］（　）

ONE Point

準2級漢字の読みの数ナンバー1は？

「漢検」準2級で新出配当となる漢字の中では、「懐」の読みが最多。六つの読み方、全部言えますか？（P.176参照）

漢検おもしろゼミ04

複雑多岐にわたる多彩な言葉の世界！

■対義語は一対とは限らない
一つの語の対義語は、視点によって複数存在することもある。

「水」と「油」？ それとも「火」？

「あの二人は水と油のように意見が合わない」というように、「水と油」は正反対の性質・性格のものを表す慣用句です。水と油が互いに溶け合わない性質を例えたものですが、「水」と「油」は対義語なのでしょうか？ 決して混ざることがない性質という観点からみると、「水」と「油」は対義語であるといえます。

さらに考えてみると、「油」だけではなく「火」や「湯」、「氷」や「水蒸気」も「水」の対義語ということができます。「火」は対極の元素とする古来からの思想の観点、「湯」は液体の温度という観点、「氷」「水蒸気」は状態という観点から、「水」の対義語であるといえます。

このように対義語は一対ではなく、どこに視点を置くかによって組み合わせる語が変わります。そのため対義語を考えるときには、さまざまな角度から考えて適切な語を選ぶ必要があります。対義語、また類義語を意識して漢字や語句を学習すると、効率的に語彙《ごい》を豊かにすることができます。是非とも対義語・類義語をセットで覚えて、語彙力をアップしましょう。

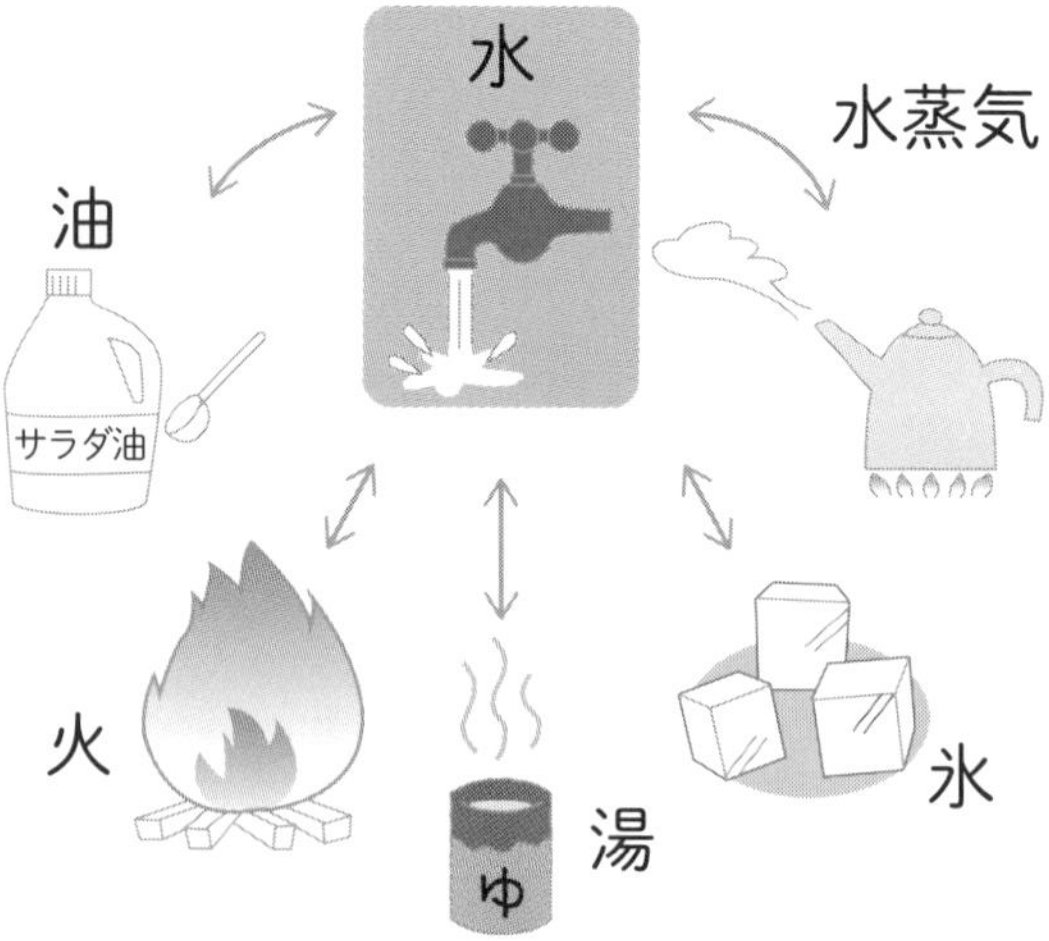

対義語

漢検では次に説明する「反対語（反意語）」と「対応語（対照語）」を合わせて「対義語」としています。

1 反対語（反意語）

互いに反対の意味を持つ言葉（熟語）

「大きい⇔小さい」や「強硬⇔軟弱」など、程度の差を表すものがあります。ほかにも、「進出⇔撤退」や「極端⇔中庸」のように、一つの事柄を見方や立場、行動を反対にして表現するものもあります。

2 対応語（対照語）

互いに対応して一対のものとなっている言葉（熟語）

「天」と「地」、「男」と「女」など、対になる言葉のセットです。これらの語は組み合わさって一つの対になります。

3 対義語の構成

●共通の漢字があるもの

・上の字が反対または対応する意味で、下の字が共通しているもの

主役⇔端役　祝辞⇔弔辞　漠然⇔判然　など

・上の字が共通していて、下の字が反対または対応する意味のもの

急騰⇔急落　令息⇔令嬢　債務⇔債権　など

●共通の漢字がないもの

・上下の字がそれぞれ反対または対応する意味のもの

欠乏⇔充足　老巧⇔稚拙　存続⇔廃止　など

■対義語の構成

●共通の漢字があるもの

・上の字が反対または対応する意味で、下の字が共通しているもの

優勢⇔劣勢　専任⇔兼任
陽気⇔陰気　虚像⇔実像
是認⇔否認　序盤⇔終盤

・上の字が共通していて、下の字が反対または対応する意味のもの

完勝⇔完敗　最長⇔最短
転入⇔転出　年末⇔年始
歓送⇔歓迎　川上⇔川下

●共通の漢字がないもの

・上下の字がそれぞれ反対または対応する意味のもの

清澄⇔汚濁　巧遅⇔拙速
拡大⇔縮小　重厚⇔軽薄

・上下のいずれの字も対応していないもの

威圧⇔懐柔　黙秘⇔自供
粗略⇔丁重　恒久⇔暫時

・上下のいずれの字も対応していないもの

横柄↕謙虚　　中庸↕極端　　堕落↕更生　など

類義語

「類義語」とは「似た意味の言葉」です。

丁寧＝丹念　　尊敬＝崇拝　　終わる＝完了

この三組は「類義語」です。ただし、いずれも似た意味を持つ語のセットですが、実は意味の重なり方が異なっています。漢検では、次に説明するように「同義語（同意語）」と「類義語」を合わせて「類義語」としています。

1 同義語（同意語）

意味が同じ言葉（熟語）　⬇　丁寧＝丹念

どちらも「念入りな様子」を表します。「**丁寧**に作業する」を「**丹念**に作業する」と言い換えても文意は変わらず、意味はほぼ重なっているといえます。しかし、「**丁寧**な字で書かれた手紙」を「**丹念**な字で書かれた手紙」とは言い換えられません。また「懇切**丁寧**」は「懇切**丹念**」とは言えないなど、別の語と組み合わせる場合にもどちらか一方しか使えない場合があります。このように意味が完全一致していると思われる語でも、状況に応じてふさわしい語を選ぶ必要があります。

2 類義語

二つの熟語の意味が互いに類似している言葉（熟語）

●意味が部分的に重なり合うもの　⬇　尊敬＝崇拝

いずれも「尊ぶ」という意味を表します。では、次の文の○○には「尊敬」「崇拝」のどちらが入るでしょうか。

■**類義語の意味の広がり**

●同義語（同意語）は意味が同じ

二つの言葉の意味は、ほぼ重なります。

意味が同じ語でも、少しずつ語感が異なる場合もあります。

食事

飲食

御飯

飲み食い

飯

腹ごしらえ

①学生時代からトルストイを○○している。
②私が○○する人は両親です。
③その国は古代、太陽を○○していた。

①は同義語のように、「尊敬」「崇拝」のいずれも入れることができます。しかし②は「尊敬」、③は「崇拝」が入り、逆にするとおかしな文になります。これは、「尊敬」「崇拝」は同じ「尊ぶ」意味を持ちながらも、それぞれの意味合いの違いによって使い分けが発生しているためです。

「尊敬」は「人の人格や見識、行いなどを敬うこと」の意に用いますが、「崇拝」の対象は人とは限りません。このように「尊ぶ」という意味は重なっていても、使用する対象や場面が異なる語を「類義語」と呼んでいます。

● 一方が他方に含まれるもの　⬇　終わる‖完了

漢語「完了」を使った「準備が**完了**する」という文は、日本語（和語）「終わる」を使って「準備が**終わる**」と言い換えることができます。同様に「終わる」意を持った漢語「終結」「完結」でも、「紛争が**終結**する」「物語が**完結**する」という文は、いずれも傍線部を「終わる」と言い換えることができます。

日本語（和語）の「終わる」は、同様の意味を持つ漢語と言い換えることができましたが、漢語どうしではどうでしょうか？ 「準備が**終結**する」「紛争が**完了**する」とは言いません。それぞれ「終わる」という共通の意味の中で、違う働きを持つ語句なので、互いを言い換えることはできないのです。

つまり、日本語（和語）の「終わる」は、漢語の「完了」「終了」「終結」「完結」などを、すっぽり包み込んでいる形になります。なお、「終わる」

● 類義語（意味が部分的に重なり合うもの）

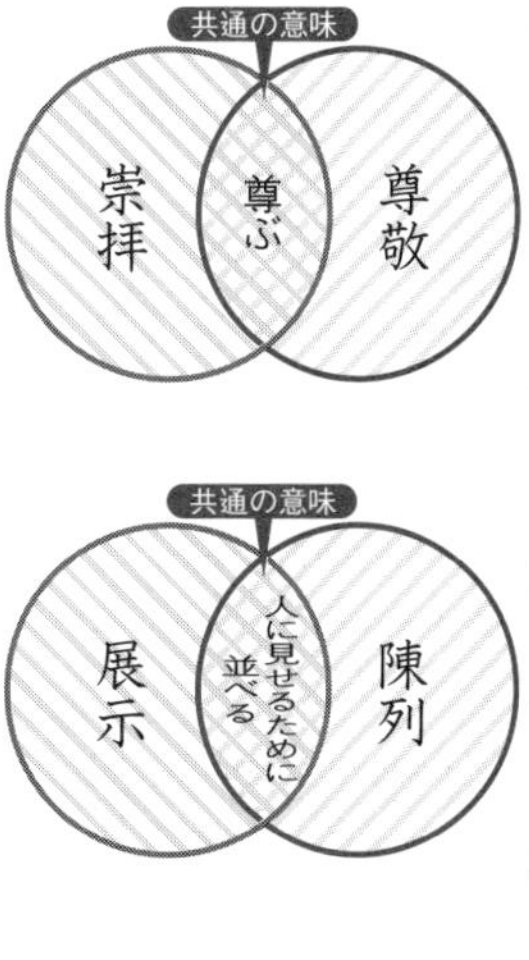

● 類義語（一方が他方に含まれるもの）

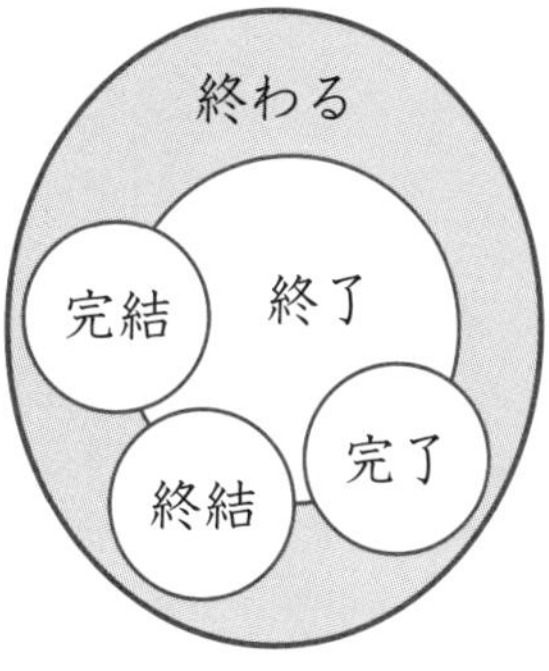

「終了」はそれぞれの語と部分的な重なりのある漢語。
言い換えられる場合、言い換えられない場合がある。

「今日の仕事は終了した」
⬇○「今日の仕事は完了した」
「セール期間が終了した」
⬇×「セール期間が完了した」

と「終了」はほぼ同義になりますが、「終了」でその他の漢語をすべて言い換えられるかというと、微妙にニュアンスが異なる場合があります。

3 類義語の構成

●共通の漢字があるもの

・上の字が似た意味を持ち、下の字が共通のもの

順次＝逐次　貯金＝預金　着任＝就任　など

・上の字が共通で、下の字が似た意味を持っているもの

肝心＝肝要　方法＝方策　注視＝注目　など

●共通の漢字がないもの

干渉＝介入　憤慨＝激怒　伯仲＝互角　など

類義語は一対とは限りません。複数の語が類義語の関係となっている場合もあります。ひとまとめにして覚えるとよいでしょう。

土台＝基盤＝根幹＝核心　など

日本語には「和語」と「漢語」があり、それぞれに、同じような意味を表す語が複数存在します。また、「外来語」をそのまま日本語として使用することもあります。「類義語」の辞典がたくさん出版されていることからもわかるように、「類義語」の世界は広大なのです。

「対義語」も含め、複雑に広がり重なり合う言葉の関係を学べば、言葉の世界は広がります。より多くの言葉を正しく活用するためにも、多くの文章に触れ、辞書の活用を心がけて学習してください。

■類義語の構成

●共通の漢字があるもの

・上の字が似た意味を持ち、下の字が共通のもの

敢行＝決行　吉報＝朗報

倹約＝節約　寸評＝短評

・上の字が共通で、下の字が似た意味を持っているもの

現役＝現職　品格＝品位

志望＝志願　同僚＝同輩

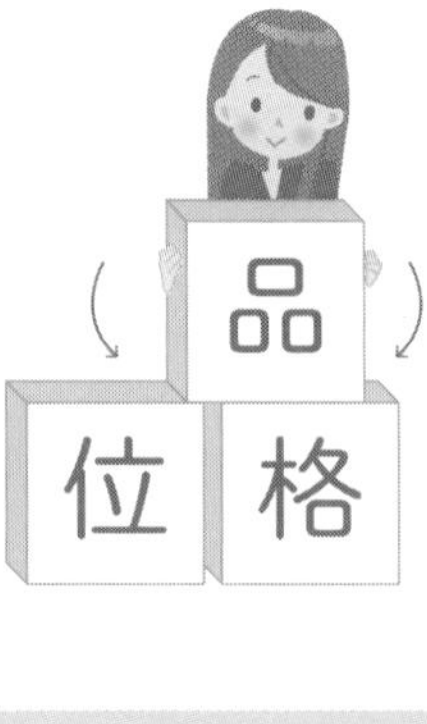

●共通の漢字がないもの

変遷＝推移　奔走＝尽力

激励＝鼓舞　懇意＝親密

華美＝派手　窮状＝難局

■類義語が複数あるもの

純朴＝素朴＝素直＝実直

対義語

- □遺失↔拾得
- □寡黙↔多弁
- □義務↔権利
- □下落↔騰貴
- □酷評↔賛辞
- □諮問↔答申
- □守備↔攻撃
- □深遠↔浅薄
- □清浄↔汚濁
- □疎遠↔親密
- □断念↔執着
- □陳腐↔新奇
- □濃厚↔希薄
- □微細↔巨大
- □普遍↔特殊
- □模倣↔創造
- □抑制↔促進
- □懐柔↔威圧
- □記憶↔忘却
- □虐待↔愛護
- □故意↔過失
- □根幹↔末節
- □充実↔空虚
- □遵守↔違反
- □衰微↔繁栄
- □絶滅↔繁殖
- □怠惰↔勤勉
- □秩序↔混乱
- □追随↔率先
- □漠然↔鮮明
- □悲嘆↔歓喜
- □返済↔借用
- □悠長↔性急
- □理論↔実践
- □過激↔穏健
- □棄却↔採択
- □供給↔需要
- □攻撃↔防御
- □左遷↔栄転
- □修繕↔破損
- □冗長↔簡潔
- □衰退↔興隆
- □節約↔浪費
- □堕落↔更生
- □抽象↔具体
- □撤去↔設置
- □煩雑↔簡略
- □罷免↔任命
- □名誉↔恥辱
- □幼稚↔老練
- □零落↔栄達

類義語

- □安寧＝平穏
- □遺憾＝残念
- □懐古＝追憶
- □架空＝虚構
- □看過＝黙認
- □頑固＝強情
- □駆逐＝追放
- □激励＝鼓舞
- □貢献＝寄与
- □削除＝抹消
- □親友＝知己
- □束縛＝制約
- □卓越＝抜群
- □突飛＝奇抜
- □奮戦＝敢闘
- □傍観＝座視
- □面倒＝厄介
- □安眠＝熟睡
- □永遠＝無窮
- □解雇＝罷免
- □我慢＝辛抱
- □監禁＝幽閉
- □官吏＝役人
- □継承＝踏襲
- □欠陥＝難点
- □興奮＝熱狂
- □殊勲＝功名
- □精通＝熟知
- □泰然＝沈着
- □治癒＝回復
- □敗走＝退却
- □弊風＝悪習
- □撲滅＝根絶
- □模範＝手本
- □威嚇＝脅迫
- □延期＝猶予
- □該当＝適合
- □寡黙＝無口
- □頑健＝丈夫
- □均衡＝調和
- □計略＝策謀
- □厳粛＝荘重
- □午睡＝昼寝
- □処罰＝懲戒
- □阻害＝邪魔
- □大胆＝豪放
- □手柄＝功績
- □伯仲＝互角
- □変遷＝沿革
- □奔走＝尽力
- □離合＝集散

ウォーミングアップ

実施日

解答は別冊P.12・13

1

次の組み合わせが**対義語の関係**になるように、□にあてはまる**漢字**を下の〔　〕から選び、（　）に記せ。

1 就寝―起□〔立・点・動・床〕（　）
2 販売―□買〔競・即・売・購〕（　）
3 祝賀―哀□〔願・楽・悼・棟〕（　）
4 故意―□失〔遺・損・過・紛〕（　）
5 縮小―□大〔遠・広・拡・巨〕（　）
6 汚染―□化〔劣・強・浄・変〕（　）
7 受理―□下〔落・却・低・脚〕（　）
8 極端―中□〔庸・外・継・堅〕（　）

2

次の熟語の**対義語**を後の□から選び、（　）に記せ。

1 衰微（　）
2 煩雑（　）
3 怠惰（　）
4 中枢（　）
5 凡庸（　）
6 疎遠（　）
7 幼稚（　）
8 醜悪（　）
9 秩序（　）
10 高尚（　）
11 裕福（　）
12 諮問（　）

偉大・簡略・勤勉・混乱・親密・低俗
答申・繁栄・美麗・貧困・末端・老練

3 次の組み合わせが**類義語の関係**になるように、□にあてはまる**漢字**を下の〔　〕から選び、（　）に記せ。

1 調和—均□〔平・衡・行・謹〕（　）
2 使命—□務〔勤・任・事・専〕（　）
3 看護—□抱〔解・辛・負・介〕（　）
4 手段—□法〔憲・魔・方・用〕（　）
5 内心—□中〔手・脳・胸・頭〕（　）
6 推量—□測〔薦・憶・観・計〕（　）
7 突飛—□抜〔寄・選・海・奇〕（　）
8 本気—真□〔剣・険・実・相〕（　）
9 同等—□敵〔無・匹・素・宿〕（　）
10 入念—周□〔倒・到・囲・辺〕（　）

4 次の熟語の**類義語**を後の□から選び、（　）に記せ。

1 醜聞（　）
2 道端（　）
3 慶賀（　）
4 秀逸（　）
5 借金（　）
6 酌量（　）
7 勲功（　）
8 無礼（　）
9 薄情（　）
10 猶予（　）

延期・汚名・考慮・失敬・祝福
手柄・抜群・負債・冷淡・路傍

ONE Point

「対義語」について
反対語と対応語を合わせて「対義語」といいます。学習する際は一対の熟語として覚えるとよいでしょう。

練習 1

実施日 ／

解答は別冊P.13

1 次のア・イはそれぞれ**対義語の関係**になっている。アはその熟語の読みを**ひらがな**で、イはカタカナを**漢字**に直して（　）に記せ。

1 ア 記憶（　）　イ ボウキャク（　）

2 ア 傑物（　）　イ ボンジン（　）

3 ア 清浄（　）　イ オダク（　）

4 ア 純白（　）　イ シッコク（　）
意味 うるしを塗ったように黒くてつやがあること。

5 ア 淡泊（　）　イ ノウコウ（　）
意味 味や色があっさりしていること。

6 ア 国産（　）　イ ハクライ（　）
意味 外国から運んでくること。またその品のこと。

7 ア 一括（　）　イ ブンカツ（　）

8 ア 反抗（　）　イ キョウジュン（　）
意味 かしこまって従うこと。

9 ア 遠方（　）　イ キンリン（　）

10 ア 悲哀（　）　イ カンキ（　）
ヒント 「カン」「キ」ともに「よろこぶ」という意味の漢字。

11 ア 栄転（　）　イ サセン（　）
意味 それまでより低い地位に落とすこと。

12 ア 総合（　）　イ ブンセキ（　）

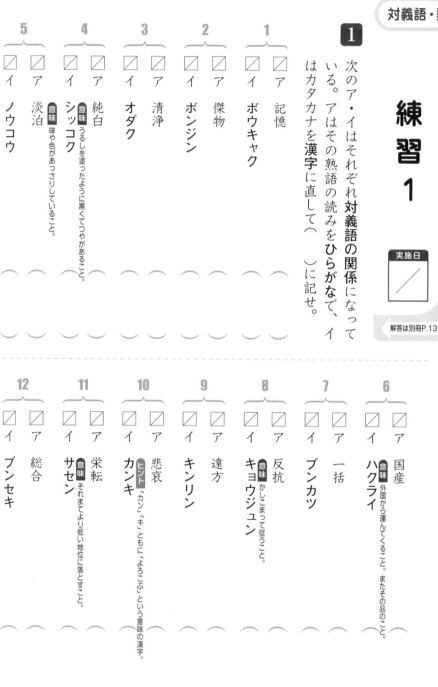

漢字の読み
漢字の部首
熟語の理解
対義語・類義語
四字熟語
送りがな
同音・同訓異字
書き取り

2 次のア・イはそれぞれ**類義語の関係**になっている。アはその熟語の読みを**ひらがな**で、イはカタカナを**漢字**に直して（　）に記せ。

1 ア 技量（　）
イ シュワン（　）

2 ア 留意（　）
イ ハイリョ（　）
ヒント 「るい」とは読まない。
意味 心づかい。気をくばること。

3 ア 伯仲（　）
イ ゴカク（　）

4 ア 談判（　）
イ コウショウ（　）

5 ア 継承（　）
イ トウシュウ（　）

6 ア 奔走（　）
イ ジンリョク（　）

7 ア 快癒（　）
イ ゼンチ（　）
意味 病気がすっかり治ること。

8 ア 我慢（　）
イ ニンタイ（　）

9 ア 譲歩（　）
イ ダキョウ（　）

10 ア 座視（　）
イ ボウカン（　）
意味 黙って見ているだけで、かかわろうとはしないこと。

11 ア 是認（　）
イ コウテイ（　）

ONE Point

「対義語」は一つとは限らない

「強固」の対義語は「柔弱」「薄弱」「軟弱」などがあり、複数存在する場合があります。

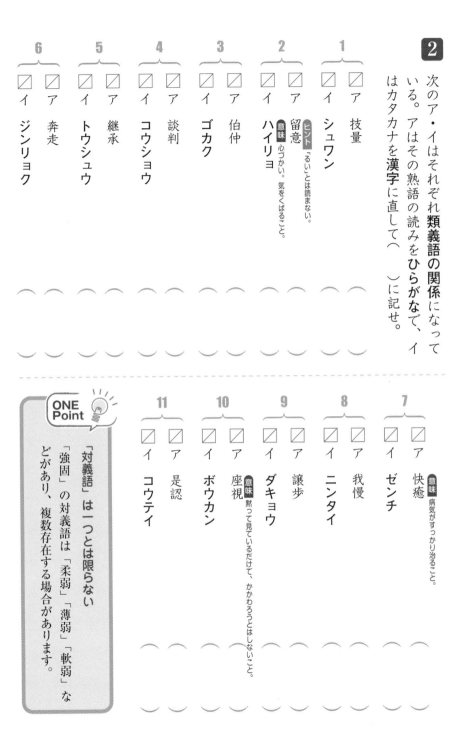

練習 1

実施日

解答は別冊P.13

3 次の〔　〕から**対義語の関係**になる組み合わせを一組選び、その**記号**を（　・　）に記せ。

1 〔ア 名誉　イ 名跡　ウ 俗説　エ 恥辱〕（　・　）

2 〔ア 本懐　イ 懐柔　ウ 威圧　エ 生産〕（　・　）

3 〔ア 実録　イ 理路　ウ 理論　エ 実践〕（　・　）

4 〔ア 拘禁　イ 釈放　ウ 看護　エ 奔放〕（　・　）

5 〔ア 謀略　イ 漠然　ウ 鮮明　エ 透明〕（　・　）

6 〔ア 希釈　イ 濃紺　ウ 濃縮　エ 冷淡〕（　・　）

7 〔ア 根茎　イ 絶滅　ウ 繁殖　エ 花木〕（　・　）

8 〔ア 遺失　イ 得失　ウ 拾得　エ 拾遺〕（　・　）

意味　拾遺：書物などで漏れ落ちた作品などを補うこと。

9 〔ア 隆起　イ 盛衰　ウ 騰貴　エ 下落〕（　・　）

10 〔ア 擁護　イ 侵害　ウ 催促　エ 圧倒〕（　・　）

11 〔ア 念頭　イ 干渉　ウ 遺恨　エ 放任〕（　・　）

12 〔ア 延期　イ 期限　ウ 冗長　エ 簡潔〕（　・　）

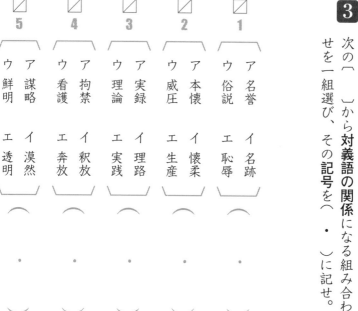

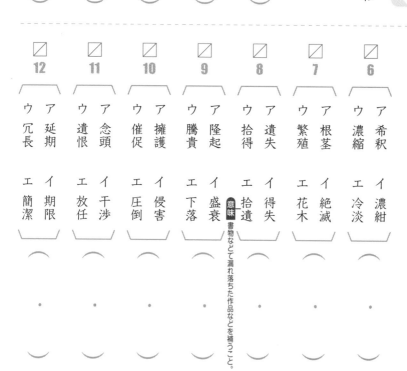

4 次の〔　〕から**類義語の関係**になる組み合わせを一組選び、その**記号**を（　・　）に記せ。

1 〔ア 展示　イ 陳列　ウ 序列　エ 列席〕（　・　）

2 〔ア 関知　イ 介入　ウ 干渉　エ 介意〕（　・　）

意味 介意：気にかけること。

3 〔ア 激怒　イ 激減　ウ 感慨　エ 憤慨〕（　・　）

4 〔ア 絶縁　イ 撲滅　ウ 幻滅　エ 根絶〕（　・　）

5 〔ア 推奨　イ 奮起　ウ 激励　エ 鼓舞〕（　・　）

意味 鼓舞：励まし奮い立たせること。

6 〔ア 丁寧　イ 丹念　ウ 安寧　エ 安眠〕（　・　）

7 〔ア 左遷　イ 降格　ウ 献上　エ 却下〕（　・　）

8 〔ア 追加　イ 追放　ウ 駆逐　エ 釈放〕（　・　）

9 〔ア 削除　イ 抹消　ウ 過失　エ 解除〕（　・　）

10 〔ア 泰然　イ 沈黙　ウ 歴然　エ 沈着〕（　・　）

11 〔ア 乱暴　イ 辛苦　ウ 混乱　エ 難儀〕（　・　）

12 〔ア 元祖　イ 理由　ウ 根拠　エ 因果〕（　・　）

ONE Point

「類義語」について

「漢検」では同義語（同意語）と類義語を合わせて「類義語」としています。

練習 2

実施日 ／

解答は別冊P.13・14

1 次の□の語を**必ず一度**使って漢字に直し、**対義語・類義語**を記せ。

対義語

難 1 狭量―（　　）容
2 剛健―柔（　　）
3 逸材―（　　）才
4 融合―（　　）離
5 特殊―普（　　）

類義語

6 処罰―（　　）戒
7 変遷―（　　）移
8 興廃―浮（　　）
9 制約―束（　　）
10 永遠―（　　）久

かん・じゃく・すい・ちょう・ちん
ばく・ぶん・へん・ぼん・ゆう

2 次の□の語を**必ず一度**使って漢字に直し、**対義語・類義語**を記せ。

対義語

1 閑暇―多（　　）
2 浄化―（　　）染
3 崇拝―軽（　　）
4 哀悼―（　　）賀
5 緩慢―（　　）速

類義語

6 安眠―熟（　　）
7 面倒―（　　）介
8 是認―（　　）定
9 周辺―近（　　）
10 死角―（　　）点

お・こう・しゅく・すい・びん
ぶ・ぼう・もう・やっ・りん

3 次の□の語を**必ず一度**使って**漢字**に直し、**対義語・類義語**を記せ。

対義語

- 1 混乱―（　）
- 2 専任―（　）
- 3 販売―（　）
- 4 賛辞―（　）
- 5 享楽―（　）

類義語

- 6 敗走―（　）
- 7 根絶―（　）
- 8 庶民―（　）
- 9 道徳―（　）
- 10 頑健―（　）

きんよく・けんにん・こうばい
こくひょう・じょうぶ・たいきゃく
たいしゅう・ちつじょ・ぼくめつ・りんり

4 次の□の語を**必ず一度**使って**漢字**に直し、**対義語・類義語**を記せ。

対義語

- 1 仙境―（　）
- 2 謙虚―（　）
- 3 開設―（　）
- 注 4 末端―（　）
- 5 暗愚―（　）

類義語

- 難 6 危機―（　）
- 7 欠陥―（　）
- 8 親友―（　）
- 9 適切―（　）
- 10 無視―（　）

きゅうち・けんめい・ぞっかい・そんだい・だとう
ちき・ちゅうすう・なんてん・へいさ・もくさつ

ONE Point

類義語は一つとは限らない!!　その①

□に漢字を入れて類義語の関係を完成させましょう。

入念―①到―②密―丹③

①周　②綿　③念

練習2

実施日 ／

解答は別冊P.14

5 次の□の語を**必ず一度**使って**漢字**に直し、**対義語・類義語**を記せ。

対義語

1 多弁—（　　）
2 隆起—（　　）
3 罷免—（　　）注
4 緩慢—（　　）
5 油断—（　　）

類義語

6 懐古—（　　）
7 他界—（　　）
8 顕著—（　　）
9 長者—（　　）
10 難点—（　　）

かもく・けいかい・けっかん・じんそく
せいきょ・ちんこう・ついおく
にんめい・ふごう・れきぜん

6 次の□の語を**必ず一度**使って**漢字**に直し、**対義語・類義語**を記せ。

対義語

1 謙虚—（　　）
2 模倣—（　　）
3 暫時—（　　）
4 粗雑—（　　）
5 優良—（　　）

類義語

6 祝福—（　　）
7 計略—（　　）
8 激怒—（　　）
9 監禁—（　　）
10 屋敷—（　　）

けいが・こうきゅう・こうまん・さくぼう
ていたく・どくそう・ふんがい
めんみつ・ゆうへい・れつあく

7

次の□の語を**必ず一度**使って**漢字**に直し、**対義語・類義語**を記せ。

対義語

1 卑下—（　　）
2 蓄積—（　　）
3 詳細—（　　）
4 冷静—（　　）
5 冒頭—（　　）

類義語

6 盲点—（　　）
7 手本—（　　）
8 残念—（　　）
9 公表—（　　）
難 10 横領—（　　）

いかん・しかく・じまん・しょうもう
たいりゃく・ちゃくふく・ねつれつ
ひろう・まつび・もはん

8

次の□の語を**必ず一度**使って**漢字**に直し、**対義語・類義語**を記せ。

対義語

1 荘重—（　　）
2 購入—（　　）
3 獲得—（　　）
4 統合—（　　）
5 重厚—（　　）

類義語

6 起源—（　　）
7 沈着—（　　）
8 符合—（　　）
9 火急—（　　）
難 10 抵当—（　　）

がっち・けいかい・けいはく・せっぱく・そうしつ
たいぜん・たんぽ・ばいきゃく・はっしょう・ぶんれつ

ONE Point

類義語は一つとは限らない!!　その②

□に漢字を入れて類義語の関係を完成させましょう。

伯仲—①角—②敵—比③

①互　②匹　③肩

漢検おもしろゼミ05

意味を知って正しい表記を身につけよう！

「二＋二＝四」？ それとも無限大？

四字の漢字で作った、いわゆる「四字熟語」は、「地殻変動」や「欠陥商品」など、単に二語をつなぎ合わせたものばかりではありません。四字熟語には、中国の故事に基づき古くから使われてきたもの（「泰山北斗《たいざんほくと》」など）、日本人の生活の中から生み出されたもの（「一所懸命《いっしょけんめい》」など）、仏教由来の言葉（「会者定離《えしゃじょうり》」など）など、一定の由来やいわれを持ったものがたくさんあります。

こうした四字熟語は、長年使い続けられる中で日本語として定着してきたもので、「二＋二＝四」にとどまることなく、私たちに「二＋二＝無限大」の知恵や教えを示してくれます。

四字熟語の学習では、正しい意味を知る必要があります。例えば「諸行無常」の「無常」を「無情」と誤ってしまうことはありませんか？「諸行無常」は「すべてのものは常に変化してとどまらず、永久不変なものはない」という仏教の根本思想を示した語ですから、「常に変化する」という意味を知っていれば、「無常」を「無情」と書き誤ることは少なくなりますね。同様に「昔のままで少しも進歩しないこと」という意味の「きゅうた

■四字熟語の組み立て

①数字が用いられているもの

一意専心	一喜一憂	一挙両得
一言半句	一刻千金	一触即発
一知半解	一朝一夕	一望千里
一網打尽	三寒四温	七転八倒
百鬼夜行	千載一遇	千変万化

②上の二字と下の二字が、意味の似ているもの

悪口雑言	悪戦苦闘	雲散霧消
奇奇怪怪	金城鉄壁	空理空論
公明正大	自暴自棄	自由自在
酒池肉林	青天白日	浅学非才
全知全能	沈思黙考	天変地異
電光石火	日進月歩	美辞麗句
粉骨砕身	平身低頭	平平凡凡
片言隻語	無我夢中	流言飛語

③上の二字と下の二字が、反対の意味で対応しているもの

外柔内剛	虚虚実実	巧遅拙速
信賞必罰	針小棒大	人面獣心

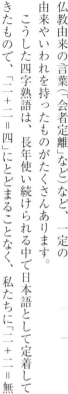

いいぜん」も、「以前」から「旧態」であったという意味ではなく、「依然」として「旧態」だと理解していれば、「旧態依然」と正しく表記できるはずです。

記憶があいまいなときには辞典に当たり、正しい意味と表記、そして言葉の由来を確認するようにしましょう。

四字熟語の組み立て

1 数字が用いられているもの

(例)三三五五　一期一会　一日千秋　一罰百戒

2 上の二字と下の二字が、意味の似ているもの

●共通の漢字を用いたもの　(例)即断即決　無念無想
●異なる漢字を用いたもの　(例)意馬心猿　大言壮語
●同じ字を重ねたもの　(例)明明白白　子子孫孫

上の二字と下の二字が互いに意味を強調し合う関係にあります。

3 上の二字と下の二字が、反対の意味で対応しているもの

(例)晴耕雨読　神出鬼没　勧善懲悪

「晴‐雨」「出‐没」「善‐悪」のように、反対の意味の漢字を含んでいます。

4 一字目と二字目、三字目と四字目がそれぞれ反対の意味の漢字で構成されていて、しかも上下で一対になっているもの

(例)利害得失　栄枯盛衰　治乱興亡　老若男女

5 上の二字が主語、下の二字が述語の関係になっているもの

「○○は(が)××だ(する)」という関係にあるものです。

(例)佳人薄命(**佳人は薄命である**)　群雄割拠(**群雄が割拠する**)

大同小異　胆大心小　半死半生
半信半疑　不即不離　優勝劣敗

④一字目と二字目、三字目と四字目がそれぞれ反対の意味の漢字で構成されていて、しかも上下で一対になっているもの

吉凶禍福　生殺与奪
理非曲直　離合集散

⑤上の二字が主語、下の二字が述語の関係になっているもの

意味深長　感慨無量　危機一髪
旧態依然　玉石混交　呉越同舟
才色兼備　主客転倒　首尾一貫
諸行無常　人跡未踏　大器晩成
適者生存　本末転倒　油断大敵
用意周到

⑥上の二字が修飾語、下の二字が被修飾語の関係になっているもの、または連続の関係になっているもの

暗中模索　以心伝心　我田引水
急転直下　縦横無尽　前後不覚
昼夜兼行　不言実行

6 上の二字が修飾語、下の二字が被修飾語の関係になっているもの、または連続の関係になっているもの

上の二字の意味が下の二字にかかる形です。

(例)率先垂範(率先して垂範する)　熟慮断行(熟慮して断行する)

7 四字が対等の関係にあるもの

(例)生老病死　花鳥風月

8 注意すべき組み立ての四字熟語

「五里霧中《ごりむちゅう》」という四字熟語は中国の故事に基づきます。後漢の張楷《ちょうかい》という人が、仙術で五里霧(五里四方にわたる濃い霧)を起こし、方向を見失わせたという話から出た言葉です。したがって、構成は「五里霧」+「中」となります。意味は「迷ったり手がかりがつかめなかったりして、どうしてよいかわからないこと」。「手探りで進む」という意味にも使われます。

故事に基づく四字熟語

四字熟語には、故事に基づいて古くから使われてきたものがあります。

故事とは、中国や日本の古い書物に書き残されている事柄のこと(実際にあった出来事や言い伝えを含む)をいいます。このような四字熟語は、長い時代を経て語り継がれてきた、人々の知恵や知識を表す特別な意味を持つ言葉なのです。

故事に基づく四字熟語は、一字一字の漢字の意味を知っていても、その故事そのものを知らなければ意味が理解できない場合があるので、成り立ちを確認しておきましょう。

---

⑦四字が対等の関係にあるもの

冠婚葬祭　起承転結　喜怒哀楽

東西南北　春夏秋冬

⑧注意すべき組み立ての四字熟語

一牛鳴地⬇「一」+「牛鳴」+「地」

⇩牛の鳴き声が聞こえるほどの距離の地という意味から、極めて距離が近いことをいいます。また、のどかな田園風景の形容としても用いられます。

同じ語構成の句に「一衣帯水」があります(「一」+「衣帯」+「水」)。「日本と中国は一衣帯水の関係にある」などと、極めて密接な関係のたとえに用います。

愛別離苦⬇「愛別離」+「苦」

⇩親子や夫婦など、愛する人との別れのつらさをいう仏教語で、人生について回るという「四苦八苦」の一つです。

■故事とは

中国や日本の古い書物に書き残されている事柄や、昔あった出来事、言い伝えのこと。

故事に基づく四字熟語の例

【一意専心《いちいせんしん》】

一つのことだけに、ひたすら心を集中すること。

体が健康で、血気静かで、意識を一つに心を集中して、耳や目の感覚を乱されることがなければ、遠くにあるものであっても近くにあるもののように感じられるものだと、一つのことに集中して取り組むことの大切さを説いた。（出典『管子《かんし》』〈内業《ないぎょう》〉）

【一諾千金《いちだくせんきん》】

約束を重んじることのたとえ。

中国の前漢の季布《きふ》という人は、一度承知すると必ずそれを実行したので、楚《そ》の地方の人たちから「黄金百斤を手に入れるより、季布の一度の承諾を得るほうが価値がある」といわれた故事による。（出典『史記《しき》』〈季布列伝〉）

【朝三暮四《ちょうさんぼし》】

目先の違いにこだわり、物事の本質を理解しないこと。同じ結果であることに気がつかないこと。また、人を言葉巧みにだまして、言いくるめること。

中国の春秋時代、宋《そう》の国に狙公《そこう》という者がいて、多くの猿を飼っていた。生活が苦しくなったので、猿たちに「これからは、とちの実を朝に三つ、晩に四つ与えよう」と言うと、猿は少なさに怒ったという。「では朝に四つ、晩に三つ与えることにしよう」と言うと、猿たちは喜んだという故事による。『荘子《そうじ》』〈斉物論《せいぶつろん》〉にも見られる。（出典『列子《れっし》』〈黄帝《こうてい》〉）

【汗牛充棟《かんぎゅうじゅうとう》】

蔵書が非常に多いことのたとえ。

書物を牛車に載せて運ぶと、重いので牛が汗だくになり、家の中に積み上げると、棟木《むなぎ》まで届いてしまうということからできた言葉。（出典・柳宗元《りゅうそうげん》『陸文通先生墓表《りくぶんつうせんせいぼひょう》』）

【呉越同舟《ごえつどうしゅう》】

仲の悪い者どうしが、同じ場所や境遇にいること。

もとは敵と味方の関係にあっても、利害が一致するときには協力し合うという意味。

「呉」「越」は、中国の春秋時代の国。「同舟」は、同じ舟に乗り合わせること。兵法書として知られる『孫子《そんし》』に、「長いあいだ敵対関係にあった呉と越は、国民どうしも非常に仲が悪かったが、その憎み合っている両国の人でも、同じ舟に乗って川を渡るときに大風に遭って舟がひっくり返りそうになれば、互いに助け合うに違いない」とあることによる。（出典『孫子』〈九地《きゅうち》〉）

【大器晩成《たいきばんせい》】

大人物は若いころは目立たないが、晩年になって立派な人物になるということ。

大きな器はできあがるまでに時間がかかることから、偉大な人物は、大成するまでに長い年月がかかるという意味を表す。（出典『老子《ろうし》』〈四十一章〉）

【泰山北斗《たいざんほくと》】

人々に深く尊敬され、その分野の第一人者として仰ぎ尊ばれる人物のこと。

泰山は中国にある名山、北斗は北斗七星で、ともにだれもが仰ぎ見ることから、そのような人物のたとえに用いられる。

大学者として知られる中国の韓愈《かんゆ》は、没後、「学ぶ者これを仰ぐこと泰山北斗の如《ごと》し」といわれた。略して「泰斗《たいと》」という。（出典『新唐書《しんとうじょ》』〈韓愈伝〉）

ウォーミングアップ

実施日 ／

解答は別冊P.15

1 次の□には**共通の漢字一字**が入る。（　）にその**漢字**を記し、四字熟語を完成させよ。

1
□戦苦闘
勧善懲□
（　）

2
公□無私
天下泰□
（　）

3
縦横無□
一網打□
（　）

4
□城鉄壁
□科玉条
（　）

5
容姿端□
美辞□句
（　）

6
□知徹底
用意□到
（　）

7
優柔不□
独□専行
（　）

8
五里□中
雲散□消
（　）

9
□頭滅却
異体同□
（　）

10
複雑怪□
□想天外
（　）

11
二律□反
面従腹□
（　）

12
温□篤実
□顔無恥
（　）

2 次はいずれも**漢数字**を使った四字熟語である。□に入る**漢数字**を（　）に記し、四字熟語を完成させよ。

1 悪事□里（　）
2 首尾□貫（　）
3 面壁□年（　）
4 □戦錬磨（　）
5 □日千秋（　）
6 □転八起（　）
7 □方美人（　）
8 □触即発（　）
9 朝□暮四（　）
10 四分□裂（　）
11 一騎当□（　）
12 □客万来（　）
13 破顔□笑（　）
14 迷惑□万（　）
15 議論□出（　）
16 □心不乱（　）
17 三寒□温（　）
18 二束□文（　）
19 □牛一毛（　）
20 舌先□寸（　）

ONE Point

「春夏秋冬」と「喜怒哀楽」は仲間だけれど……

四字熟語は二字の熟語が重ねられたものがほとんどで、「春夏秋冬」のように四つの字が対等に並ぶものはわずかしかありません。

練習 1

実施日 ／

解答は別冊P.15

1 次の□に下の**A群・B群**から**漢字を一字ずつ**選んで書き、四字熟語を完成させよ。また、その**意味**をa〜fから選び、（　）に**記号**で記せ。

		A	B	意味
1	[A][B]満帆（意味「帆」に注目。）			（　）
2	利害[A][B]			（　）
3	[A][B]仏心			（　）
4	換骨[A][B]（意味「骨」と身体の関係を考える。）			（　）
5	[A]心[B]心			（　）
6	自[A]自[B]			（　）

A群　得・鬼・以・順・画・奪

B群　賛・風・胎・面・失・伝

〈意味〉

a　見た目は恐ろしそうだが、本当は心がとても優しいこと。

b　自分で自分のことをほめること。

c　古人の作に基づいて独自のものを生みだすこと。

d　物事がうまく進んでいる様子。

e　ことばや文字を使わずに、お互いの心で通じ合うこと。

f　自分の利益と損失。

2

次の□に下のA群・B群から漢字を一字ずつ選んで書き、四字熟語を完成させよ。また、その意味をa～fから選び、（　）に記号で記せ。

1 青天□A□B
意味 「青天」は晴れわたった空のこと。

2 □A□B割拠
意味 「割拠」はある地域に勢力を張ること。

3 文人□A□B
ヒント 「文人」と似た意味の熟語を考える。

4 □A□B奮闘

5 意気□A□B

6 不□A不□B
ヒント 「不」がそれぞれ下の字を打ち消していることに注目。

	A	B	意味
1			（　）
2			（　）
3			（　）
4			（　）
5			（　）
6			（　）

A群
墨・白・揚・群・即・孤

B群
雄・軍・客・揚・日・離

〈意味〉
a　つかずはなれずの状態にあること。
b　心にやましさの全くないことのたとえ。
c　非常に得意で、威勢のよい様子。
d　詩文や書画などの風雅なものにたずさわる人のこと。
e　多くの実力者が、互いに勢力を争うこと。
f　だれの援助もない中でただ一人、懸命に努力すること。

ONE Point

由来を調べて理解を深めよう！
中国や日本の故事・古典から生まれてきた四字熟語は、意味だけでなく、その来歴まで調べるように心掛けましょう。

練習 1

実施日

解答は別冊P.15

3 次の——線のカタカナを漢字に直して（　）に記し、文中の四字熟語を完成させよ。

1 田舎でユウユウ自適に暮らす。（　）
2 初対面から意気トウゴウした。（　）
3 政治家として言行イッチを貫く。（　）
4 一言ハンクも逃さず書き留めた。（　）
5 組織のシンチン代謝を図る。（　）
意味 新しいものが古いものにとってかわること。
6 無味カンソウで退屈な話だった。（　）
7 両軍がバスでゴエツ同舟となる。（　）
8 住民がイク同音に反対した。（　）
意味 皆が口をそろえて同じ意見を言うこと。
9 時代サクゴのやり方を見直す。（　）

10 長所と短所はヒョウリ一体だ。（　）
11 ウイ転変は世の習いである。（　）
意味 この世の一切の現象や存在は常にうつろいやまないこと。
12 キュウテン直下、事件は解決した。（　）
13 外交にシンボウ遠慮を巡らせる。（　）
意味 深く考えて将来まで見通して計画を立てること。
14 事故の一部シジュウを話す。（　）
15 トウホン西走して資金を集めた。（　）
意味 仕事や用事のために忙しくあちこちを走り回ること。
16 プロ相手にシンケン勝負を挑む。（　）
17 危機イッパツのところで助かる。（　）
18 興奮して支離メツレツな発言をする。（　）
意味 ばらばらで筋が通っていないこと。
19 執行ユウヨ付きの判決が出た。（　）
20 だまされて疑心アンキになる。（　）
21 ロンシ明快な文章を心がける。（　）

22 優勝できて**カンガイ無量**だ。

23 **タントウ直入**に話を切り出す。
意味 前置きもなく、いきなり本題に入ること。

24 **大器バンセイ**で社長にまでなる。

25 欲を捨て、**ソイ粗食**に甘んじる。
意味 つつましい暮らしのこと。

26 **新進キエイ**の画家が個展を開く。

27 この業績では**ゼント多難**だ。

28 **信賞ヒツバツ**の人事制度を敷く。
意味 バツは「賞」と対応する漢字。

29 **ヘイシン低頭**して謝罪した。

30 **現状イジ**なら上出来だ。

31 **ロヘン談話**に花が咲いた。
意味 「ロヘン」はいろりのそばのこと。

32 **和洋セッチュウ**の料理が並んだ。

33 経営者の**コウシ混同**はよくない。

34 **セイコウ雨読**の生活がしたい。

35 失敗して**意気ショウチン**する。

36 識者の**高論タクセツ**に触れる。
意味 「高論（すぐれた意見）」と近い意味のことばを考える。

37 **極悪ヒドウ**の犯人が捕まる。

38 自然界はまさに**優勝レッパイ**だ。
意味 まさっている者が勝ち、弱者は滅びること。

39 神社で**無病ソクサイ**を祈願する。

40 科学の発展は**日進ゲッポ**である。

41 **キョウテン動地**のニュースが伝わる。
意味 「地」と対応するものがどうなるかを考える。

42 **千載イチグウ**の好機を迎えた。

43 騒動は**一件ラクチャク**した。

44 **ゼヒ曲直**をわきまえている。
意味 ものごとの善悪、正不正のこと。

45 **カンキュウ自在**のピッチングだ。

ONE Point

上の二字と下の二字が似た意味で対応している例

流言｜飛語
天変｜地異
自由｜自在
無念｜無想

練習2

実施日 ／

解答は別冊P.15・16

1 次の□に入る語を後の□から選び、**漢字**に直して**四字熟語**を完成させよ。

1 □意工夫
2 □然自若
3 山□水明
4 明□止水
5 □果応報
6 天衣無□
7 □城落日
8 怒□衝天
9 一□一菜
10 比□連理

いん・きょう・こ・し・じゅう
そう・たい・はつ・ほう・よく

2 次の□に入る語を後の□から選び、**漢字**に直して**四字熟語**を完成させよ。

1 我田□水
2 精進潔□
3 百□夜行
4 □人薄命
5 暖衣□食
6 意味□長
7 □口牛後
8 □合集散
9 難 禍福得□
10 温□知新

いん・か・き・けい・こ
さい・しん・そう・ほう・り

3 次の□に入る語を後の□から選び、**漢字**に直して**四字熟語**を完成させよ。

1 刻苦勉□
2 (難) 気宇□大
3 一□両得
4 □心立命
5 (難) 堅□不抜
6 弱肉□食
7 (注) 人跡未□
8 同□異夢
9 本□転倒
10 電光石□

あん・か・きょ・きょう・しょう・そう・とう・にん・まつ・れい

4 次の□に入る語を後の□から選び、**漢字**に直して**四字熟語**を完成させよ。

1 南□北馬
2 注意散□
3 安□秩序
4 旧態□然
5 (難) □速果断
6 (難) 志□堅固
7 朝令□改
8 起死□生
9 喜怒□楽
10 難□不落

あい・い・かい・こう・じん・せん・そう・ねい・ぼ・まん

ONE Point

上の二字と下の二字が反対の意味で対応している例

半死｜半生　針小｜棒大　自問｜自答

練習2

実施日

解答は別冊P.16・17

5 次の□に入る語を後の□から選び、**漢字**に直して**四字熟語**を完成させよ。

1 竜頭□尾
2 □生夢死
3 (注) 時期□早
4 大言□語
5 □立無援
6 初志貫□
7 主□転倒
8 花□風月
9 空中□閣
10 (難) 汗牛□棟

かく・こ・じゅう・しょう・すい
そう・だ・ちょう・てつ・ろう

6 次の□に入る語を後の□から選び、**漢字**に直して**四字熟語**を完成させよ。

1 (注) □言令色
2 悪□無道
3 起□転結
4 千差万□
5 不□不党
6 (難) 静寂□雅
7 熟□断行
8 自由□放
9 当意□妙
10 勇□果敢

かん・ぎゃく・こう・しょう・そく
べつ・へん・ほん・もう・りょ

7

次の□に入る語を後の□から選び、**漢字**に直して**四字熟語**を完成させよ。

1 栄枯盛□
2 □喜乱舞 （注）
3 愛別□苦
4 意志□弱
5 円転□脱

6 □明正大
7 □在意識
8 巧遅□速 （難）
9 青息□息
10 権□術数

かつ・きょう・こう・すい・せっ
せん・と・はく・ぼう・り

8

次の□に入る語を後の□から選び、**漢字**に直して**四字熟語**を完成させよ。

1 同□異曲
2 奮□努力
3 疾風□雷
4 不□不休
5 衆人□視 （注）

6 □色兼備
7 □望絶佳
8 □機応変
9 率先□範
10 隠□自重 （難）

かん・こう・さい・じん・すい
ちょう・にん・みん・りん・れい

ONE Point

上と下の熟語が主語・述語の関係になっている例

適者｜生存　玉石｜混交　機会｜均等

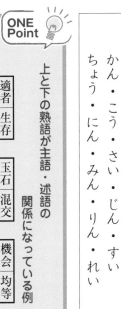

練習2

実施日 ／

解答は別冊P.17・18

9

次の□に入る語を後の□から選び、**漢字**に直して**四字熟語**を完成させよ。

1 意気□天
2 誇大□想
3 薄□弱行
4 普□妥当 注
5 大同小□
6 和敬清□ 難
7 破邪□正 難
8 一念□起
9 正真正□
10 色即□空

い・けん・し・じゃく・しょう・ぜ・へん・ほっ・めい・もう

10

次の□に入る語を後の□から選び、**漢字**に直して**四字熟語**を完成させよ。

1 森□万象
2 和□漢才 注
3 □雲低迷
4 □腹絶倒 難
5 □話休題
6 生殺与□
7 絶□絶命
8 冷汗三□ 難
9 千慮一□ 難
10 英俊豪□ 難

あん・かん・けつ・こん・しつ・たい・だつ・と・ほう・ら

11 次の（　）に入る語を後の［　］から選び、**漢字**に直して**四字熟語**を完成させよ。

1 直情（　　）
2 物情（　　）
3 古今（　　）
4 面目（　　）
難 5 深山（　　）

6（　　）馬食
7（　　）強記
8（　　）徒食
9（　　）妄動
難 10（　　）不敵

げいいん・けいきょ・けいこう
そうぜん・だいたん・はくらん
むい・むそう・やくじょ・ゆうこく

12 次の（　）に入る語を後の［　］から選び、**漢字**に直して**四字熟語**を完成させよ。

1 勢力（　　）
2 故事（　　）
3 馬耳（　　）
注 4 昼夜（　　）
5 理非（　　）

6（　　）満面
7（　　）雷同
8（　　）万紅
難 9（　　）邪説
難 10（　　）奇策

いたん・きしょく・きょくちょく・けんこう・せんし
とうふう・はくちゅう・ふわ・みょうけい・らいれき

ONE Point
上と下の二字がそれぞれ反対の意味を持ち、かつ上と下の熟語が対応している例

老若｜男女　栄枯｜盛衰　治乱｜興亡

漢検 おもしろゼミ 06

わずか一字の違いで大違い

頼もしい〝縁の下の力持ち〟

次の（　）に「送りがな」を入れて文を完成させるとしたら、あなたなら何と入れますか？

「土の中に埋（　　）る」

Aさんは（　）に「め」を入れて「土の中に埋める」としました。だれかが土の中に何かを隠す様子を想像したのかもしれません。

Bさんは（　）に「ま」を入れて「土の中に埋まる」としました。自動車のタイヤが泥にはまって抜け出せない様子が浮かんだようです。

Cさんは（　）に「もれ」を入れて「土の中に埋もれる」としました。うずもれた遺跡をイメージしたのでしょうか。

「送りがな」のわずかな違いで、三人が作った文はそれぞれ違う意味になってしまいました。

では、もしも「送りがな」のつけ方に決まりがなかったらどうなるでしょう？　「埋める」「埋まる」「埋もれる」がすべて「埋る」と書いてよいことになり、読む人を混乱させてしまうに違いありません。たった一字、あるいは二字の「送りがな」が、情報を正しく伝達してくれているのです。

また、二通りの訓読みがある漢字でも、「送りがな」は大きな役割を果たします。例えば「陥」には「おちいる」「おとしいれる」の二通りの訓読み

内閣告示「送り仮名の付け方」

昭和四十八年六月十八日
昭和五十六年十月一日　一部改正
平成二十二年十一月三十日　一部改正

■単独の語

❶活用のある語

通則1

本則 活用のある語（通則2を適用する語を除く。）は、活用語尾を送る。

例
憤《いきどお》る　承《うけたまわ》る　書く　実《みの》る　催《もよお》す　生きる
陥《おとしい》れる　考える　助ける……動詞
荒い　潔《いさぎよ》い　賢い　濃い……形容詞
主だ……形容動詞

例外

①語幹が「し」で終わる形容詞は、「し」から送る。

例
著しい　惜しい　悔しい　恋しい　珍しい

②活用語尾の前に「か」、「やか」、「らか」を含む形容動詞は、その音節から送る。

例
暖かだ　細かだ　静かだ　穏《おだ》やかだ
健《すこ》やかだ　和《なご》やかだ　明らかだ　平《たい》らかだ
滑《なめ》らかだ　柔《やわ》らかだ

③次の語は、次に示すように送る。

明らむ　味わう　哀れむ　慈しむ　教わる
脅《おど》かす　脅《おびや》かす　関わる　食《く》らう　異《こと》なる
逆《さか》らう　捕まる　群がる　和《やわ》らぐ　揺《ゆ》する
明るい　危《あぶ》ない　危《あや》うい　大きい　少ない

があり、おちいったのが自分なのか相手なのか、読みによって意味が反対になります。このようなときにも「送りがな」が大活躍します。「陥る」と「る」を送れば「おちいる」と読み、「陥れる」と「れる」を送れば「おとしいれる」と読むのです。

ですから、「敵を策略におとしいれる」と、「敵」が策略にかかったことを伝えたいのであれば「陥れる」と書けば正しく伝わりますし、「敵の策略におちいる」と、「自分」が策略にかかったことを伝えたいのであれば「陥る」と書けば正しく伝わります。

このように「送りがな」は、読み手に文意を正しく伝えるための、頼もしい〝縁の下の力持ち〟であるといえるのです。

「送りがな」とは

漢字を訓読みする場合、多くは動詞・形容詞・形容動詞など活用のある語（用言）の活用語尾や、それら用言の連用形などからできた名詞の語尾などを明示するために、漢字に「かな」を添えて書き表します。こうした漢字の補助として使われるかなを「送りがな」といいます。「送りがな」はもとは漢文を日本語に訳すときに、日本語での読み方を示すために、原文の漢字のそばに書き添えただけのものでした。書き添えられたものは、書いた人自身の「メモ」のようなもので、その人がわかればよしとされていました。また、前後の文脈から別の読みの可能性がなければつける必要はないと、特に決まりもなく軽く扱われてきました。こうして、意味が通れば送りがなは気にしないという時代は長く続きました。埋める・埋まる・埋もれるはいずれも「埋る」でもよかったのです。

このように、送りがなは長い間、あいまいにされてきました。明治時

小さい　冷たい　平《ひら》たい　新ただ　同じだ
盛んだ　平《たい》らだ　懇《ねんご》ろだ　惨《みじ》めだ　哀れだ
幸《さいわ》いだ　幸《しあわ》せだ　巧みだ

許容 次の語は、（　）の中に示すように、活用語尾の前の音節から送ることができる。

表す（表わす）　著《あらわ》す（著わす）
現れる（現われる）　行《おこな》う（行なう）
断《ことわ》る（断わる）　賜《たまわ》る（賜わる）

注意 語幹と活用語尾との区別がつかない動詞は、例えば、「着る」、「寝る」、「来る」などのように送る。

通則2

本則 活用語尾以外の部分に他の語を含む語は、含まれている語の送り仮名の付け方によって送る。（含まれている語を〔　〕の中に示す。）

例 ①**動詞の活用形又はそれに準ずるものを含むもの。**

動かす〔動く〕　照らす〔照る〕
語らう〔語る〕　計らう〔計る〕
向かう〔向く〕　浮かぶ〔浮く〕
生まれる〔生む〕　押さえる〔押す〕
捕らえる〔捕る〕　勇ましい〔勇む〕
輝かしい〔輝く〕　喜ばしい〔喜ぶ〕
晴れやかだ〔晴れる〕　及ぼす〔及ぶ〕
積もる〔積む〕　聞こえる〔聞く〕
頼もしい〔頼む〕　起こる〔起きる〕
落とす〔落ちる〕　暮らす〔暮れる〕
冷やす〔冷える〕　当たる〔当てる〕
終わる〔終える〕　変わる〔変える〕
集まる〔集める〕　定まる〔定める〕
連なる〔連ねる〕　交わる〔交える〕
混ざる・混じる〔混ぜる〕　恐ろしい〔恐れる〕

代以降、ようやく読む人が読み方を間違えないようにすることを目的に、送りがなのつけ方のルール化が試みられました。現在の送りがなのつけ方に関する決まりは昭和48年に告示されたもので、その後、昭和56年および平成22年に一部が改正されています。

「送りがな」のつけ方

送りがなのつけ方のよりどころとなるのは、前述の内閣告示「送り仮名の付け方」です。その基本的趣旨は、「現代の国語を書き表す場合の送り仮名の付け方のよりどころを示すもの」とされています。

この「送り仮名の付け方」は、「前書き」（「本文の見方及び使い方」を含む）と「本文」（「付表の語」を含む）からなります。本文は全体を大きく「単独の語」と「複合の語」とに分け、それぞれを「活用のあるなし」によってまとめたもので、七つの［通則］（送り仮名の付け方に関する基本的な法則）からなっています。各［通則］には、［本則］のほかに、［例外］［許容］あるいは［注意］が付されているのが特色です。

主な用語の意味は、次のとおりです。

［本則］……送りがなのつけ方に関する基本的な法則と考えられるもの

［例外］……本則には合わないが、慣用として行われていると認められるものであって、本則によらず、これによるもの

［許容］……本則による形とともに、慣用として行われていると認められるものであって、本則以外に、これによってよいもの

［付表の語］……「常用漢字表」の付表に掲げられている語のうち、送りがなのつけ方が問題となる語

下段に［本則］のほかに、［例外］［許容］などを掲げておきましたので、

---

② 形容詞・形容動詞の語幹を含むもの。

重んずる〔重い〕	若やぐ〔若い〕
怪しむ〔怪しい〕	悲しむ〔悲しい〕
苦しがる〔苦しい〕	確かめる〔確かだ〕
重たい〔重い〕	憎らしい〔憎い〕
古めかしい〔古い〕	細かい〔細かだ〕
柔らかい〔柔らかだ〕	清らかだ〔清い〕
高らかだ〔高い〕	寂しげだ〔寂しい〕

③ 名詞を含むもの。

汗ばむ〔汗〕	先んずる〔先〕
春めく〔春〕	男らしい〔男〕
後ろめたい〔後ろ〕	

許容 読み間違えるおそれのない場合は、活用語尾以外の部分について、次の（ ）の中に示すように、送り仮名を省くことができる。

例

浮かぶ（浮ぶ）	生まれる（生れる）
押さえる（押える）	捕らえる（捕える）
晴れやかだ（晴やかだ）	
積もる（積る）	聞こえる（聞える）
起こる（起る）	落とす（落す）
暮らす（暮す）	当たる（当る）
終わる（終る）	変わる（変る）

注意 次の語は、それぞれ〔 〕の中に示す語を含むものとは考えず、通則1によるものとする。

明るい〔明ける〕	荒い〔荒れる〕
悔《くや》しい〔悔いる〕	恋しい〔恋う〕

❷ 活用のない語

通則3

本則 名詞（通則4を適用する語を除く。）は、送り仮名を付けない。

参考にしてください。特に活用語の場合は、語幹と活用語尾を意識することが大切なポイントになりますので、この点にも留意しましょう。

1 活用のある語は、活用語尾を送る。（通則1の本則による）

通則2を適用する語は除きますが、動詞なら「承る」「生きる」「考える」のように送ります。形容詞なら「賢い」「濃い」、形容動詞なら「主だ」のように送ります。ただし、これには次のような例外もあります。

・「惜しい」のように、語幹が「し」で終わる形容詞は、「し」から送る。

・「静かだ」「和やかだ」のように、活用語尾の前に「か」、「やか」、「らか」を含む形容動詞は、その音節から送る。

また、誤読を避けるために、活用語尾の一つ前の音節から送るという例外もあります。（「明らむ」「少ない」「新ただ」「平らだ」など）

2 活用語尾以外の部分に他の語を含む語は、含まれている語の送り仮名の付け方によって送る。（通則2の本則による）

「かたらう」という動詞は、「語る」という動詞の未然形「語ら」を含んでいます。ですから、「語る」の送りがなのつけ方によって「語らう」と送るという意味です。また、「苦しがる」（↑苦しい）や「細かい」（↑細かだ）のように、形容詞や形容動詞の語幹を含むもの、「汗ばむ」（↑汗）のように名詞を含むものなども、これに当てはまります。

3 名詞は、送り仮名を付けない。（通則3の本則による）

「花」「女」「彼」「何」など活用のない語には、送りがなはつけません。ただし、「幸い」「便り」「誉れ」など、例外として最後の音節を送るものもあります。数をかぞえる「つ」を含む名詞は、その「つ」を「一つ」「幾つ」のように送ります。

例 月　鳥　花　山　男　女　彼　何

例外 ① **次の語は、最後の音節を送る。**

例
辺《あた》り　哀れ　勢い　幾《いく》ら　後ろ　傍《かたわ》ら
幸《さいわ》い　幸《しあわ》せ　全て　互い　便り　半ば
情け　斜め　独り　誉《ほま》れ　自《みずか》ら　災《わざわ》い

② **数をかぞえる「つ」を含む名詞は、その「つ」を送る。**

例 一つ　二つ　三つ　幾つ

通則4 本則 活用のある語から転じた名詞及び活用のある語に「さ」、「み」、「げ」などの接尾語が付いて名詞になったものは、もとの語の送り仮名の付け方によって送る。

例 ① **活用のある語から転じたもの。**

動き　仰《おお》せ　恐れ　薫《かお》り　曇り　調べ
届け　願い　晴れ　当たり　代わり
向かい　狩り　答え　問い　祭り
群《む》れ　憩《いこ》い　愁《うれ》い　憂《うれ》い　香《かお》り　極《きわ》み
初め　近く　遠く

② **「さ」、「み」、「げ」などの接尾語が付いたもの。**

暑さ　大きさ　正しさ　確かさ
明るみ　重み　憎《にく》しみ　惜しげ

例外 **次の語は、送り仮名を付けない。**

謡　虞《おそれ》　趣　氷　印　頂《いただき》　帯　畳　卸
煙　恋　志　次　隣　富　恥　話　光
舞　折　係　掛《かかり》　組　肥《こえ》　並《なみ》　巻　割

注意（省略）

許容 読み間違えるおそれのない場合は、次の

4 活用のある語から転じた名詞及び活用のある語に「さ」、「み」、「げ」などの接尾語が付いて名詞になったものは、もとの語の送り仮名の付け方によって送る。(通則4の本則による)

動詞「祭る」から転じた「祭り」、「群れる」から転じた「群れ」、あるいは、形容詞「暑い」から転じた「暑さ」、「明るい」から転じた「明るみ」などは、もとの用言に基づいて送るということです。ただし、例外として「卸」「恥」などのように、送りがなをつけない語もあります。

5 副詞・連体詞・接続詞は、最後の音節を送る。(通則5の本則による)

「必ず」(副詞)、「来《きた》る」(連体詞)、「及び」(接続詞)のように送るという意味です。例外として「大いに」「直ちに」「並びに」などがあり、「又《また》」には送りがなをつけません。さらに、「少なくとも」は「少ない」を含む語なので、含まれている語の送りがなのつけ方によって送ります。

6 複合の語の送り仮名は、その複合の語を書き表す漢字の、それぞれの音訓を用いた単独の語の送り仮名の付け方による。(通則6の本則による)

通則7を適用する語は除きます。例えば「向かう」「合わせる」、「心」「細い」のように送るので、その複合の語も「向かい合わせる」「心細い」と、それぞれの送りがなにしたがって送ります。活用のない語も同じで、「生き物」「無理強い」などと送ります。

7 複合語の名詞のうち、地位・身分・役職等の名や、工芸品の名に用いられた「織」、「染」、「塗」など、特定の領域の語や、一般に慣用が固定していると認められるものには、送り仮名を付けない。(通則7による)

役職名の「取締役《とりしまりやく》」、工芸品の「鎌倉彫《かまくらぼり》」、慣用が固定していると認められる「並木」「物語」「夕立」などは送りがなをつけないということです。

[付表の語] 「浮つく」「お巡りさん」「手伝う」などは、このとおりに送り

( )の中に示すように、送り仮名を省くことができる。

例

曇り(曇)　届け(届)　願い(願)　晴れ(晴)
当たり(当り)　代わり(代り)　向かい(向い)
狩り(狩)　答え(答)　問い(問)　祭り(祭)
群れ(群)　憩《いこ》い(憩)

通則5 本則 副詞・連体詞・接続詞は、最後の音節を送る。

例

必ず　更《さら》に　少し　既に　再び　全《まった》く　最も……副詞
来《きた》る　去る……連体詞
及び　且《か》つ　但《ただ》し……接続詞

例外

① **次の語は、次に示すように送る。**

明るく　大いに　直《ただ》ちに　並《なら》びに　若《も》しくは

② **次の語は、送り仮名を付けない。**

又

③ **次のように、他の語を含む語は、含まれている語の送り仮名の付け方によって送る。(含まれている語を〔　〕の中に示す。)**

例

併せて〔併せる〕　至って〔至る〕
恐らく〔恐れる〕　従って〔従う〕
絶えず〔絶える〕　例えば〔例える〕
努めて〔努める〕　辛うじて〔辛い〕
少なくとも〔少ない〕　互いに〔互い〕
必ずしも〔必ず〕

■複合の語

通則6 本則 複合の語(通則7を適用する語を除く。)の送り仮名は、その複合の語を書き表す漢字

ます。「息吹」「桟敷」「名残」「行方」などは送りがなをつけません。

「送りがな」Q&A

●「少なくない」か「少くない」か

「すくなくない」は「すくない」に「ない」の接続した形です。「すくない」は、本則としては「少い」と「い」だけを送ればよいので、これに従えば、「すくなくない」は「少くない」と書き表すことになります。しかし、これでは「すくなくない」ではなく「すくない」と誤読されるおそれがあります。

そこで「すくない」は、通則1の例外で「少ない」と「な」から送ることにしました。読みにくさを避けて、慣用を尊重した例です。

●「交わる」か「交じわる」か

「まじえる」は「え、え、える、える、えれ、えろ」と活用するので、通則1により「交える」と送ります。一方、「まじわる」は「ら、り、る、る、れ、れ」と活用するので「交る」と送ればよいのですが、通則2によって、「交える」との対応から「交わる」と送ります。また、「交じる」と混同して「交じわる」と送りやすいので注意しましょう。

●「お話しします」か「お話します」か

通則4の例外に「次の語は、送り仮名を付けない。」とあり、そこに「話」があります。ほかに「組、煙、恋、志、次、恥、光、舞」などがありますが、[注意]に、次のようにあります。

> ここに掲げた「組」は、「花の組」、「赤の組」などのように使った場合の「くみ」であり、例えば、「活字の組みがゆるむ。」などとして使う場合の「くみ」を意味するものではない。(中略)動詞の意識が残っているような使い方の場合は、この例外に該当しない。したがって、本則を適用して送り仮名を付ける。

「おはなしします」は、「お聞きします」などと同じ動詞の連用形と考え、「話す」の連用形「話し」から「お話しします」と表記するのが妥当です。

の、それぞれの音訓を用いた単独の語の送り仮名の付け方による。

例 ①**活用のある語**

書き抜く　流れ込む　申し込む
打ち合わせる　向かい合わせる（以下略）

②**活用のない語**

石橋　竹馬　山津波　後ろ姿（以下略）

許容 読み間違えるおそれのない場合は、次の（　）の中に示すように、送り仮名を省くことができる。

例

書き抜く（書抜く）　申し込む（申込む）
打ち合わせる（打ち合せる・打合せる）
向かい合わせる（向い合せる）（以下略）

注意（省略）

通則7 複合の語のうち、次のような名詞は、慣用に従って、送り仮名を付けない。

例 ①**特定の領域の語で、慣用が固定していると認められるもの。**

ア　地位・身分・役職等の名。
関取　頭取　取締役　事務取扱

イ　工芸品の名に用いられた「織」、「染」、「塗」等。
《博多》織　《型絵》染　《春慶》塗
《鎌倉》彫　《備前》焼

ウ　その他。
書留　気付　切手　消印　小包　振替《ふりかえ》（以下略）

②**一般に、慣用が固定していると認められるもの。**

奥書《おくがき》　木立《こだち》　子守　献立　座敷　試合
字引　場合　羽織　葉巻（以下略）

注意（省略）

ウォーミングアップ

実施日 ／

解答は別冊P.19

1 次のことばを**漢字と送りがな**に直したとき、**正しいもの**をそれぞれア・イから選び、**記号**を（　）に記せ。

1 さける　ア 裂る　イ 裂ける　（　）

2 たがい　ア 互い　イ 互がい　（　）

3 もらす　ア 漏す　イ 漏らす　（　）

4 のばす　ア 伸す　イ 伸ばす　（　）

5 けずる　ア 削る　イ 削ずる　（　）

6 とめる　ア 泊る　イ 泊める　（　）

7 とつぐ　ア 嫁ぐ　イ 嫁つぐ　（　）

8 さとる　ア 悟る　イ 悟とる　（　）

9 ゆるめる　ア 緩る　イ 緩める　（　）

10 うかがう　ア 伺う　イ 伺がう　（　）

11 うらなう　ア 占う　イ 占なう　（　）

12 ふくらむ　ア 膨む　イ 膨らむ　（　）

13 つつしむ　ア 慎む　イ 慎しむ　（　）

14 あきなう
ア 商う
イ 商なう

15 はげます
ア 励す
イ 励ます

16 うもれる
ア 埋れる
イ 埋もれる

17 おもむく
ア 赴く
イ 赴むく

18 きわめる
ア 究める
イ 究わめる

19 こがれる
ア 焦れる
イ 焦がれる

20 あざむく
ア 欺く
イ 欺むく

21 うらめしい
ア 恨しい
イ 恨めしい

22 こころみる
ア 試る
イ 試みる

23 たずさえる
ア 携える
イ 携さえる

24 おとろえる
ア 衰える
イ 衰ろえる

25 くわだてる
ア 企る
イ 企てる

ONE Point

送りがなの本則と許容の例

・はれやかだ　晴れやかだ（本則）　晴やかだ（許容）
・はれ　晴れ（本則）　晴（許容）

いずれで記述しても○ですが、まずは本則で覚えましょう。

練習1

実施日

解答は別冊P.19

1 次の――線の漢字を例にしたがって**訓読みの終止形にし、送りがなはひらがなで**（　）に記せ。

（例）祝福　（祝う）

1 妨害（　）

2 雇用（　）

3 敬慕（　）

4 切迫（　）

5 詳細（　）

6 引率（　）

7 開催（　）

8 辛抱（　）

9 促進（　）

10 貸与（　）

11 掲示（　）
ヒント 訓読みは「かかげる」。

12 安易（　）

13 完熟（　）

14 応募（　）

15 貫通（　）

16 修繕（　）
ヒント 訓読みは「つくろう」。

2 次の漢字を例にしたがって**訓読みの終止形**に直し、**送りがな**の部分には——線をつけよ。

（例）搾（しぼる）　※「る」に——線

1 辞（　　）

2 唱（　　）

3 導（　　）

4 失（　　）

5 誤（　　）

6 久（　　）

7 響（　　）

8 巡（　　）

9 償（　　）

10 尋（　　）

11 劣（　　）

12 譲（　　）

13 滞（　　）
ヒント 「滞納」の「滞」。訓読みは「とどこおる」。

14 乏（　　）
ヒント 「貧乏」の「乏」。訓読みは「とぼしい」。

15 臨（　　）

16 賢（　　）

ONE Point

送りがなの許容の有無をチェック！

●送りがなをつける
→哀れ・勢い・幸い・幸せ・情け・斜め

●送りがなを省いてもよい
→曇り・届け・願い・狩り・祭り

練習2

実施日

解答は別冊P.19

1 次の――線のカタカナを漢字一字と送りがな（ひらがな）に直せ。

（例）質問にコタエル。（答える）

1 息子の成長をタノモシク感じる。
2 気をクサラせるような長雨だ。
3 事実をフマエて小説を書く。
4 カガヤカシイ記録を打ち立てた。
5 外国暮らしで日本食にウエル。
6 難 看板にイツワリなしの味だった。
7 耳をスマシて虫の音を聞く。
8 会の延期はカシコイ選択だった。
9 裏道を通って渋滞をサケル。
10 有名な絵画をじっくりナガメル。
11 イドムようなまなざしを向けた。
12 商品完成までに五年をツイヤス。
13 花瓶に生けた花がカレル。
14 案内表示にシタガッて進む。
15 スミヤカニ改善措置を講ずる。
16 ハズムような足取りで歩く。
17 幅広い知識をタクワエル。
18 家族そろって新年をムカエル。
19 難 オソロシイ話に身がすくむ。
20 彼の献身ぶりはホメルに値する。
21 タオルを冷たい水にヒタス。
22 難 不正の横行は実にナゲカワシイ。
23 注 アタタカイスープが飲みたい。
24 靴が大きすぎてすぐにヌゲル。
25 関係者以外の入室をコバム。

26 我が身の潔白をチカウ。
27 終戦記念日に戦没者をトムラウ。
28 母はホガラカナ笑い声を上げた。
29 春の野山がかすみにケムル。
難 30 ご用件はウケタマワリました。
31 マカナイ付きの家に下宿する。
32 弟の字はツタナクて読みづらい。
33 不用意な発言をイマシメル。
34 組織の存続がアヤブマれる。
35 仕上げにしょう油を一滴タラス。
36 入学試験を来週にヒカエている。
注 37 陰口を言うのはミニクイ行為だ。
38 舞台にハエルドレスを仕立てた。
39 鐘楼の柱がクチル。
40 彼はミズカラそこへ出向いた。

41 姉は一日三回歯をミガク。
42 手をかざして日差しをサエギル。
43 強風が吹いて森の木々がユラグ。
44 だれもいない公園はサビシイ。
45 接戦の末、強敵をシリゾケル。
46 何か焦げクサイにおいがする。
47 優しい口調で子どもをサトス。
48 首尾よく大金をカセイだ。
49 アザヤカナシュートを決めた。
50 母校の優勝をホコラシク思う。

ONE Point

複合語の送りがなの省略

「申し込む→申込む」「打ち合わせる→打ち合せる・打合せる」「落書き→落書」などは送りがなを省くことができます。

練習 2

実施日

解答は別冊P.20

2 次の――線のカタカナを漢字一字と送りがな(ひらがな)に直せ。

(例) 質問にコタエル。　（答える）

1 懇親会はナゴヤカニ行われた。
2 黒幕が陰から人をアヤツル。
3 太陽が雲にカクレた。
4 山からスズシイ風が吹いてきた。
5 雑誌の束をひもでユワエル。
6 地域ぐるみの活動がサカンダ。
7 注 成績の伸びがイチジルシイ。
8 師の恩にムクイル機会を得る。
9 弟はまだ考え方がオサナイ。
10 髪をドライヤーでカワカス。

11 使ったファイルを棚にモドス。
12 反省して態度をアラタメル。
13 難 彼は秀才のホマレが高い。
14 スポーツの後はのどがカワク。
15 相手の策略にオチイルな。
16 パンにハムと野菜をハサム。
17 暇にアカシて遊び回った。
18 たばこは体に害をオヨボス。
19 我が子のようにイツクシム。
20 ツツシンでお受けいたします。
21 返事が遅れたことをアヤマル。
22 難 参加をシイルのはよくない。
23 父は病院に行くのをイヤガル。
24 キュウリをぬかみそにツケル。
25 難 火事で思わぬ害をコウムル。

難 26 **ワズラワシイ**業務に手を焼く。
27 クッキーが粉々に**クダケル**。
28 外食が続いて栄養が**カタヨル**。
29 化粧水で肌に**ウルオイ**を与える。
30 素手で魚を**ツカマエル**。
31 物陰で声を**シノバセ**て泣いた。
32 庭のカキの実はとても**シブイ**。
33 **オゴソカナ**雰囲気に包まれた。
34 滑ってボールを受け**ソコネル**。
35 規則に**シバラ**れて柔軟性を欠く。
36 連日の猛暑で体力が**ウバワ**れる。
37 心の奥底に**ウッタエル**歌だ。
難 38 かつて栄えた都市が**スタレル**。
39 **タダシ**、お一人様二個までです。
40 **マギラワシイ**表現で誤解を招く。

41 部屋の外まで話し声が**モレル**。
42 休日は**モッパラ**音楽を聴く。
43 先生から辞書を**イタダク**。
44 海外に腰を**スエル**覚悟を決めた。
45 忘れ物を**アワテ**て取りに帰った。
46 次の試合に悲願の優勝が**カカル**。
47 **ワザワイ**を転じて福となす。
48 **クルオシイ**思いに駆られる。
49 彼女の**スルドイ**感性に脱帽する。
50 我が子の寝顔に**イヤサ**れる。

ONE Point

送りがなをつけない語例

「取締役」・「消印」・「組合」
「繰越金」・「番組」・「日付」
「申込書」・「物語」・「乗組員」 など

漢検おもしろゼミ07

豊かな語彙《ごい》力で即座に判断！

「真偽」のほどを「審議」する

テレビから、「裁判でシンギのほどをシンギすることになった」というアナウンサーの声が聞こえてきました。もちろん、「シンギ」といっても、「信義」「心技」「神技」「新義」など多々ありますが、ここでいう「シンギ」は「真偽」であり「審議」であると、私たちは即座に判断することができます。まさに、豊かな語彙力のたまものということができるでしょう。

同音異字

音《おん》が同じで意味の異なる漢字を「**同音異字**」といいます。

「コウ」と音読みする漢字で始まる熟語を挙げてみましょう。

江湖・肯定・侯爵・洪水・貢献・購入　などなど

無数とも思われるほどに「コウ」の「同音異字」は存在します。

正しく使い分けるには、文の前後関係から熟語の意味を判断する必要があります。また、字義を正しく把握しておくことも、使い分ける際に大きな力となります。

同訓異字

訓読みが同じで意味が異なる漢字を「**同訓異字**」（または「**異字同訓**」）と

同音異字の例

「コウ」で始まる熟語

口実・工業・公園・功績・巧妙・広告
交際・光栄・向上・好感・考慮・行楽
坑道・孝行・抗争・攻撃・更生・効果
幸福・拘束・厚生・恒常・皇帝・紅白
荒野・香水・候補・校正・耕作・航空
降下・高速・控除・黄砂・港湾・硬度
絞殺・項目・鉱物・構造　など

同訓異字と熟語の例

いたむ
痛　痛覚・鈍痛
傷　傷心・感傷
悼　追悼・哀悼

さわる
触　触感・抵触
障　障害・支障

かる
駆　駆動・疾駆
狩　狩猟

しめる
占　占有・独占
締　締結・結締
絞　絞殺

こらす
凝　凝視・凝縮
懲　懲罰・懲戒

せめる
攻　攻撃・速攻
責　自責・叱責《しっせき》

いいます。次の例文はいずれも「さす」ですが、意味が異なるため、それぞれ違う漢字が当てはまります。

①雲間から日が［**さす**］。 ②バラのとげを指に［**さす**］。
③磁石の針が北を［**さす**］。 ④花瓶に菊の花を［**さす**］。

①は「光が入り込む」という意味で「差す」、②は「先のとがった物で突く」という意味で「刺す」、③は「指などで場所や方向を示す」という意味で「指す」、④は「物のあいだに入れる」という意味で「挿す」が正解です。

「同音異字」同様、文脈をきちんと読み取り、適切な字義の漢字を判断することが重要です。②「刺激・刺殺」、③「指名・指針」、④「挿入・挿話」など、その漢字を使った熟語に置き換えて考えるとよいでしょう。なお、「差」は該当する熟語はありませんが、「傘を差す」「魔が差す」などの用例を覚えておきましょう。

同音異義語

音《おん》が同じで意味が異なる熟語を「**同音異義語**」といいます。

①政界の［**ドウコウ**］を探る。（**人や物事のなりゆき**） ⇒動向
②上司に［**ドウコウ**］する。（**連れ立って行く**） ⇒同行
③［**ドウコウ**］の士を募る。（**趣味が同じ**） ⇒同好
④［**ドウコウ**］異曲の作品に過ぎない。（**作り方が同じ**） ⇒同工

パソコンで文字を入力する際にも、「同音異義語」の使い分けが求められます。文の意味を正しく読み取り、また伝えることが何より肝心ですから、ふだんから活字に触れる機会を作り、漢和辞典の用例などにも注意して、使い分けを常に意識するようにしましょう。

つつしむ
慎　慎重・戒慎
謹　謹厳・謹呈

ほる
掘　掘削・発掘
彫　彫刻・彫塑

ふける
更　深更
老　老化・古老

■同音異義語の例

がいかん
外観　外側からみた様子
概観　だいたいのありさま
外患　外部から攻撃・圧迫されるおそれ

かんよう
寛容　心が広く人を受け入れること
肝要　非常に大切なこと
慣用　一般的に用いられること

しょうかん
償還　返却すること
召還　派遣していた人を呼び戻すこと
召喚　（裁判所が）人を呼び出すこと

ほしょう
保障　権利や状態を保護し守ること
保証　間違いなく大丈夫と責任を持つこと
補償　損失を償うこと

ウォーミングアップ

実施日

解答は別冊P.20

1 次の――線のカタカナにあてはまる漢字をそれぞれア・イから選び、記号を（　）に記せ。

1 遠くでキ笛が鳴っている。（　）
2 山の空キはおいしい。（　）
（ア 汽　イ 気）

3 ショウ数精鋭の集団だ。（　）
4 ショウ説の粗筋を紹介する。（　）
（ア 少　イ 小）

5 法律相談所を開セツする。（　）
6 時事問題を解セツする。（　）
（ア 説　イ 設）

7 これは実ケン的な映画だ。（　）
8 血液をケン査する。（　）
（ア 検　イ 験）

9 駅と家とをオウ復する。（　）
10 相手の呼びかけにオウじる。（　）
（ア 往　イ 応）

11 二つの事件は関ケイがある。（　）
12 ケイ統立てて説明する。（　）
（ア 系　イ 係）

13 彼は知シキが豊富だ。（　）
14 組シキを変更する。（　）
（ア 識　イ 織）

15 民ヨウを歌い継ぐ。（　）
16 日本舞ヨウを習い始めた。（　）
（ア 謡　イ 踊）

2

次の——線のカタカナにあてはまる漢字をそれぞれア・イから選び、記号を（　）に記せ。

1 彼は腹をタてた。（　）

2 記念碑をタてる。（　）

（ア 建　イ 立）

3 彼の努力が新記録をウんだ。（　）

4 飼い犬が子をウんだ。（　）

（ア 産　イ 生）

5 図書館に本をカエす。（　）

6 子どもたちを家にカエす。（　）

（ア 帰　イ 返）

7 彼女とは気がアう。（　）

8 人事担当者とアう。（　）

（ア 会　イ 合）

9 この雑誌はシュウカンです。（　）

10 一シュウカンの休みをとる。（　）

（ア 週刊　イ 週間）

11 校庭をカイホウする。（　）

12 捕虜をカイホウする。（　）

（ア 開放　イ 解放）

13 苦い過去をセイサンする。（　）

14 経費をセイサンする。（　）

（ア 精算　イ 清算）

ONE Point

「ショウ」と音読みする漢字、いくつ書ける？

→小・井・少・正・床・肖・尚・性・将・消・症・祥・称・笑・商・唱・渉・掌・晶・焼・焦・硝・粧・証・詔・象……などがあります。

練習 1

実施日

解答は別冊P.20

1 次の――線の**カタカナ**にあてはまる漢字をそれぞれ**ア〜オ**から選び、**記号**を（　）に記せ。

1 囲**ゴ**の対局に臨む。（　）
ヒント 「石」に関係する漢字。

2 実家は**ゴ**服店を営んでいる。（　）

（ア 娯　イ 碁　ウ 悟　エ 呉　オ 御）

3 感動の余**イン**に浸っている。（　）
ヒント 「音」に関係する漢字。

4 婚**イン**によって改姓した。（　）

（ア 姻　イ 陰　ウ 韻　エ 隠　オ 因）

5 被害**モウ**想にとらわれる。（　）

6 暑さで体力を消**モウ**した。（　）

7 **モウ**導犬の育成を支援する。（　）

（ア 耗　イ 妄　ウ 網　エ 猛　オ 盲）

8 目が**ジュウ**血している。（　）

9 **ジュウ**面を作って不満を表した。（　）
意味 「ジュウ面」＝にがにがしい表情のこと。

（ア 柔　イ 充　ウ 銃　エ 渋　オ 汁）

10 場の**フン**囲気を読む。（　）

11 理不尽な要求に**フン**慨した。（　）
ヒント 「心」に関係する漢字。

（ア 雰　イ 奮　ウ 紛　エ 墳　オ 憤）

12 高感度センサーを**トウ**載する。（　）
ヒント 音を表す部分が同じ漢字に注意。

13 兄は外科病**トウ**に入院中だ。（　）

14 休憩して水**トウ**のお茶を飲む。（　）

（ア 悼　イ 筒　ウ 棟　エ 搭　オ 塔）

15 チームは最下位に**カン**落した。（　）

16 しめやかに納**カン**の儀を終える。（　）
意味 「納カン」＝ひつぎに遺体を納めること。

17 **カン**厳よろしきを得た指導だ。（　）

（ア 感　イ 陥　ウ 棺　エ 寛　オ 缶）

□ 18 委員長のサイ量に任せる。

□ 19 無農薬でサイ培した芋です。
ヒント 「木」に関係する漢字。

（ア 斎　イ 載　ウ 栽　エ 歳　オ 裁）

□ 20 諮問機カンが答申を出す。

□ 21 湖畔は森カンとしていた。
ヒント 「森カン」はひっそりと静まりかえっている様子。

（ア 関　イ 監　ウ 憾　エ 閑　オ 館）

□ 22 ナスをぬかみそにツけた。

□ 23 やりがいのある職にツけた。

□ 24 夕方までに目的地へツけた。

（ア 着　イ 突　ウ 漬　エ 釣　オ 就）

□ 25 家の前をほうきでハく。

□ 26 今朝はハく息が白かった。

□ 27 新しいスニーカーをハく。

（ア 果　イ 履　ウ 歯　エ 吐　オ 掃）

□ 28 冷夏でキョウコウとなる。
意味 農作物の実りが非常に悪いこと。

□ 29 雨でも試合をキョウコウした。
意味 障害や反対を押し切って行うこと。

□ 30 最後までキョウコウに主張する。
意味 自分の考えを変えず、他に従わない様子。

（ア 凶行　イ 凶荒　ウ 強硬　エ 強行　オ 教皇）

□ 31 二人はタイショウ的な性格だ。

□ 32 企業をタイショウに調査する。

（ア 対象　イ 対照　ウ 対称　エ 大勝　オ 大将）

□ 33 愛情が憎悪にテンカした。

□ 34 他人に責任をテンカする。

□ 35 食品に香料をテンカする。

（ア 転科　イ 転化　ウ 転嫁　エ 添加　オ 点火）

ONE Point

同じ音読みでも意味の異なる字に注意！

「カン」→ 勧誘・歓迎・観察

「コウ」→ 構造・講義・購買・海溝

練習 2

実施日

解答は別冊P.21

1 次の――線のカタカナにあてはまる漢字をそれぞれア～オから選び、記号を（　）に記せ。

1 ギ造された貨幣が見つかる。（　）
2 利用者の便ギを図る。（　）
3 ギ態で身を守る昆虫がいる。（　）
（ア 戯　イ 擬　ウ 宜　エ 儀　オ 偽）

4 答弁で準備不足が露テイした。（　）
5 裁判の証人として出テイする。（　）
6 首相官テイに招待される。（　）
（ア 邸　イ 廷　ウ 呈　エ 偵　オ 逓）

注
7 富のヘン在を是正する。（　）
8 あちこちに家がヘン在している。（　）
9 兄は雑誌のヘン集者だ。（　）
（ア 編　イ 偏　ウ 遍　エ 変　オ 辺）

10 核兵器のテッ廃を訴える。（　）
11 品質管理をテッ底する。（　）
12 テッ板で肉と野菜を焼く。（　）
（ア 鉄　イ 哲　ウ 撤　エ 迭　オ 徹）

難
13 宣伝でコウ買意欲を刺激する。（　）
14 マリアナ海コウは太平洋にある。（　）
15 英文コウ読の授業を受ける。（　）
（ア 講　イ 構　ウ 溝　エ 購　オ 酵）

16 原油価格が高トウする。（　）
17 追トウの辞を述べる。（　）
18 原本を正確にトウ写する。（　）
（ア 悼　イ 騰　ウ 騰　エ 凍　オ 盗）

19 勢力ハク仲の選挙戦となった。（　）
20 船が港に停ハクしている。（　）
21 ハク来の置き時計を飾る。（　）
（ア 迫　イ 拍　ウ 船　エ 伯　オ 泊）

22 合気道のカタを習う。（　）
23 潮が引くとカタが現れた。（　）
24 息子とカタを並べて歩く。（　）
（ア 片　イ 肩　ウ 型　エ 潟　オ 方）

25 梅の花がコトに好きだ。（　）
26 あなたとは意見がコトなる。（　）
27 コトの美しい音色が響く。（　）
（ア 言　イ 異　ウ 琴　エ 殊　オ 事）

注
28 この絵は鑑賞にタえる。（　）
29 悩みがいつもタえない。（　）
30 高熱にタえる金庫に保管する。（　）
（ア 絶　イ 裁　ウ 耐　エ 断　オ 堪）

31 新規事業に人生をカけている。（　）
32 子犬が広場をカけ回る。（　）
33 大きな川に橋をカける。（　）
（ア 駆　イ 書　ウ 欠　エ 懸　オ 架）

34 度量コウの換算表を作る。（　）
35 彼の愚痴には閉コウした。（　）
36 二本の直線が平コウしている。（　）
（ア 項　イ 衡　ウ 行　エ 口　オ 考）

37 値引きの交ショウに成功する。（　）
38 時代の好ショウに合う建物だ。（　）
39 発行部数は公ショウ十万部です。（　）
（ア 称　イ 証　ウ 尚　エ 渉　オ 章）

40 宇宙飛行士が地球に帰カンした。（　）
41 鉄鋼業は国の基カン産業である。（　）
42 この雑誌は年四回の季カンです。（　）
（ア 幹　イ 刊　ウ 環　エ 還　オ 勘）

ONE Point

同じ訓読みでも意味の異なる字に注意！
「はかる」→ 計る・測る・量る・諮る・図る
意味に注意して、短文を作って覚えましょう。

練習2

実施日 ／

解答は別冊P.21

2 次の――線のカタカナを漢字に直せ。

1 開始五分前に予レイが鳴る。
2 手洗いとうがいをレイ行する。
3 次々に華レイな技を披露した。（難）
4 姉からニン娠の連絡があった。
5 すでにニン耐の限度に達した。
6 世界に鮮レツな印象を与えた。
7 どちらも優レツつけがたい。
8 風船を縫い針で破レツさせた。
9 歯の定期検シンを受けている。
10 他国へのシン略は許さない。
11 ひざの屈シン運動を行う。

12 細胞が急激に増ショクする。
13 ショク託社員として働く。
14 ヒ我の力量を比較する。
15 ヒ労回復のため栄養剤を飲む。
16 ヒ近な例を挙げて説明する。
17 チョウ電でお悔やみを伝える。
18 現代を象チョウする事件だ。
19 親善の使節団を派ケンする。
20 事態を静観するのがケン明だ。（注）
21 二人は昔から犬エンの仲だ。
22 これも何かのエンです。
23 論文のショウ録を作成する。
24 ショウ学金を学費に充てる。
25 内外の文献をショウ猟する。

26 会議を円滑にススめる。
27 良書を保護者にススめる。
28 新入生に入部をススめる。
29 身なりをきれいにトトノえる。
30 料理の味をトトノえる。
31 望郷の思いにカられる。
32 野山の鳥獣を弓矢でカる。
33 庭の雑草をカる。
34 父のことばを心にトめておく。
35 蛇口を閉めて水をトめる。
36 後輩を一晩家にトめる。
37 結った髪にかんざしをサす。
38 窓から光がサし込む。
39 冷たい風が肌をサす。
40 正しい方向をサし示す。

41 提案にイギを申し立てる。
42 とてもイギのある会合でした。
43 イギを正して式典に参列した。
44 上司のカンシンを買おうとする。
45 作品の出来ばえにカンシンした。
46 森林破壊はカンシンに堪えない。
47 宇宙開発にカンシンがある。
48 やじのオウシュウが続いた。
49 多くの証拠品がオウシュウされた。
50 オウシュウ諸国を歴訪する。

ONE Point

同音異義語は、用例で覚えて書き分けよう

熟語だけではなく、文で覚えるとよいでしょう。「こうせい」→後世(に伝える)・厚生(施設)・更生(して社会復帰する)・(予算の)更正　など

漢検 おもしろゼミ 08

ふだんの生活どおり折り目正しく？

時間がなくても「急がば回れ」！

漢検のみならず、日常生活でも求められる漢字の正しい「書き取り」。世の中のデジタル化がいくら進んでも、漢字の「書き取り」の上達には、繰り返し書く練習をするのみです。

しかし、せっかく覚えた漢字も雑に書いてしまうと、本番で点数につながらない……なんてことも。速く書くため、また見た目の美しさにこだわるあまり、続けて書いてはいけないところを草書体のようにひと筆で続けて書いてしまったり、略してしまったり。「書き取り」では正しい字形が採点されるので、〝時間がなくても「急がば回れ」〟の精神で、一点一画を大切に書く必要があります。

そのためにも、日ごろから楷書《かいしょ》で丁寧に正しい形の漢字を書く習慣を身につけることが大切です。「書き取り」も〝ふだんの生活どおり折り目正しく〟を心がけたいものです。

正確な漢字を書く

漢検発行の問題集は、「教科書体」という書体を使用しています。「教科書体」は、手書きの文字に近いとされている書体です。これを見本として、しっかりと身につけることが大切です。

書体の違いについて

漢検では書体による違いは、表現の差（デザインの違い）と見るべきものであり、字体（文字の骨組み）の違いではないと判断しています。

例

言－言言言

改－改改改

令－令令

ただし、字の構造や画数が変わるような書き方は認められません。

○＝塗　×＝

同音類字

①部首が共通しているものの例

い 【辶】しんにょう しんにゅう

違－違反《いはん》

遺－遺跡《いせき》

点画を続けて書く、略すなど、本来の字形から画数や構造が変わるような書き方ではいけません。正しい字形をマスターするには、筆順をきちんと押さえることが必要です。うっかり略したり、点が抜けたりするのを防げるので、筆順を意識して練習するとよいでしょう。

書き取りの練習や問題を解くなかで、少しでも疑問や不安があれば、漢字辞典や資料に当たって確認する習慣も身につけましょう。

同音類字・異音類字

漢字には、偏《へん》が違うけれど旁《つくり》が同じなど、似た形の字があります。形がよく似ていて音《おん》も同じ漢字を「同音類字」、音は異なる漢字を「異音類字」と呼びます。

これらは、次のように二つに大別されます。

1 部首（意味を表す部分）が共通しているもの

同音類字＝閑《かん》・関《かん》【門】もんがまえ
候《こう》・侯《こう》【亻】にんべん

異音類字＝拾《しゅう》・捨《しゃ》【扌】てへん
叙《じょ》・叔《しゅく》【又】また

2 部首以外の部分（原則として音を表す部分）が共通しているもの

同音類字＝環《かん》・還《かん》／脳《のう》・悩《のう》
異音類字＝深《しん》・探《たん》／粋《すい》・砕《さい》

「書き取り」問題で点を落とさないためにも、字の成り立ちや構成を意識して、偏と旁を注意深く練習することが大切です。

---

②部首以外の部分が共通しているものの例

- かつ：喝—一喝《いっかつ》　渇—枯渇《こかつ》
- てつ：撤—撤退《てったい》　徹—徹底《てってい》
- こ：孤—孤独《こどく》　弧—括弧《かっこ》
- とう：騰—騰貴《とうき》　謄—謄本《とうほん》
- そ：粗—粗雑《そざつ》　租—租借《そしゃく》
- へい：幣—貨幣《かへい》　弊—疲弊《ひへい》

■異音類字

①部首が共通しているものの例

- 【宀】うかんむり：宣—宣言《せんげん》　宜—適宜《てきぎ》
- 【行】ぎょうがまえ　ゆきがまえ：衡—均衡《きんこう》　衝—衝突《しょうとつ》
- 【土】つち：墜—墜落《ついらく》　堕—堕落《だらく》

②部首以外の部分が共通しているものの例

- 侮—侮辱《ぶじょく》　悔—後悔《こうかい》
- 践—実践《じっせん》　桟—桟橋《さんばし》

ウォーミングアップ

実施日

解答は別冊P.22

1 次の音と訓を持つ漢字を(ア)[　]から選び、(　)に記せ。また、その漢字が使われている**熟語**を(イ)[　]から選び、**二字の漢字に直して**[　]に記せ。

1 音 ビ　訓 お　(　)[　]

2 音 ジン　訓 たず-ねる　(　)[　]

3 音 シツ・シュウ　訓 と-る　(　)[　]

4 音 スイ　訓 と-げる　(　)[　]

5 音 ボウ　訓 おか-す　(　)[　]

6 音 スイ　訓 た-く　(　)[　]

7 音 コウ　訓 かた-い　(　)[　]

8 音 フク　訓 ふ-せる・ふ-す　(　)[　]

9 音 ヒ　訓 こうむ-る　(　)[　]

(ア)
冒・硬・尋・遂・伏・被・執・尾・炊

(イ)
コウチョク・コウフク・シュウネン
ジンジョウ・ゾウスイ・ヒガイ・ビコウ
ボウケン・ミスイ

2 次の――線の**カタカナ**を**漢字**に直せ。

1 老**オウ**から昔話を聞く。（　　）

2 新聞で小説を連**サイ**している。（　　）

3 新館を渡り**ロウ**下でつなぐ。（　　）

4 麦わら**ボウ**子が風に飛ばされた。（　　）

5 動**ヨウ**を隠しながら話す。（　　）

6 本**ポウ**初公開の映像を見た。（　　）

7 不鮮明で輪**カク**がぼやける。（　　）

8 気分転換に**カミ**型を変える。（　　）

9 病院で**ジュン**看護師として働く。（　　）

10 経費の**サク**減を命じられた。（　　）

11 現在地の**イ**度と経度を調べる。（　　）

12 **シ**外線から肌を守る。（　　）

13 冬でも**ウス**着で過ごしている。（　　）

14 修学旅行で長**サキ**県に行った。（　　）

15 **ジュウ**医に飼い犬を診せた。（　　）

16 勲記に国**ジ**が押印される。（　　）

17 「**チン**は国家なり。」（　　）

18 二審の判決を破**キ**した。（　　）

19 川でサケの**チ**魚を放流した。（　　）

20 幼児が昼**ネ**をしている。（　　）

21 **キ**何学模様をパソコンで描く。（　　）

22 **ア**熱帯にすむ魚が展示された。（　　）

ONE Point

漢字の書き取りに強くなるには　その①

書き取りは、漢字を書くばかりでなく、語彙《ごい》力をつけることも大切です。日頃《ひごろ》から多くの文章に接するように心がけましょう。

練習1

実施日

解答は別冊P.22

1 次の――線のカタカナを漢字に直せ。

1 完成までに多くのギセイを払った。
2 ビミョウな判定が物議をかもした。
3 ジュレイ五百年の杉が自生している。
4 駅前にテンポを移転する。
ヒント どちらの字も「みせ」の意味を持つ漢字。
5 サワを伝って上流を目指す。
意味 川が流れている山あいの谷のこと。
6 ゴバンの目のように道路が走る。
7 筆のホサキに墨を含ませる。
8 誕生日のオクり物は花だった。
9 ボンヨウな作品で賞を逃した。
10 登りガマから陶器を取り出す。

11 待ち時間が長くてタイクツする。
12 競合他社とシンシ協定を結ぶ。
13 自主制作で映画をトる。
14 彼女の顔がキオクに焼きついた。
15 ジュウダンが目標に的中した。
16 シボウ分の多い食事を控える。
ヒント 「肉・身体」に関係のある漢字で、「シ」「ボウ」という音から考える。
17 ジョウザイの風邪薬を飲む。
18 都市のキンコウに家を建てた。
19 オウコウ貴族のような暮らしだ。
20 携帯電話の使用ヒンドを調べる。
21 行動ハンイには個人差がある。
22 時間をかけてシンギを重ねる。
23 彼には自慢するクセがある。
24 自分の仕事にホコりを持つ。

25 ニュウワな表情の仏像を拝する。
26 ジミ豊かな心温まる作品だ。
27 合意に達してアクシュを交わす。
28 試合後の選手たちをイロウする。
29 専門家に参加をイライする。
ヒント どちらの字も「たよる」の意味を持つ漢字。
30 港のサンバシを渡る。
31 日記に思いを書きナグった。
32 釣りボリでマスを釣った。
33 電車のカセン工事が行われる。
34 ヤナギの枝が土手にしだれる。
35 新聞に投書がノる。
ヒント 「乗る」ではない。
36 犬はナワバり意識が強い動物だ。
37 予算のオオワクを決める。
38 権威ある先生にお話をウカガう。

39 海に突き出たミサキに立った。
40 窮状を市役所にウッタえる。
41 異動でショム課に配置された。
42 キセイ概念にとらわれる。
43 珍しいコンチュウの標本に見入る。
44 傷口がエンショウを起こした。
45 二つの商品をヒカクする。
46 経理課に新しい職員をヤトう。

ONE Point
漢字の書き取りに強くなるには その②
言葉の意味がわからない時は、その都度、辞書で調べましょう。漢字辞典で字義を調べるのも有益です。

練習 1

実施日

解答は別冊P.22

2 次の――線のカタカナを漢字に直せ。

1 戦争のサンカが色濃く残る町だ。
2 寒さでクチビルが震えた。
3 人からウラまれる覚えはない。
4 追及のホコサキが鈍った。
5 賃貸契約のシキキンを払う。
6 ひざのスり傷が治った。
7 キリが深くて視界が悪い。
ヒント 「気象」に関係する漢字で、音は「ム」である。
8 空にイナズマが走るのを見た。
9 長期キュウカを海外で過ごす。
10 コウセキ層から化石が発見された。

11 アサセを選んで川を渡る。
12 延焼する前にチンカさせた。
13 今年の暑さも峠をコした。
ヒント 「超す」ではない。
14 別れぎわにホウヨウを交わした。
15 成功のアカツキには皆で祝おう。
16 親しい友人との別れをオしむ。
17 各自の自由サイリョウに任せる。
ヒント 「多くの人を監督する」意味の同音異字「宰領」と誤らない。
18 この絵はアワい色彩が印象的だ。
19 京都のアマデラに立ち寄った。
20 ネッキョウ的なファンに囲まれる。
意味 我を忘れるほど興奮すること。
21 相手のチームがコウゲキに回る。
22 買い物にフクロを持参する。
23 彼はアメリカの陸軍タイイだ。
24 ボンサイの松を手入れする。

25 この木には**ムラサキ**色の花が咲く。（　）

26 山の中でクマと**ハチア**わせした。（　）

27 最も**エイキョウ**を受けた人だ。（　）

28 文化の**カオ**りが漂う町だ。（　）
ヒント 抽象的な「カオリ」を表す漢字。

29 保険の**ヤッカン**に目を通す。（　）

30 物件を見た瞬間に**ソッケツ**した。（　）
意味 その場ですぐきめること。

31 優しい**オバ**は母の妹です。（　）

32 **トクチョウ**のある建物が目印です。（　）

33 頂点が**エイカク**になっている。（　）

34 せっかくのチャンスを**ノガ**す。（　）
ヒント 「に-げる」という訓もある漢字。

35 相手の**インジュン**な態度に怒る。（　）
意味 ぐずぐずしていること。

36 大会の運営を**トウカツ**する。（　）

37 金属を溶かして鐘を**イ**る。（　）

38 米を**ハッコウ**させて酒を造る。（　）

39 野菜がよく育つ**ドジョウ**だ。（　）

40 情熱の**ホノオ**を燃やし続ける。（　）

41 ミシンでスカートを**ヌ**う。（　）

42 法王への**ハイエツ**が許された。（　）

43 地域の**フクシ**事業に力を入れる。（　）

44 **ガクブチ**に入れた賞状を飾る。（　）

45 ナイフを使って鉛筆を**ケズ**る。（　）

46 周囲に**ショウエン**が立ち込めた。（　）
意味 火薬の発火によって生じるけむり。

ONE Point

漢字の書き取りでの注意点　その①

「とめ・はね・はらい」の一点・一画を楷書《かいしょ》で正確に書くようにしましょう。

練習1

実施日

解答は別冊P.22

3 次の――線のカタカナを漢字に直せ。

1 町並みに異国ジョウチョが漂う。
2 野原の草木が大雪にウもれる。
3 自然カンキョウを保護する。
4 ムスメムコに店を譲るつもりだ。
5 得手にホを揚げて熱弁を振るう。
6 パソコンで情報をケンサクする。
7 毎年コウレイの運動会が開かれた。
意味 儀式や行事が決まった時期・方式で行われること。
8 海岸でカイガラを拾った。
9 シシュクする作家の著書を読む。
意味 ひそかに尊敬し、模範として学ぶこと。
10 冬は空気がカンソウしている。
ヒント どちらの字も「かわく」の意味を持つ漢字。

11 ヨイやみが街に迫る。
12 開会式で優勝旗をヘンカンした。
13 鳥が羽ばたくシュンカンを撮る。
14 ユウカンな若者に助けられた。
15 菓子をケショウ箱に詰めた。
16 ケイリュウで釣りを楽しむ。
意味 谷川のこと。
17 外国映画を日本にショウカイする。
18 大統領がホサ官を指名した。
19 無言を承諾とカンチガいした。
20 ジャスイが過ぎるのはよくない。
21 コンインの儀式が挙行された。
22 新作のギキョクが完成する。
23 コーヒーに角砂糖をトかす。
24 新たにゲンコウを書き起こす。

25 焼きすぎてクロコげになった。（　　）

26 手厚いカンゲイを受けた。（　　）

27 オウシュウ連合の加盟国を調べる。（　　）

28 沿岸地域にツナミ警報が出た。（　　）

29 カエルがハねて逃げた。（　　）

30 サムライを演じて有名になった。（　　）

31 カネの音が正午を知らせる。（　　）

32 館内放送で注意をカンキする。（　　）

33 自動ハンバイ機を撤去する。（　　）

34 熱湯でまな板をサッキンした。（　　）

35 路肩のソッコウに足がはまった。（　　）
意味 道路の端にある排水用のみぞのこと。

36 今までのケイイを簡潔に話す。（　　）
意味 いきさつのこと。「ケイ」は縦糸、「イ」は横糸の意味。

37 クキを切りそろえて花束を作る。（　　）

38 たゆまぬ努力がカンヨウだ。（　　）

39 ゴルフボールにはオウトツがある。（　　）

40 コワれた時計を修理に出した。（　　）

41 天井に宗教画がエガかれている。（　　）
ヒント 「手」に関係する漢字で、音は「ビョウ」である。

42 会社のドウリョウと食事をした。（　　）

43 タイはエンギのいい魚といわれる。（　　）

44 昨夜の雨で川の水がニゴった。（　　）

45 ヒデンカが贈賞式に出席された。（　　）

46 事実を基にキャクホンを書く。（　　）
意味 劇や映画のもとになる台本のこと。

ONE Point

漢字の書き取りでの注意点　その②

「夂・欠・不・句」などは、1画目と2画目を続けて書かず、一画一画丁寧に書きましょう。

練習2

実施日

解答は別冊P.23

1 次の――線のカタカナを漢字に直せ。

1 ただマンゼンと時を過ごした。
2 フウトウに切手をはった。
3 意見が激しくショウトツした。
4 趣旨をタンテキに述べる。
5 妻が二人目をニンシンした。
6 今日は朝からムナサワぎがする。
7 集中豪雨のオソレがある。
8 旧友との再会の喜びにヒタる。
9 彼女はレッカのごとく怒った。
10 不況のドロヌマから早く脱したい。
11 スイスはレンポウ国家である。
12 法律をタテに争う構えだ。
13 庭の小屋でニワトリを飼育する。
14 発表会でモッキンを演奏した。
15 シャショウに到着時刻を尋ねた。
16 状況に応じてテキギ対処する。
17 犯人の筆跡をカンテイする。
18 何のヘンテツもない場所だった。
19 打者がヒットでシュツルイした。
20 彼はコンワクの表情を浮かべた。
21 ジュキョウの始祖は孔子である。
22 白いスイセンの花が咲く。
23 ハダカイッカンから富を築いた。
24 テストの点が合格ケンナイに入る。
25 秋の夜空をアオぎ見た。
26 話がいよいよカキョウに入った。

- ☐ 27 全く根拠のない**ゾクセツ**だった。（　　）
- ☐ 28 **ユウカイ**事件は無事解決した。（　　）
- ☐ 29 中華料理店で**スブタ**を注文する。（　　）
- 注 ☐ 30 **コウテン**で飛行機が欠航した。（　　）
- ☐ 31 お**マワ**りさんが街の安全を守る。（　　）
- 難 ☐ 32 面談で苦しい心情を**トロ**する。（　　）
- ☐ 33 **キイ**なふるまいが目立つ。（　　）
- ☐ 34 犬がきばをむいて**イカク**した。（　　）
- ☐ 35 相手チームに作戦を**サト**られる。（　　）
- 注 ☐ 36 この城は**ケンゴ**な守りを誇った。（　　）
- ☐ 37 もめごとを**オンビン**に済ませる。（　　）
- ☐ 38 報道の**ジシュク**を呼びかける。（　　）
- ☐ 39 チームの士気を**コブ**する。（　　）
- 難 ☐ 40 天皇が**ショウショ**を発布された。（　　）
- ☐ 41 海岸に小舟が**ヒョウチャク**した。（　　）

- 難 ☐ 42 農作物の**ジュキュウ**が安定する。（　　）
- 注 ☐ 43 **ヒカゲ**に座って休息したい。（　　）
- ☐ 44 あくまでも**ザンテイ**的な措置だ。（　　）
- ☐ 45 インフルエンザが**モウイ**を振るう。（　　）
- ☐ 46 **ヘイコウ**感覚が狂ってふらつく。（　　）
- ☐ 47 あて先に**オンチュウ**と添える。（　　）
- 難 ☐ 48 **ジョクン**の対象者が公表された。（　　）
- ☐ 49 詩の**インリツ**を味わう。（　　）
- ☐ 50 **トダナ**からなべを取り出した。（　　）

ONE Point

漢字の書き取りでの注意点　その③

「支」の2・3画目、「隹」の3・5画目、「修」の5・6画目を続けて書かないようにしましょう。

練習2

実施日

解答は別冊P.23

2 次の――線のカタカナを漢字に直せ。

1 **アミド**を閉めて虫の侵入を防ぐ。
2 無実の罪で**ユウシュウ**の身となる。
3 忠告を**ケンキョ**に受け止める。
4 膨大な情報が**ウズマ**いている。
5 相撲を**マスセキ**で観戦する。
6 鋭い**ハモノ**でワイヤーを切った。
7 その件には**カンヨ**しておりません。
8 一人では**タチ**打ちできない。
9 高齢者をねらう**サギ**に注意する。
10 数多くの**メイヨ**ある賞を受けた。
11 注 前代未聞の**イギョウ**を果たした。

12 彼は学生から**ユイイツ**出場した。
13 車の**ハイシュツ**ガスを規制する。
14 政府の失政を**ダンガイ**する。
15 まちがった**カショ**を指摘された。
16 大学受験のために**ジュク**に通う。
17 呼吸器の**シッカン**で通院する。
18 新聞の**コウドク**料を払った。
19 各地を巡る**ホウロウ**の旅に出た。
20 東京を**キョテン**にして活動する。
21 **キッサ**店でコーヒーを飲んだ。
22 **ヒトカカ**えもある太い幹に育つ。
23 注 私に**キヅカ**いは無用です。
24 アルプス**レンポウ**を撮影する。
25 不幸な**キョウガイ**に耐えた。
26 難 外国へ**カワセ**を使って送金する。

27 アルバムのページを丹念に**ク**る。（　）
28 一審の判決が**ハキ**された。（　）
29 **ウネ**に沿って畑を見回る。（　）
30 **エリモト**にブローチを付けた。（　）
難 31 彼に**ゼンプク**の信頼を寄せている。（　）
32 その海は鈍い**ナマリ**色に見えた。（　）
33 **コ**ったデザインのシャツを着る。（　）
34 割ったガラスを**ベンショウ**する。（　）
35 社長自ら**ジントウ**指揮を執る。（　）
36 **マボロシ**の鳥の生態を調査する。（　）
37 **タマシイ**を込めて言葉をつづる。（　）
38 アサリの**シグレ**煮を作る。（　）
39 電車に**アマガサ**を忘れてきた。（　）
40 **トビラエ**の美しい詩集を読む。（　）
41 学校一足が速いと**ゴウゴ**する。（　）

42 **ナナ**めに道を横切るのは危険だ。（　）
43 今更**コウカイ**しても仕方がない。（　）
44 試合で県外に**エンセイ**する。（　）
45 祭りで**ツルギ**の舞を披露する。（　）
46 **ヒガタ**の埋め立てに反対する。（　）
47 自衛隊の**カンテイ**が入港した。（　）
48 景気を**フヨウ**させる対策を練る。（　）
49 商品は**ノキナ**み値上がりした。（　）
難 50 **テンプ**の才を発揮する。（　）

ONE Point

漢字の書き取りでの注意点　その④

「扌・刂・心・月・丁・求・永・独」の2画目は、はねるよう心がけましょう。

練習2

実施日

解答は別冊P.24

3 次の――線のカタカナを漢字に直せ。

1 レジで**ツリ**銭を受け取った。
2 問屋を介さず品物を安く**オロ**す。
3 友人は**シュンソク**で鳴らす選手だ。
4 二人の仲を**サ**くことはできない。
5 図書館の本の**マタガ**しは禁止だ。
6 湖畔に水草が**ハンモ**している。
7 **ヒトガキ**をかき分けて進んだ。
8 難 この庭園は**ガチ**に富んでいる。
9 **フショウ**の弟子に手を焼く。
10 球場は観客の**ドゴウ**に包まれた。
11 **ゴウモン**を行うと犯罪になる。

12 難 **バンジャク**の態勢を整えた。
13 **ミワク**的な演技が評判の女優だ。
14 信者たちは**カイリツ**を守っている。
15 濃い**リュウサン**で金属を溶かす。
16 **マユ**は絹糸の材料である。
17 難 **カンプ**なきまでに打ちのめす。
18 祖母は**キョウネン**九十六だった。
19 悲報を聞いて**タンソク**を漏らす。
20 **カンキ**が悪くて臭いがこもる。
21 **キョセイ**を張らずに付き合おう。
22 軍人の最高位を**ゲンスイ**という。
23 画家の**ヒッチ**をまねて描く。
24 二国間に貿易**マサツ**が生じた。
25 **カイジュウ**が登場する映画を見た。
26 船が**ガンショウ**に乗り上げた。

27 夢と現実がコウサクする。（　）
難 28 借金の返済にフシンする。（　）
29 浜に心地よいウラカゼが吹く。（　）
30 劇場に装置をハンニュウする。（　）
31 ヒサンな結果に終わった。（　）
32 広い公園で放歌コウギンする。（　）
33 オゴソかに開会を宣言した。（　）
34 ショハンの事情を考えに入れる。（　）
35 飼いネコが行方不明になった。（　）
36 体験談を聞いて決心がユらいだ。（　）
注 37 受付で記入方法をタズねる。（　）
注 38 先代の名跡をオソう。（　）
39 寒い朝、シモバシラが立った。（　）
40 ケモノミチを踏み分けて行く。（　）
41 親方のイッカツに縮み上がった。（　）

42 ガンチクのある言葉だ。（　）
43 散歩で汚れた犬のシシをふいた。（　）
44 名人にもヒッテキする力を持つ。（　）
45 見るにタえない愚作だった。（　）
46 事件のホッタンから話す。（　）
47 美しいカゲンの月を眺めた。（　）
48 講演のヨウシをまとめる。（　）
49 同じ作業ばかりでアきてきた。（　）
50 現実からトウヒするな。（　）

ONE Point

漢字の書き取りでの注意点　その⑤

「代・成・氏」の4画目は、はねるよう心がけましょう。

練習2

実施日

解答は別冊P.24

4 次の——線のカタカナを漢字に直せ。

1 カーブの多い山道で車ヨいした。
2 お守りをハダミ離さず持つ。
3 熱中してシンショクを忘れる。
4 役員のホウシュウが減額された。
5 高地では空気がキハクになる。
6 シシとは跡継ぎのことをいう。
7 難 講演のテキヨウを読む。
8 部屋のタタミ替えをした。
9 社会をフウシした漫画を描く。
10 カッショクに日焼けしている。
11 船に大漁旗をケイヨウする。
12 感染症のケンエキを強化する。
13 彼女は陽気でユカイな女性です。
14 歯並びのキョウセイを始めた。
15 カタツムリはシユウ同体です。
16 自著を恩師にキンテイした。
17 舞台の上に紙フブキが舞う。
18 なかなかスミに置けない人だ。
19 シメらせた布で窓をふいた。
20 入りエの奥に漁村が広がる。
21 難 その行為は法にテイショクする。
22 映画のカントクを目指している。
23 救いの手をそっと差しノべた。
24 町がすっかりサビれてしまった。
25 難 総務省が改善カンコクを行った。
26 ゴウチョクな気質は父譲りだ。

27 現金の出納を**チョウボ**につける。
28 社長の**レイジョウ**を出迎える。
29 会社の**チュウカク**をなす部門だ。
30 本土から**カクゼツ**された島だ。
31 雨の**シズク**がほおをぬらす。
32 難 この夏、全国を**トウハ**した。
33 告別式を終え、**シュッカン**した。
34 ワシが**エモノ**をねらっている。
35 **ツボニワ**のある日本家屋に住む。
36 説明されても**シャクゼン**としない。
37 先週から**ドンテン**が続いている。
38 難 **カルワザ**師の曲芸に目を見張る。
39 **コヨミ**の上ではもう春です。
40 **カラ**いものを食べて汗が出た。
41 **キバツ**なアイデアが欲しい。

42 本堂再建の**ジョウザイ**を募る。
43 足の指に**クツズ**れができて痛い。
44 主君を追い家臣が**ジュンシ**した。
45 チームの**ケントウ**をたたえる。
46 **スギ**花粉防止にマスクをする。
47 古い価値観に**コシツ**する。
48 商品の売り上げが**ドンカ**した。
49 暖炉に**タキギ**をくべる。
50 雪山で**ソウナン**事故が相次いだ。

ONE Point

漢字の書き取りでの注意点　その⑥

「木」の2画目、「糸」の4画目の最後は、一般的に「とめ」で書きますが、はねて書いても検定では○になります。

練習 2

実施日

解答は別冊P.25

5 次の――線のカタカナを漢字に直せ。

1 モギ試験で実力を確認する。
2 地中からキンカイが発見された。
3 カの鳴くような声で答える。
4 (難) ケイセツの功を積んだ偉人だ。
5 最果ての地でリョシュウに浸る。
6 業績が落ちてゲンポウされた。
7 ジュミョウの縮まる思いがした。
8 綿と麻のコンボウのシャツだ。
9 トビが上空をセンカイしている。
10 二社はガッペイを協議中だ。
11 コツズイバンクに登録している。
12 京都のリョウテイで修業した。
13 ゼンモンドウのような会話だ。
14 (難) 鉄棒でケンスイをする。
15 トクメイの男性から寄付を受けた。
16 ムガ夢中で仕事に取り組む。
17 オクバがはれてうずく。
18 秋には紅葉ガりに出かけたい。
19 二人の門出にシュクエンを開く。
20 優勝して仲間にドウアげされた。
21 父からの手紙にナミダぐんだ。
22 (難) 娘と息子に財産をジョウヨする。
23 部屋ごとにオモムキが異なる。
24 職場ではキュウセイを名乗る。
25 草原に風が吹きワタった。
26 決議案がサイタクされた。

27 **ラクノウ**体験ができる牧場だ。
28 必要**カ**つ十分な条件を満たす。
29 売店で**カン**ジュースを買った。
30 大雨のため**ジョコウ**運転をした。（注）
31 政府の**ジュウナン**な対応を望む。
32 ベランダに**センタク**物を干す。
33 その地層には**ネンド**が含まれる。
34 **コンガン**されて係を引き受けた。
35 食あたりで**ゲリ**をする。
36 双方**コウオツ**つけがたい出来だ。
37 戦後、**ザイバツ**解体が行われた。
38 消火**セン**の位置を確認する。
39 彼には深い**ドウサツ**力がある。（注）
40 批判されて**カンムリ**を曲げた。
41 **クウソ**な議論はもうやめよう。

42 **ゲンカン**先まで客を見送る。
43 本棚は**ショセキ**であふれていた。
44 雪だるまが泥で黒く**ヨゴ**れた。
45 遺跡の**ハックツ**作業に携わる。
46 下絵に沿って慎重に版木を**ホ**る。
47 注文が**サットウ**して品切れ中だ。
48 サウナで大量に**ハッカン**した。
49 帰りの電車で**ネムケ**に襲われた。
50 部長は**カタガ**きのある人に弱い。

ONE Point

漢字の書き取りでの注意点　その⑦

漢字検定での解答は、必ずHB・B・2Bの鉛筆、またはシャープペンシルを使用してください。ボールペンや万年筆などの使用は厳禁です。

練習2

実施日

解答は別冊P.25

6 次の――線のカタカナを漢字に直せ。

1 禅寺で修行を重ね、ソウになる。
難 2 ライヒンが壇上で祝辞を述べた。
3 弟はシュザンを習っている。
4 クジラの捕獲は制限されている。
注 5 会見で引退の意向をシサした。
6 菌を試験管でバイヨウする。
7 ホテルでゴウカな食事を楽しむ。
8 生涯、夫にテイセツを尽くした。
9 海のモくずとなって消えた。
10 小説のチンプな表現を修正する。
注 11 前言をあっさりテッカイした。
12 ロコツに不機嫌な顔をする。
13 入賞は作家へのトウリュウモンだ。
14 人気が次第にオトロえてきた。
15 父はバンシャクにビールを飲む。
16 モウショが続いて水不足になる。
17 祖父の手術の成功をイノる。
18 良心にハじる行いはするな。
19 ピアノでバンソウの練習をする。
20 姉は悲しげに顔をクモらせた。
21 根をツめて真夜中まで働いた。
22 母の味をコイしく思い出す。
23 天候不順でキョウサクとなった。
24 契約書にジョウコウを追加する。
25 ヒガンには墓参りを欠かさない。
26 喪主を先頭にソウレツが続く。

27 日本のシャクイには五つの等級があった。
28 マヤクの密売人を検挙する。
29 カイヅカから土器が出土した。
30 洗ったヨクソウに湯をためる。
31 警察署が犯人タイホを発表する。
32 子どもらしいソボクな疑問だ。
33 注 任務を無事にカンスイできた。
34 他国のカヘイに両替する。
35 テツビンで湯を沸かす。
36 セットウ団が横行している。
37 スウコウな目的を持った同志だ。
38 省庁がガイサン要求を提出する。
39 難 カッコの中に答えを書いた。
40 桜のナエギを植えつけた。
41 根拠のあいまいさをツかれる。

42 センコウの煙ですすける。
43 注 大通りで交通違反を取りシまる。
44 密輸品がイントクされていた。
45 地下のレンラク通路で移動する。
46 決勝戦はジッキョウ放送された。
47 懐かしいドウヨウを口ずさんだ。
48 シュウレイな山容が現れた。
49 タイシン性の高い住宅に住む。
50 スンカを惜しんで制作に励む。

ONE Point

「キ」と音読みする漢字、いくつ書ける?
→企・危・机・気・岐・基・忌・汽・揮・季・祈・紀・軌・帰・既・起など、常用漢字表に載っているもので39字あります。

誤字訂正
ウォーミングアップ

実施日

解答は別冊P.26

1 次のア・イの文のうち、漢字が**正しく使われているもの**を選び、**記号**を（　）に記せ。

1
ア　日本は議院内閣制だ。
イ　日本は議員内閣制だ。
（　）

2
ア　昨日の試合は完廃だった。
イ　昨日の試合は完敗だった。
（　）

3
ア　寺院の本堂で礼排する。
イ　寺院の本堂で礼拝する。
（　）

4
ア　構内への立ち入りは禁止だ。
イ　構内への建ち入りは禁止だ。
（　）

5
ア　将来の夢を語り合った。
イ　尚来の夢を語り合った。
（　）

6
ア　恒究の平和を願う。
イ　恒久の平和を願う。
（　）

7
ア　厳しい訓練に耐えてきた。
イ　厳しい勲練に耐えてきた。
（　）

8
ア　急な予定変効に戸惑った。
イ　急な予定変更に戸惑った。
（　）

9
ア　直斜日光を遮る。
イ　直射日光を遮る。
（　）

10
ア　歓喜に満ちた表情だった。
イ　観喜に満ちた表情だった。
（　）

11
ア　前渡を祝して乾杯する。
イ　前途を祝して乾杯する。
（　）

12
ア　旅行で数日家を開けます。
イ　旅行で数日家を空けます。
（　）

2

次の各文にまちがって使われている**同じ読みの漢字**が**一字**ある。（　・　）の上に**誤字**を、**下に正しい漢字**を記せ。

誤　正

□ 1 大学の学生僚に入る。（　・　）

□ 2 待偶改善を会社に求める。（　・　）

□ 3 夫養家族が増えた。（　・　）

□ 4 地域の得色を生かす。（　・　）

□ 5 遠伸力の実験を行う。（　・　）

□ 6 彼女の婚約者は賢実な人だ。（　・　）

□ 7 上司が伴断を下した。（　・　）

□ 8 人名の救助に向かう。（　・　）

□ 9 満場一致で加決する。（　・　）

□ 10 重容な書類を保管する。（　・　）

□ 11 接着材でつなぎ合わせた。（　・　）

□ 12 販売を業者に委択する。（　・　）

□ 13 ロボットを遠角操作する。（　・　）

□ 14 残認な犯行が報じられた。（　・　）

□ 15 授業料を面除される。（　・　）

□ 16 新番組の放影を開始する。（　・　）

□ 17 隣時の窓口を設ける。（　・　）

□ 18 室序立てて説明する。（　・　）

□ 19 戦時中に捕慮になった。（　・　）

□ 20 当時の心境を告迫する。（　・　）

ONE Point

書き間違えやすい漢字に注意　その①

あいぼう　→合×棒―相○棒
かくう　→仮×空―架○空
けつじょ　→欠徐×―欠如○
はっくつ　→発堀×―発掘○

誤字訂正 練習1

実施日

解答は別冊P.26

1 次の各文にまちがって使われている**同じ読みの漢字**が**一字**ある。（　・　）の**上に誤字**を、**下に正しい漢字**を記せ。

誤・正

1 争いを温便に解決した。（　・　）

2 道路の建設工事を受け負った。（　・　）

3 雨天のため開催が伸びる。（　・　）

ヒント 時期・時間などが「のびる」という場合に使う漢字は？

4 利益の対立を調製する。（　・　）

5 独特の奮囲気を放つ作品だ。（　・　）

6 権力の眺点に立つ。（　・　）

ヒント てっぺん、最高部という意味の漢字を使う。

7 形勢は以然として不利だ。（　・　）

8 全反対勢力を駆蓄した。（　・　）

9 旅費を大雑破に見積もった。（　・　）

10 見事に成功を治めた。（　・　）

ヒント 「おさめる」の使い分けに注意。

11 真殊の指輪を仕入れる。（　・　）

12 家の周りを板併で囲んだ。（　・　）

13 経済の覆興に尽力する。（　・　）

14 得意先に奇画書を提出した。（　・　）

15 車に無線機を塔載する。（　・　）

16 先代の名を就名した。（　・　）

ヒント 親や師匠の名を継ぐことを何というか？

17 原因を証細に調査した。（　・　）

18 音楽雑誌を講入する。（　・　）

19 運転免許証の交布を受ける。（　・　）

20 人体は何十兆もの細房から成る。（　・　）

21 膨大な資料や文献を渉漁した。（　・　）

22 交渉により和快が成立する。（　　・　　）

23 厳しい生存競走にさらされる。（　　・　　）
ヒント 「競走」は走って速さを競うこと。

24 卒業式で校歌を正唱した。（　　・　　）

25 彼の提案には賛成できない。（　　・　　）
ヒント 「提」は「つつみ」の意味。

26 名画の崇高な美しさに透酔した。（　　・　　）

27 病気は全次快方に向かった。（　　・　　）

28 事実と想違した記事を載せる。（　　・　　）
ヒント 互いに違うという意味から考える。

29 激的な勝利に終わった。（　　・　　）

30 巡視廷がスパイ船を捕獲した。（　　・　　）

31 観客の意票を突く演出だ。（　　・　　）

32 道端で警官に陣問を受けた。（　　・　　）

33 けが人を担加で医務室へ運んだ。（　　・　　）

34 生徒主動の文化祭を催す。（　　・　　）

35 公撲としての自覚を持つ。（　　・　　）

36 公衆の面前で部辱を受ける。（　　・　　）

37 不偏不当を信条とする。（　　・　　）

38 成績不振に落丹する。（　　・　　）

39 結婚被露宴に招待された。（　　・　　）

40 金裕商品が多様化している。（　　・　　）

41 楽符を見ながら演奏する。（　　・　　）

42 夕日が湖面を初めている。（　　・　　）
ヒント ある色に変えるという意味の漢字を使う。

43 胃の燃膜を修復する薬を飲む。（　　・　　）

44 会議が難行して深夜に及ぶ。（　　・　　）

ONE Point

形の似ている漢字は、意味を覚えて正確に書き分けよう

・祖先—租税—阻害—組織　・獲得—収穫・
恐喝・渇望—褐色　・噴火—憤慨—古墳

誤字訂正 練習1

実施日

解答は別冊P.26

2 次の各文にまちがって使われている**同じ読みの漢字**が**一字**ある。（　・　）の上に**誤字**を、下に**正しい漢字**を記せ。

誤・正

1 概当する質問項目に丸をつける。（　・　）

2 震ってご参加ください。（　・　）

3 景気の低迷を優慮する。（　・　）

4 審理を終えて閉邸した。（　・　）

5 駅までの道順を訪ねた。（　・　）
ヒント 「たずねる」の使い分けに注意。

6 伝統的な技術を到襲する。（　・　）

7 容疑者は黙否権を行使した。（　・　）
ヒント 自分の内にひめて話さないことが「もくひ」の意味。

8 基成概念を打破する。（　・　）

9 論理の矛盾を指摘される。（　・　）

10 山岳事故が狭谷で起きた。（　・　）

11 友人に裏切られて噴激する。（　・　）

12 中古車を連価で販売する。（　・　）

13 将来に一末の不安を感じる。（　・　）

14 答案を粘入りに見直した。（　・　）

15 健善な学生生活を送った。（　・　）

16 直命で歌集が編まれた。（　・　）

17 水田の害虫を駆徐する。（　・　）

18 類積赤字が膨らんでいる。（　・　）
ヒント 「積み重なった赤字」のこと。

19 唇が乾操して荒れている。（　・　）

20 空気は無味無醜の気体だ。（　・　）
ヒント 四字熟語は意味も同時に覚えておくこと。

21 加熱した水が払点に達した。（　・　）

22 社長の雄断で新事業を始めた。（　・　）

23 暗中模錯の状態が続いている。（　・　）

24 わなが巧妙に仕懸けられていた。（　・　）

25 金額を提正した請求書を送る。（　・　）

26 上司の官理能力が問われる。（　・　）

27 若者らしい派気に満ちる。（　・　）

28 公務員の綱紀を淑正する。（　・　）

29 退慢な勤務態度を注意された。（　・　）

ヒント「そなえる」の使い分けに注意。

30 台風に供えて屋根を修繕した。（　・　）

ヒント「科する」は法に従って処罰すること。

31 部員に早朝練習を科した。（　・　）

32 抱腹絶到の喜劇を上演した。（　・　）

33 離婚問題で訴勝を起こす。（　・　）

34 議会は民主政治の中崇だ。（　・　）

35 観過できない問題が起きた。（　・　）

36 警察の操査が打ち切られた。（　・　）

37 物的詳拠がなく不起訴となる。（　・　）

38 冷坊器具が壊れて蒸し暑い。（　・　）

ヒント「あたたかい」の使い分けに注意。

39 暖かい拍手で迎えられた。（　・　）

40 路上駐輪は通行の邪摩になる。（　・　）

41 気砲のない透明な氷を作る。（　・　）

42 晴雨謙用の傘を買った。（　・　）

43 転んで打僕傷を負った。（　・　）

44 音知なので歌は苦手だ。（　・　）

ONE Point

書き間違えやすい漢字に注意　その②

せんもん→専問×—専門○
がくもん→学門×—学問○
ふんき　→噴起×—奮起○
ゆうよ　→裕予×—猶予○

誤字訂正 練習 2

実施日

解答は別冊P.27

1 次の各文にまちがって使われている**同じ読みの漢字が一字**ある。(　・　)の上に誤字を、**下に正しい漢字**を記せ。

誤　正

1 店には超蛇の列ができた。(　・　)

2 指紋証合の結果、国際手配されていた強盗犯だと判明した。(　・　)

3 注 彼は、会社では会長に継ぐ実力者として経営を一任されている。(　・　)

4 この花は昆虫が花粉を培介して受粉を行う。(　・　)

5 縄文時代の文化の帰源と発展については長い間研究されている。(　・　)

6 自衛隊の駐豚地で開かれた記念行事で装甲車に体験試乗した。(　・　)

7 仙人が住むような森山幽谷を描いた水墨画の掛け軸を購入した。(　・　)

8 その食品には使用が認められていない添化物が含まれていた。(　・　)

9 順討に行けば、準決勝で強豪チームと対戦することになる。(　・　)

10 試験に無事合格したという郎報を期待しております。(　・　)

11 入荷した果物を品質で甲乙平丁の四段階に分類した。(　・　)

12 図書館では書籍を自由に謁覧できるように開架式の書棚が多い。(　・　)

13 先入感や偏見で人を判断しないように心がけたい。(　・　)

14 人間の生命維持にとって、大脳や心臓は不可欠な気官である。(　・　)

15 難 優勝したランナーは、観衆の歓鼓にこたえて競技場を一周した。(　・　)

16 休耕田で田植えから収獲までを体験するという企画に応募した。(　・　)

17 宇宙空間から敵の状況を入手する逓察衛星の打ち上げが行われた。(　・　)

18 阻税は法律に基づいて住民などから強制的に徴収される。（　・　）

19 会議で計った結果、賛成多数で承認された。（　・　）

20 卒業後も頻繁に連絡を取り合う彼女とは、十年来の墾意な間柄だ。（　・　）

注 21 ご配慮に対し、深く感謝するとともに熱く御礼申し上げます。（　・　）

22 退院後は医師の忠告に従い、晩尺を断って療養に努めている。（　・　）

注 23 遺体が司法解冒されたが、死因は特定できなかった。（　・　）

24 行きがけの堕賃とばかりに、実家からテレビまで持ち帰ってきた。（　・　）

25 急逝した国会議員に対し、追討演説が行われた。（　・　）

注 26 犯行は、財産目当ての究めて悪質な動機によるものだった。（　・　）

27 アクセルを踏まない妥性走行は燃料消費量が非常に少ない。（　・　）

28 学生の就職を支縁するために講座を開く大学が多い。（　・　）

29 思春期の子どもが大人に反抗するのは自芽のあらわれである。（　・　）

30 大学の入学式には新しい革靴を掃いて出席した。（　・　）

31 この豆腐には偉伝子組み換えではない大豆が使われている。（　・　）

32 物価の上賞に応じた賃上げがなされないと、実質的には収入減となる。（　・　）

難 33 社員の使い込みが発覚したため、会社では前後策を協議している。（　・　）

34 実銭的な見地からすれば、彼の計画には欠点が多い。（　・　）

35 同じ敷地の別旨で暮らす息子の家族とは、良好な関係を保っている。（　・　）

ONE Point

書き取りで次のように書いても○になる①

無—無・無　　戸—戸・戸・戸

令—令・令　　言—言・言・言

誤字訂正 練習2

実施日 ／

解答は別冊P.27

2 次の各文にまちがって使われている**同じ読みの漢字**が**一字**ある場合には（　・　）の上に**誤字**を、**下に正しい漢字**を記せ。**まちがいがない場合**には**上に**○を入れよ。

誤・正

1 環境問題への感心が高まる。（　・　）

2 法務大臣の突然の辞任は事実上の更鉄だった。（　・　）

3 相手の価値を認め、それを褒めることで円慢な人間関係を築ける。（　・　）

4 超新星とは恒星の進化の最終段階で起こる大きな爆発現象のことだ。（　・　）

5 将軍家の着男には代々同じ幼名をつける習慣があった。（　・　）

6 今度の美術展には彫礎の部に出品する予定だ。（　・　）

7 自社製品の販路を拡大する計画は殊尾よく進み成功した。（　・　）

8 感染症の病原菌を媒介する害虫の駆除が近急の課題となっている。（　・　）

9 父は定年退職を継機に俳句を始め、今では句会を主宰している。（　・　）

10 政府は、経済対策の一環として規制寛和を推進している。（　・　）

11 有給休暇をとり、各地の名勝を歴奉する計画を立てている。（　・　）

12 難 関係者の誤解をとくため、当初からの経緯を腹憎なく話した。（　・　）

13 世界平和に貢献した人を顕章する制度を設けた。（　・　）

14 建築後三百年を経た家屋の腐久を防止する方策を検討している。（　・　）

15 誤楽の多様化に伴い、小規模な遊園地の入場者数が激減している。（　・　）

16 融資を受ける前には返済計画を立てるなど、周倒な準備が必要だ。（　・　）

17 資料館に保管してある膨大な研究誌から専門用語を採録した。（　・　）

18 好況期に企業内で発生した過乗雇用を調整する。（　・　）

19 政府の諮問機関に学識経験者が招集された。（　・　）

20 時代の頂流に乗って、会社は順調に業績を伸ばした。（　・　）

21 各地に遍在する石仏を刷影した写真に解説を添えて冊子にした。（　・　）

22 犯行現場から凶器とみられる包丁が応収されたそうだ。（　・　）

難 23 見渡せば、原野が空と連なり千里の挑望をほしいままにしていた。（　・　）

24 日本画の重珍として知られる画家に文化勲章が授与された。（　・　）

25 長い下積み生活の末、年願の舞台に立つことができた。（　・　）

26 蔵元から取り寄せた極上の吟譲酒を頂き、陶然と酔いしれる。（　・　）

27 出金内容は伝票の右側にある摘要欄にご記入ください。（　・　）

28 範雑な業務に忙殺されて、肝心な会議資料の作成が遅れている。（　・　）

29 開店当時は苦戦したが、店の売り上げが抵増している。（　・　）

30 彼は昨今の政界において、唯一潔出した人物だと評価されている。（　・　）

31 環境を汚染したとして、巨額の倍償金の支払いが命じられた。（　・　）

注 32 完成したばかりの美術館で有名な画家の絵画を観賞した。（　・　）

33 戦後の日本における経済の復興は強異的だった。（　・　）

難 34 住所移転の証明のために本籍地の区役所で戸籍の布票を請求した。（　・　）

35 予想外の質問に逃惑し、返答に詰まってしまった。（　・　）

ONE Point

書き取りで次のように書いても○になる②

年―年・年・年　保―保・保

骨―骨・骨

準2級 実力完成問題 第1回

解答には、「常用漢字表」に示された漢字の字体、読みを使用すること。旧字体での解答は認めない。

実施日 ／

総得点 ／200

解答は別冊P.29

一 次の――線の漢字の読みをひらがなで記せ。

各1点 ／30

1 内視鏡を鼻から挿入する。
2 友人の温かい心配りに感泣する。
3 早朝から寺で座禅を組む。
4 凡庸な人物ではなさそうだ。
5 お土産の銘菓を味わった。
6 交通規則は遵守しよう。
7 英会話で誤った発音を矯正された。
8 マンションの賃貸契約を結ぶ。
9 会社の定款に改訂を加える。
10 凸凹した道は走りにくい。
11 予防接種で免疫をつける。
12 湯飲みの茶渋を落とす。
13 全身麻酔をして手術する。
14 その小説は読者の琴線に触れた。
15 決算期は煩忙をきわめる。
16 余裕のある態度で本番に臨む。
17 化粧が映える顔立ちをしている。
18 しみじみと往時を述懐した。
19 蛇行する川をカヌーで下る。
20 父から囲碁の手ほどきを受けた。
21 ロマンの薫り高い文学だ。
22 正々堂々と戦い抜くことを誓う。
23 道義心が廃れてきている。
24 国王から称号を賜る。

25 鈴虫の美しい音色に耳を澄ます。（　　）
26 殊更問題にすることはない。（　　）
27 操り人形を使った劇を見る。（　　）
28 山の中腹に棚田が広がる。（　　）
29 ツツジを挿し木で増やす。（　　）
30 漆塗りの重箱に料理を詰めた。（　　）

二 次の漢字の**部首**を記せ。

各1点 ／10

〈例〉 菜（艹）・間（門）

1 褒（　　）
2 魔（　　）
3 分（　　）
4 傘（　　）
5 街（　　）
6 賓（　　）
7 六（　　）
8 且（　　）
9 栽（　　）
10 懸（　　）

三 **熟語の構成**のしかたには次のようなものがある。

各2点 ／20 2×10

ア 同じような意味の漢字を重ねたもの（岩石）
イ 反対または対応の意味を表す字を重ねたもの（高低）
ウ 上の字が下の字を修飾しているもの（洋画）
エ 下の字が上の字の目的語・補語になっているもの（着席）
オ 上の字が下の字の意味を打ち消しているもの（非常）

次の熟語は右の**ア**～**オ**のどれにあたるか、**一つ**選び、**記号にマーク**せよ。

1 勅使　［ア］［イ］［ウ］［エ］［オ］
2 争覇　［ア］［イ］［ウ］［エ］［オ］
3 王妃　［ア］［イ］［ウ］［エ］［オ］
4 渉外　［ア］［イ］［ウ］［エ］［オ］
5 献呈　［ア］［イ］［ウ］［エ］［オ］
6 長幼　［ア］［イ］［ウ］［エ］［オ］
7 屈伸　［ア］［イ］［ウ］［エ］［オ］
8 飢餓　［ア］［イ］［ウ］［エ］［オ］
9 未遂　［ア］［イ］［ウ］［エ］［オ］
10 駐留　［ア］［イ］［ウ］［エ］［オ］

三・四問2の答えは［ ］内の記号にマークすること。
＊一・二・四問1・五～九の答えはマークシート方式ではありません。

四 次の**四字熟語**について、問1と問2に答えよ。

問1

後の［　］内のひらがなを**漢字**にして**四字熟語**を完成させよ。［　］内のひらがなは一度だけ使い、（1〜10）に**一字記入**せよ。

各2点　/20（2×10）

ア　1（　）切丁寧

イ　2 公序良（　）

ウ　3 天下（　）免

エ　4 神出（　）没

オ　5（　）風堂堂

カ　6（　）厳実直

キ　7 頑固一（　）

ク　8 腐敗（　）落

ケ　9 一罰百（　）

コ　10 遺（　）千万

い・かい・かん・き・きん
ご・こん・ぞく・だ・てつ

問2

次の11〜15の**意味**にあてはまるものを問1のア〜コの**四字熟語**から**一つ**選び、**記号にマーク**せよ。

各2点　/10（2×5）

11 いかめしく立派なさま。

11 ア・イ・ウ・エ・オ・カ・キ・ク・ケ・コ

12 世間で公然と許されていること。

12 ア・イ・ウ・エ・オ・カ・キ・ク・ケ・コ

13 見せしめにすること。

13 ア・イ・ウ・エ・オ・カ・キ・ク・ケ・コ

14 かたくなに自分の考えを押し通すこと。

14 ア・イ・ウ・エ・オ・カ・キ・ク・ケ・コ

15 配慮が行き届いていること。

15 ア・イ・ウ・エ・オ・カ・キ・ク・ケ・コ

五

次の1〜5の**対義語**、6〜10の**類義語**を後の□の中から選び、**漢字**で記せ。□の中の語は一度だけ使うこと。

各2点 /20 (2×10)

対義語

1 繁忙―（　　）

2 禁欲―（　　）

3 進出―（　　）

4 巧妙―（　　）

5 淡泊―（　　）

類義語

6 全治―（　　）

7 不粋―（　　）

8 永眠―（　　）

9 一般―（　　）

10 真髄―（　　）

かんさん・きょうらく・ごくい
せいきょ・せつれつ・てったい
のうこう・ふへん・へいゆ・やぼ

六

次の――線の**カタカナ**を**漢字**に直せ。

各2点 /20 (2×10)

1 社内の**ユウ**和を図りたい。

2 **ユウ**揚迫らぬ物腰の人だ。

3 **ホウ**名帳にご署名ください。

4 不況で**ホウ**給が上がらない。

5 不**ショウ**事の責任を負う。

6 学校が推**ショウ**する図書です。

7 土**ジョウ**が汚染された。

8 過**ジョウ**な包装を断る。

9 危険を**オカ**しても助けたい。

10 反則を**オカ**して退場になる。

三・四問2の答えは［ ］内の記号にマークすること。
＊一・二・四問1・五〜九の答えはマークシート方式ではありません。

七 次の各文にまちがって使われている**同じ読みの漢字が一字**ある。（　）に誤字を、〔　〕に**正しい漢字**を記せ。

各2点 /10 (2×5)

1 人工衛星から取得した情報を解惜して、調査結果をまとめた。（誤　）〔正　〕

2 山岳警備隊は真冬の岩場や雪蛍を縦走する訓練を随時繰り返している。（　）〔　〕

3 秋の学園祭では講演・演劇・模疑店など多彩な催しがあった。（　）〔　〕

4 湖畔にある別装を訪れ、山里の静かな休日を楽しんだ。（　）〔　〕

5 分子生物学が発展した背型に遺伝子の操作技術の急速な進歩がある。（　）〔　〕

八 次の――線の**カタカナを漢字一字と送りがな（ひらがな）**に直せ。

各2点 /10 (2×5)

〈例〉 問題にコタエル。（答える）

1 話にじっと耳をカタムケル。（　）

2 ドアに上着のすそがハサマッた。（　）

3 見当違いもハナハダシイ。（　）

4 紙幣のスカシを確かめる。（　）

5 悪寒をトモナウ高熱が出た。（　）

九 次の――線のカタカナを漢字に直せ。

各2点 /50 2×25

1 地方産業のシンコウを図る。
2 大衆にゲイゴウした政策だ。
3 落選してクジュウをなめた。
4 サイケン者に返済を求められた。
5 急な質問で返答にキュウした。
6 就職のためにリレキ書を書く。
7 二重ガラスでシャオン性を高める。
8 カセン状態の市場に参入した。
9 彼は将来をショクボウされている。
10 病気で枯れた木をバッサイした。
11 デパートで家具をコウニュウした。
12 シンジュのネックレスを身につける。
13 水鳥がイッセイに飛び立った。
14 株価のボウトウが報じられる。
15 会員同士の意思のソツウを図る。
16 不用意な発言で信頼をソコなった。
17 特使を外国にツカわした。
18 マユダマを使って飾りを作る。
19 目をウルませながら謝罪した。
20 優しい口調で子どもをサトす。
21 恐怖のあまり足がフルえた。
22 父のセタケに追いついた。
23 ホラアナの中は真っ暗だった。
24 大きなタツマキが町を襲った。
25 過去のあやまちをツグナう。

実力完成問題

準2級

実力完成問題

第2回

解答には、「常用漢字表」に示された漢字の字体、読みを使用すること。旧字体での解答は認めない。

実施日

総得点 ／200

解答は別冊P.30

一 次の――線の漢字の読みをひらがなで記せ。

各1点 ／30

1 抹茶と菓子で客をもてなす。
2 常に迅速な行動が求められる。
3 盲導犬として訓練されている。
4 偉大な科学者として崇拝している。
5 選手を代表して宣誓を行う。
6 次々と問題点が顕在化してきた。
7 謙譲の美徳を発揮した。
8 開校以来の俊才と言われた。
9 設定を適宜切り替える。
10 割愛せずに細部まで報告した。
11 事件の責任を糾明すべきだ。
12 発作を薬で抑える。
13 敏腕を振るって見事解決した。
14 彼の話には脈絡がない。
15 親には内緒で遊びに出かけた。
16 成功には大きな代償を伴った。
17 何度も修羅場をくぐってきた。
18 今年の夏は、各地で大雨が頻発した。
19 触媒で化学反応を高める。
20 新しい職場で厚遇を受ける。
21 野望は一挙に砕かれた。
22 原稿用紙の升目を埋める。
23 その案件は会議に諮る必要がある。
24 偽らない本当の気持ちを知りたい。

25 船上から渦潮を見物する。（　　）
26 直接窯元で求めた器です。（　　）
27 鉢巻きをして難問に挑む。（　　）
28 独特の臭みのある食べ物だ。（　　）
29 襟足のほつれ毛を整える。（　　）
30 少しでも早く診てもらう方がよい。（　　）

二 次の漢字の**部首**を記せ。

各1点 ／10

〈例〉菜（艹）・間（門）

1 尉（　　）
2 塑（　　）
3 寡（　　）
4 兼（　　）
5 叙（　　）
6 摩（　　）
7 撤（　　）
8 丙（　　）
9 虜（　　）
10 庸（　　）

三 **熟語の構成**のしかたには次のようなものがある。

各2点 ／20 2×10

ア 同じような意味の漢字を重ねたもの（**岩石**）
イ 反対または対応の意味を表す字を重ねたもの（**高低**）
ウ 上の字が下の字を修飾しているもの（**洋画**）
エ 下の字が上の字の目的語・補語になっているもの（**着席**）
オ 上の字が下の字の意味を打ち消しているもの（**非常**）

次の熟語は右の**ア～オ**のどれにあたるか、**一つ**選び、**記号にマーク**せよ。

1 不浄 ［ア］［イ］［ウ］［エ］［オ］
2 直轄 ［ア］［イ］［ウ］［エ］［オ］
3 美醜 ［ア］［イ］［ウ］［エ］［オ］
4 未了 ［ア］［イ］［ウ］［エ］［オ］
5 扶助 ［ア］［イ］［ウ］［エ］［オ］
6 折衷 ［ア］［イ］［ウ］［エ］［オ］
7 奔流 ［ア］［イ］［ウ］［エ］［オ］
8 公邸 ［ア］［イ］［ウ］［エ］［オ］
9 余剰 ［ア］［イ］［ウ］［エ］［オ］
10 枢要 ［ア］［イ］［ウ］［エ］［オ］

三・四問2の答えは［ ］内の記号にマークすること。
＊一・二・四問1・五～九の答えはマークシート方式ではありません。

四 次の四字熟語について、問1と問2に答えよ。

問1
後の［　］内のひらがなを漢字にして四字熟語を完成させよ。［　］内のひらがなは一度だけ使い、（1〜10）に一字記入せよ。

各2点 /20 (2×10)

ア 1 少（　）気鋭
イ 2 試行（　）誤
ウ 3 鼓舞激（　）
エ 4 月下（　）人
オ 5 清廉（　）白
カ 6 延命（　）災
キ 7 多（　）亡羊
ク 8 快刀乱（　）
ケ 9（　）止千万
コ 10 大（　）一声

かつ・き・けっ・さく・しょう
そう・そく・ひょう・ま・れい

問2
次の11〜15の意味にあてはまるものを問1のア〜コの四字熟語から一つ選び、記号にマークせよ。

各2点 /10 (2×5)

11 いくつも方針があって迷うこと。
□ア□イ□ウ□エ□オ□カ□キ□ク□ケ□コ

12 心や行いが正しく、やましさがないこと。
□ア□イ□ウ□エ□オ□カ□キ□ク□ケ□コ

13 こじれた物事を鮮やかに解決すること。
□ア□イ□ウ□エ□オ□カ□キ□ク□ケ□コ

14 年が若くいきごみが盛んなこと。
□ア□イ□ウ□エ□オ□カ□キ□ク□ケ□コ

15 目的に向かってあれこれやってみること。
□ア□イ□ウ□エ□オ□カ□キ□ク□ケ□コ

五

次の1～5の**対義語**、6～10の**類義語**を後の［　］の中から選び、**漢字**で記せ。［　］の中の語は一度だけ使うこと。

各2点 ／20（2×10）

対義語

1 特殊―（　　）
2 乾燥―（　　）
3 喪失―（　　）
4 堕落―（　　）
5 固辞―（　　）

類義語

6 豊富―（　　）
7 貢献―（　　）
8 抄録―（　　）
9 昼寝―（　　）
10 輸送―（　　）

いっぱん・うんぱん・かいだく
かくとく・きよ・こうせい・ごすい
しつじゅん・じゅんたく・ばっすい

六

次の――線の**カタカナ**を**漢字**に直せ。

各2点 ／20（2×10）

1 戸籍**トウ**本を提出する。（　　）
2 **トウ**乗員が訓練を受ける。（　　）

3 漂**ハク**の歌人と呼ばれる。（　　）
4 活字離れに**ハク**車をかける。（　　）

5 理論より実**セン**を優先する。（　　）
6 美しい**セン**律を奏でる。（　　）

7 金融**カン**和策をとる。（　　）
8 野球部の**カン**督に就任した。（　　）

9 目の**ツ**んだ布を縫う。（　　）
10 **ツ**った魚にえさはやらない。（　　）

三・四問2の答えは［　］内の記号にマークすること。
＊一・二・四問1・五～九の答えはマークシート方式ではありません。

七

次の各文にまちがって使われている**同じ読みの漢字**が**一字**ある。（　）に誤字を、〔　〕に**正しい漢字**を記せ。

各2点 /10 2×5

1 心臓疾患や肺炎で死亡する割合が下がり、平均授命がのびている。（誤　）〔正　〕

2 昨今では、同盟罷業に突入する前に労使間で打結することが多い。（　）〔　〕

3 地域の奉仕活動に進んで携わる団体に対し、感謝状が贈提された。（　）〔　〕

4 紛争が続く両国の国境付近に停戦観視団が派遣された。（　）〔　〕

5 税関では薬物や銃などの密輸を水際で厳しく取り閉まっている。（　）〔　〕

八

次の――線の**カタカナ**を**漢字一字と送りがな（ひらがな）**に直せ。

各2点 /10 2×5

〈例〉問題に**コタエル**。（答える）

1 軒並み赤字に**ナヤマサ**れている。（　）

2 **アワタダシイ**毎日を過ごす。（　）

3 **イサマシイ**かけ声が聞こえる。（　）

4 **キライナ**食べ物はありません。（　）

5 桃太郎が鬼を**コラシメ**た。（　）

九 次の――線のカタカナを漢字に直せ。

各2点 ／50 2×25

1 **カンヨウ**な態度で見守る。
2 妙技に**サンタン**の声を上げた。
3 本を読んで自己**ケイハツ**にはげむ。
4 たくさんのバラを**カビン**にいける。
5 法的な**コウソクリョク**のない規約だ。
6 この夏は大変な**コクショ**だった。
7 ナイロンは合成**センイ**の一つです。
8 贈り物で相手の**カンシン**を買う。
9 愛用のギターに**ゲン**を張った。
10 何の**クッタク**もない顔でわらった。
11 森林を**カイコン**して農地を作る。
12 消費社会に**ケイショウ**を鳴らす。
13 人々に学問を**ショウレイ**する。
14 信用を**シッツイ**させる愚かな行為だ。
15 自転車にモーターを**トウサイ**する。
16 旅行は計画**ダオ**れに終わった。
17 なかなか肝の**ス**わった人物だ。
18 **セマ**い店だがはやっている。
19 コップの**フチ**が欠けた。
20 ワカメの**ス**の物を作った。
21 人気商品を**タナ**に補充する。
22 **ムネア**げの日は好天だった。
23 長年の苦労も水の**アワ**と消えた。
24 台所の流しをきれいに**ミガ**く。
25 **アズキ**をつめてお手玉を作る。

準2級配当漢字表（赤字は高校で学習する読み）

漢字	読み	部首
亜	ア	二
尉	イ	寸
逸	イツ	辶
姻	イン	女
韻	イン	音
畝	うね	田
浦	うら	氵
疫	エキ ヤク	疒
謁	エツ	言
猿	エン さる	犭
凹	オウ	凵
翁	オウ	羽
虞	おそれ	虍
渦	カ うず	氵
禍	カ	礻
靴	カ くつ	革
寡	カ	宀

漢字	読み	部首
稼	カ かせ-ぐ	禾
蚊	か	虫
拐	カイ	扌
懐	カイ ふところ なつ-かしい なつ-かしむ なつ-く なつ-ける	忄
劾	ガイ	力
涯	ガイ	氵
垣	かき	土
核	カク	木
殻	カク から	殳
嚇	カク	口
括	カツ	扌
喝	カツ	口
渇	カツ かわ-く	氵
褐	カツ	衤

漢字	読み	部首
轄	カツ	車
且	か-つ	一
缶	カン	缶
陥	カン おちい-る おとしい-れる	阝
患	カン わずら-う	心
堪	カン た-える	土
棺	カン	木
款	カン	欠
閑	カン	門
寛	カン	宀
憾	カン	忄
還	カン	辶
艦	カン	舟
頑	ガン	頁
飢	キ う-える	食
宜	ギ	宀

漢字	読み	部首
偽	ギ いつわ-る にせ	亻
擬	ギ	扌
糾	キュウ	糸
窮	キュウ きわ-める きわ-まる	穴
拒	キョ こば-む	扌
享	キョウ	亠
挟	キョウ はさ-む はさ-まる	扌
恭	キョウ うやうや-しい	小
矯	キョウ た-める	矢
暁	ギョウ あかつき	日
菌	キン	艹
琴	キン こと	王
謹	キン つつし-む	言
襟	キン えり	衤

漢字	読み	部首
吟	ギン	ロ
隅	グウ すみ	阝
勲	クン	力
薫	クン かお-る	艹
茎	ケイ くき	艹
渓	ケイ	氵
蛍	ケイ ほたる	虫
慶	ケイ	心
傑	ケツ	亻
嫌	ケン ゲン きら-う いや	女
献	ケン・コン	犬
謙	ケン	言
繭	ケン まゆ	糸
顕	ケン	頁
懸	ケン ケ か-ける か-かる	心
弦	ゲン つる	弓

漢字	読み	部首
呉	ゴ	口
碁	ゴ	石
江	コウ え	氵
肯	コウ	肉
侯	コウ	亻
洪	コウ	氵
貢	コウ ク みつ-ぐ	貝
溝	コウ みぞ	氵
衡	コウ	行
購	コウ	貝
拷	ゴウ	扌
剛	ゴウ	刂
酷	コク	酉
昆	コン	日
懇	コン ねんご-ろ	心
唆	サ そそのか-す	口

漢字	読み	部首
詐	サ	言
砕	サイ くだ-く くだ-ける	石
宰	サイ	宀
栽	サイ	木
斎	サイ	斉
索	サク	糸
酢	サク す	酉
桟	サン	木
傘	サン かさ	人
肢	シ	月《にくづき》
嗣	シ	口
賜	シ たまわ-る	貝
璽	ジ	玉
漆	シツ うるし	氵
遮	シャ さえぎ-る	辶
蛇	ジャ・ダ へび	虫

漢字	読み	部首
酌	シャク く-む	酉
爵	シャク	爫
珠	シュ	王
儒	ジュ	亻
囚	シュウ	囗
臭	シュウ くさ-い にお-う	自
愁	シュウ うれ-える うれ-い	心
酬	シュウ	酉
醜	シュウ みにく-い	酉
汁	ジュウ しる	氵
充	ジュウ あ-てる	儿
渋	ジュウ しぶ しぶ-い しぶ-る	氵
銃	ジュウ	金
叔	シュク	又
淑	シュク	氵

漢字	読み	部首
粛	シュク	聿
塾	ジュク	土
俊	シュン	亻
准	ジュン	冫
殉	ジュン	歹
循	ジュン	彳
庶	ショ	广
緒	ショ・チョ お	糸
叙	ジョ	又
升	ショウ ます	十
抄	ショウ	扌
肖	ショウ	肉
尚	ショウ	⺌
宵	ショウ よい	宀
症	ショウ	疒
祥	ショウ	礻
渉	ショウ	氵
訟	ショウ	言

漢字	読み	部首
硝	ショウ	石
粧	ショウ	米
詔	ショウ みことのり	言
奨	ショウ	大
彰	ショウ	彡
償	ショウ つぐな-う	亻
礁	ショウ	石
浄	ジョウ	氵
剰	ジョウ	刂
壌	ジョウ	土
醸	ジョウ かも-す	酉
津	シン つ	氵
唇	シン くちびる	口
娠	シン	女
紳	シン	糸
診	シン み-る	言
刃	ジン は	刀
迅	ジン	辶

漢字	読み	部首
甚	ジン はなは-だ はなは-だしい	甘
帥	スイ	巾
睡	スイ	目
枢	スウ	木
崇	スウ	山
据	す-える す-わる	扌
杉	すぎ	木
斉	セイ	斉
逝	セイ ゆ-く い-く	辶
誓	セイ ちか-う	言
析	セキ	木
拙	セツ つたな-い	扌
窃	セツ	穴
仙	セン	亻
栓	セン	木
旋	セン	方

漢字	読み	部首
践	セン	𧾷
遷	セン	辶
薦	セン すす-める	艹
繊	セン	糸
禅	ゼン	礻
漸	ゼン	氵
租	ソ	禾
疎	ソ うと-い うと-む	𤴔
塑	ソ	土
壮	ソウ	士
荘	ソウ	艹
捜	ソウ さが-す	扌
挿	ソウ さ-す	扌
曹	ソウ	日
喪	ソウ も	口
槽	ソウ	木
霜	ソウ しも	⻗

漢字	読み	部首
藻	ソウ も	艹
妥	ダ	女
堕	ダ	土
惰	ダ	忄
駄	ダ	馬
泰	タイ	氺
濯	タク	氵
但	ただ-し	亻
棚	たな	木
痴	チ	疒
逐	チク	辶
秩	チツ	禾
嫡	チャク	女
衷	チュウ	衣
弔	チョウ とむら-う	弓
挑	チョウ いど-む	扌
眺	チョウ なが-める	目
釣	チョウ つ-る	金

漢字	読み	部首
懲	チョウ こ-りる こ-らす こ-らしめる	心
勅	チョク	力
朕	チン	月《つきへん》
塚	つか	土
漬	つ-ける つ-かる	氵
坪	つぼ	土
呈	テイ	口
廷	テイ	廴
邸	テイ	阝
亭	テイ	亠
貞	テイ	貝
逓	テイ	辶
偵	テイ	亻
艇	テイ	舟
泥	デイ どろ	氵
迭	テツ	辶
徹	テツ	彳

漢字	読み	部首
撤	テツ	扌
悼	トウ いた-む	忄
搭	トウ	扌
棟	トウ むね・むな	木
筒	トウ つつ	⺮
謄	トウ	言
騰	トウ	馬
洞	ドウ ほら	氵
督	トク	目
凸	トツ	凵
屯	トン	屮
軟	ナン やわ-らか やわ-らかい	車
尼	ニ あま	尸
妊	ニン	女
忍	ニン しの-ぶ しの-ばせる	心
寧	ネイ	宀
把	ハ	扌

漢字	読み	部首
覇	ハ	覀
廃	ハイ すた-れる すた-る	广
培	バイ つちか-う	土
媒	バイ	女
賠	バイ	貝
伯	ハク	亻
舶	ハク	舟
漠	バク	氵
肌	はだ	月《にくづき》
鉢	ハチ・ハツ	金
閥	バツ	門
煩	ハン・ボン わずら-う わずら-わす	火
頒	ハン	頁
妃	ヒ	女
披	ヒ	扌
扉	ヒ とびら	戸
罷	ヒ	罒

漢字	読み	部首
猫	ビョウ ねこ	犭
賓	ヒン	貝
頻	ヒン	頁
瓶	ビン	瓦
扶	フ	扌
附	フ	阝
譜	フ	言
侮	ブ あなど-る	亻
沸	フツ わ-く わ-かす	氵
雰	フン	雨
憤	フン いきどお-る	忄
丙	ヘイ	一
併	ヘイ あわ-せる	亻
塀	ヘイ	土
幣	ヘイ	巾
弊	ヘイ	廾
偏	ヘン かたよ-る	亻

漢字	読み	部首
遍	ヘン	辶
泡	ホウ あわ	氵
俸	ホウ	亻
褒	ホウ ほ-める	衣
剖	ボウ	刂
紡	ボウ つむ-ぐ	糸
朴	ボク	木
僕	ボク	亻
撲	ボク	扌
堀	ほり	土
奔	ホン	大
麻	マ あさ	麻
摩	マ	手
磨	マ みが-く	石
抹	マツ	扌
岬	みさき	山
銘	メイ	金
妄	モウ・ボウ	女

漢字	読み	部首
盲	モウ	目
耗	モウ・コウ	耒
厄	ヤク	厂
愉	ユ	忄
諭	ユ さと-す	言
癒	ユ い-える い-やす	疒
唯	ユイ・イ	口
悠	ユウ	心
猶	ユウ	犭
裕	ユウ	衤
融	ユウ	虫
庸	ヨウ	广
窯	ヨウ かま	穴
羅	ラ	罒
酪	ラク	酉
痢	リ	疒
履	リ は-く	尸

漢字	読み	部首
柳	リュウ やなぎ	木
竜	リュウ たつ	竜
硫	リュウ	石
虜	リョ	虍
涼	リョウ すず-しい すず-む	氵
僚	リョウ	亻
寮	リョウ	宀
倫	リン	亻
累	ルイ	糸
塁	ルイ	土
戻	レイ もど-す もど-る	戸
鈴	レイ・リン すず	金
賄	ワイ まかな-う	貝
枠	わく	木
計		三二八字
三級までの合計		一六二三字
累計		一九五一字

四字熟語とその意味

▼あ

□ 愛別離苦《あいべつりく》　愛する者との別れのつらさ。

□ 青息吐息《あおいきといき》　非常に困ったり苦しんだりする時に吐くため息。また、そのような状態。

□ 悪戦苦闘《あくせんくとう》　困難を乗り越えようと苦しみながら努力すること。

□ 悪口雑言《あっこうぞうごん》　さまざまに悪口を言うこと。またそのことば。

▼い

□ 遺憾千万《いかんせんばん》　非常に残念なさま。心残りこのうえないさま。

□ 意気消沈《いきしょうちん》　元気をなくして、しょげかえること。

□ 以心伝心《いしんでんしん》　文字やことばを使わなくても、心と心で通じ合うこと。

□ 一意専心《いちいせんしん》　ひたすら一つのことに心を集中すること。

□ 一汁一菜《いちじゅういっさい》　質素な食事のたとえ。おかずも汁物も一品の意からいう。

□ 一罰百戒《いちばつひゃっかい》　一人の罪を罰することで、他の人々が同じ罪を犯さないよう戒めること。

□ 一喜一憂《いっきいちゆう》　状況が変化するたび、喜んだり心配したりすること。

□ 一騎当千《いっきとうせん》　一人で千人の敵を相手にできるほど実力があること。

□ 一刻千金《いっこくせんきん》　時間の貴重なことのたとえ。値打ちあるひととき。

□ 一知半解《いっちはんかい》　知識や理解が自分のものになっていないこと。

□ 一朝一夕《いっちょういっせき》　ほんのわずかな期間。非常に短い時間のたとえ。

□ 隠忍自重《いんにんじちょう》　苦しみなどをじっとこらえて軽々しい行動をとらないこと。

▼う

□ 雲散霧消《うんさんむしょう》　雲が散り、霧が消えるように、跡形もなく消えてなくなること。

▼え

□ 栄枯盛衰《えいこせいすい》　人や家などが栄えたり衰えたりすること。

▼お

□ 温厚篤実《おんこうとくじつ》　穏やかで温かく誠実な人柄。

□ 温故知新《おんこちしん》　古いものをたずね求めて、新たな事柄を知ること。

▼か

□ 外柔内剛《がいじゅうないごう》　外見は弱々しく見えるが、実際には意志が強いこと。

□ 快刀乱麻《かいとうらんま》　こじれた物事を、手際よく処理・解決すること。

□ 花鳥風月《かちょうふうげつ》　自然の美しい景物。

□ 我田引水《がでんいんすい》　自分に都合のよいように、考えたり事を進めたりすること。自分勝手なこと。

□ 感慨無量《かんがいむりょう》　はかりしれないほど身にしみて感じること。

□ 緩急自在《かんきゅうじざい》　速度などを遅くしたりはやくしたりして、思うままに操ること。

□ 頑固一徹《がんこいってつ》　一度決めたらあくまでも意地をはって押し通すさま。

□ 勧善懲悪《かんぜんちょうあく》　善行を奨励し、悪行を戒めて懲らしめること。

▼き

□ 気宇壮大《きうそうだい》　心構えや発想が大きくて立派なこと。

□ 危機一髪《ききいっぱつ》　非常に危ない瀬戸際。

□ 喜怒哀楽《きどあいらく》　人間の持っているさまざまな感情。

□ 鬼面仏心《きめんぶっしん》　見た目は恐ろしそうだが、本当は心がとても優しいこと。

□ 旧態依然《きゅうたいいぜん》　昔のままで少しも進歩や変化をしないこと。

□ 急転直下《きゅうてんちょっか》　事態・情勢が急に変化して、物事が解決し決着がつくこと。

□ 驚天動地《きょうてんどうち》　世間をおおいに驚かせること。

□ 謹厳実直《きんげんじっちょく》　きわめてつつしみ深く誠実で正直なこと。

▼け

□ 権謀術数《けんぼうじゅっすう》　人をあざむくための策略。

▼こ

- □ 厚《こう》顔《がん》無《む》恥《ち》　あつかましくて、恥知らずなさま。
- □ 巧《こう》遅《ち》拙《せっ》速《そく》　上手で遅いより、下手でも速い方がよいということ。
- □ 公《こう》明《めい》正《せい》大《だい》　公正で私心がなく、やましいところがないこと。
- □ 呉《ご》越《えつ》同《どう》舟《しゅう》　仲の悪い者どうしが、同じ場所や境遇にいること。
- □ 誇《こ》大《だい》妄《もう》想《そう》　自分の現状を実際以上に想像して事実のように思いこむこと。
- □ 鼓《こ》舞《ぶ》激《げき》励《れい》　盛んにふるいたたせ励ますこと。
- □ 孤《こ》立《りつ》無《む》援《えん》　ひとりぼっちで頼るものがないこと。

▼さ

- □ 才《さい》色《しょく》兼《けん》備《び》　女性が優れた才能と美しい容姿の両方に恵まれていること。
- □ 三《さん》寒《かん》四《し》温《おん》　寒い日が三日続くと暖かい日が四日続くような冬の気候。
- □ 山《さん》紫《し》水《すい》明《めい》　自然の景観が清らかで美しいこと。

▼し

- □ 自《じ》暴《ぼう》自《じ》棄《き》　捨てばちで、やけくそになること。そのさま。
- □ 縦《じゅう》横《おう》無《む》尽《じん》　自由自在に振る舞うさま。また、思う存分振る舞うさま。
- □ 周《しゅう》知《ち》徹《てっ》底《てい》　世間一般、広くすみずみまで知れわたるようにすること。
- □ 自《じ》由《ゆう》奔《ほん》放《ぽう》　気がねなしに自分の思うままに行動するさま。
- □ 主客《しゅかく》《しゅきゃく》転《てん》倒《とう》　物事の順序・立場・重要度などが逆転すること。
- □ 熟《じゅく》慮《りょ》断《だん》行《こう》　よくよく考えた上で、思いきって実行すること。
- □ 首《しゅ》尾《び》一《いっ》貫《かん》　はじめから終わりまで、方針や態度が変わらないこと。
- □ 精《しょう》進《じん》潔《けっ》斎《さい》　飲食などを慎み、心身を清めてけがれのない平静な状態にしておくこと。
- □ 正《しょう》真《しん》正《しょう》銘《めい》　まったくうそ偽りがなく、本物であること。
- □ 少《しょう》壮《そう》気《き》鋭《えい》　年が若く意気盛んであること。
- □ 諸《しょ》行《ぎょう》無《む》常《じょう》　この世のすべてのものは常に移り変わる、人生ははかないものであるという仏教の根本思想。
- □ 初《しょ》志《し》貫《かん》徹《てつ》　初めに思い立った志を、最後まで貫き通すこと。
- □ 信《しん》賞《しょう》必《ひっ》罰《ばつ》　賞罰を厳正に行うこと。
- □ 新《しん》進《しん》気《き》鋭《えい》　ある分野に新しく登場し、意気込みが盛んで将来性があること。
- □ 人《じん》跡《せき》未《み》踏《とう》　まだ一度も人が足を踏み入れたことがないこと。
- □ 心《しん》頭《とう》滅《めっ》却《きゃく》　あらゆる雑念を消し去ること。

▼せ

- □ 晴《せい》耕《こう》雨《う》読《どく》　晴れた日は田畑を耕し、雨の日は読書をすること。悠々自適の生活をすること。
- □ 生《せい》殺《さつ》与《よ》奪《だつ》　他のものを自分の思うままに支配すること。
- □ 勢《せい》力《りょく》伯《はく》仲《ちゅう》　互いの力が接近していて、優劣がつけにくいこと。
- □ 絶《ぜっ》体《たい》絶《ぜつ》命《めい》　追い詰められてどうにも逃れられない状態。
- □ 浅《せん》学《がく》非《ひ》才《さい》　学識が浅く、才能も乏しいこと。
- □ 千《せん》載《ざい》一《いち》遇《ぐう》　またとないよい機会。
- □ 千《せん》差《さ》万《ばん》別《べつ》　さまざまな種類や違いがあること。
- □ 千《せん》紫《し》万《ばん》紅《こう》　さまざまな色。また、色とりどりの花が咲き乱れているさま。
- □ 前《ぜん》代《だい》未《み》聞《もん》　今まで聞いたことがないような珍しいこと。
- □ 前《ぜん》途《と》多《た》難《なん》　行く先に多くの困難が予想されること。
- □ 千《せん》変《ぺん》万《ばん》化《か》　さまざまに変化すること。

▼そ

- □ 率《そっ》先《せん》垂《すい》範《はん》　人に先立って模範を示すこと。

▼た

- □ 大《だい》喝《かつ》一《いっ》声《せい》　大声でどなりつけたり、しかりつけたりすること。

□□大言壮語《たいげんそうご》
実行が伴わないのに、大きなことを言うこと。

□大同小異《だいどうしょうい》
細かい点に違いはあるが、だいたいは同じであること。

▼ち

□昼夜兼行《ちゅうやけんこう》
昼と夜の区別なく、続けて物事を行うこと。

□朝令暮改《ちょうれいぼかい》
命令や法令がすぐに変わって定まらないこと。

□沈思黙考《ちんしもっこう》
静かに深く考え込むこと。

▼て

□天下泰平《てんかたいへい》
世の中が穏やかに治まり平和なこと。平穏無事でのんびりしていること。

▼と

□当意即妙《とういそくみょう》
機転をきかせて、その場に合った対応をすること。

□同床異夢《どうしょういむ》
同じ仲間や同じ仕事をしているものでも、考え方や目的が違うことのたとえ。

▼な

□内憂外患《ないゆうがいかん》
内部にも外部にも、あれこれ心配事の多いこと。

▼に

□日進月歩《にっしんげっぽ》
とどまることなく、絶えず進歩すること。

▼は

□破顔一笑《はがんいっしょう》
顔をほころばせて、にっこり笑うこと。

□馬耳東風《ばじとうふう》
人の意見や注意を心に留めず聞き流すこと。

□八方美人《はっぽうびじん》
だれにも悪く思われないように愛想よく振る舞うこと。

▼ひ

□美辞麗句《びじれいく》
巧みに飾り立てた美しいことば。また、うわべだけを飾り立てた内容のないことば。

□百戦錬磨《ひゃくせんれんま》
多くの経験をふんで鍛えられていること。

□比翼連理《ひよくれんり》
男女の情愛が深く、仲むつまじいことのたとえ。

▼ふ

□不即不離《ふそくふり》
つかず離れずの関係にあること。また、あたらずさわらずのあいまいなさま。

□腐敗堕落《ふはいだらく》
精神がたるみ乱れて、弊害が多く生じる状態になること。

□附和雷同《ふわらいどう》
自分の主義主張がなく、他人の言動に軽々しく同調すること。「付和雷同」とも書く。

□文人墨客《ぶんじんぼっかく》
詩文や書画などの風雅なものにたずさわる人のこと。

▼へ

□平身低頭《へいしんていとう》
ひたすら恐縮しへりくだること。また、ひたすら謝ること。

▼ほ

□本末転倒《ほんまつてんとう》
物事の大事なこととそうでないことを逆にすること。

▼む

□無為自然《むいしぜん》
何もしないで、あるがままにまかせること。

□無我夢中《むがむちゅう》
あることに没頭して自分を忘れること。また、何かに熱中するあまり、他のことを気にかけないこと。

▼ゆ

□優勝劣敗《ゆうしょうれっぱい》
勝《まさ》っている者が勝ち、劣っている者が負けること。

□悠悠自適《ゆうゆうじてき》
ゆったりとした気持ちでのんびり過ごすこと。

▼り

□利害得失《りがいとくしつ》
利益になることと、そうでないこと。

□離合集散《りごうしゅうさん》
離れたり集まったりすること。また、協力したり反目したりすること。

□竜頭蛇尾《りゅうとうだび》
最初は盛んであるが、終わりの方になると振るわなくなること。

□粒粒辛苦《りゅうりゅうしんく》
こつこつと努力や苦労を重ねること。

▼わ

□和洋折衷《わようせっちゅう》
日本と西洋の様式を取り合わせること。

学年別漢字配当表

「小学校学習指導要領」(令和2年4月実施)による。

	ア	イ	ウ	エ	オ	カ	キ	ク	ケ	コ	サ
第一学年 10級		一	右雨	円	王音	下火花貝学	気九休玉金	空	月犬見	五口校	左三山
第二学年 9級		引	羽雲	園遠		何科夏家歌画回会海絵外角楽活間丸岩顔	汽記帰弓牛魚京強教近		兄形計元言原	戸古午後語工公広交光考行高黄合谷国黒今	才細作算
第三学年 8級	悪安暗	医委意育員院飲	運	泳駅	央横屋温	化荷界開階寒感漢館岸	起期客究急級宮球去橋業曲局銀	区苦具君	係軽血決研県	庫湖向幸港号根	祭皿
第四学年 7級	愛案	以衣位茨印		英栄媛塩	岡億	加果貨課芽賀改械害街各覚潟完官管関観願	岐希季旗器機議求泣給挙漁共協鏡競極	熊訓軍郡群	径景芸欠結建健験	固功好香候康	佐差菜最埼材崎昨札刷察参産散残
第五学年 6級	圧	囲移因		永営衛易益液演	応往桜	可仮価河過快解格確額刊幹慣眼	紀基寄規喜技義逆久旧救居許境均禁	句	型経潔件険検限現減	故個護効厚耕航鉱構興講告混	査再災妻採際在財罪殺雑酸賛
第六学年 5級		胃異遺域	宇	映延沿	恩	我灰拡革閣割株干巻看簡	危机揮貴疑吸供胸郷勤筋		系敬警劇激穴券絹権憲源厳	己呼誤后孝皇紅降鋼刻穀骨困	砂座済裁策冊蚕

シ	ス	セ	ソ	タ	チ	ツ	テ	ト	ナ	ニ	ネ	ノ
子四糸字耳七車手十出女小上森人	水	正生青夕石赤千川先	早草足村	大男	竹中虫町		天田	土		二日入	年	
止市矢姉思紙寺自時室社弱首秋週春書少場色食心新親	図数	西声星晴切雪船線前	組走	多太体台	地池知茶昼長鳥朝直	通	弟店点電	刀冬当東答頭同道読	内南	肉		
仕死使始指歯詩次事持式実写者主守取酒受州拾終習集住重宿所暑助昭消商章勝乗植申身神真深進		世整昔全	相送想息速族	他打対待代第題炭短談	着注柱丁帳調	追	定庭笛鉄転	都度投豆島湯登等動童				農
氏司試児治滋辞鹿失借種周祝順初松笑唱焼照城縄臣信		井成省清静席積折節説浅戦選然	争倉巣束側続卒孫	帯隊達単	置仲沖兆		低底的典伝	徒努灯働特徳栃	奈梨		熱念	
士支史志枝師資飼示似識質舎謝授修述術準序招証象賞条状常情織職		制性政勢精製税責績接設絶	祖素総造像増則測属率損	貸態団断	築貯張		停提程適	統堂銅導得毒独		任	燃	能
至私姿視詞誌磁射捨尺若樹収宗就衆従縦縮熟純処署諸除承将傷障蒸針仁	垂推寸	盛聖誠舌宣専泉洗染銭善	奏窓創装層操蔵臓存尊	退宅担探誕段暖	値宙忠著庁頂腸潮賃	痛	敵展	討党糖届	難	乳認		納脳

学年	級	ハ		ヒ		フ		ヘ	ホ		マ	ミ	ム	メ	モ	ヤ	ユ	ヨ	ラ	リ	ル	レ	ロ	ワ	学年字数	累計字数
第一学年	10級	白八		百		文			木本					名	目					立力林			六		80字	80字
第二学年	9級	馬売買麦半番				父風分聞		米	歩母方北		毎妹万			明鳴	毛門	夜野	友	用曜	来	里理				話	160字	240字
第三学年	8級	波配倍箱畑発	反坂板	皮悲美鼻筆氷	表秒病品	負部服福物		平返勉	放			味		命面	問	役薬	由油有遊	予羊洋葉陽様	落	流旅両緑		礼列練	路	和	200字	440字
第四学年	7級	敗梅博阪飯		飛必票標		不夫付府阜富	副	兵別辺変便	包法望牧		末満	未民	無			約	勇	要養浴		利陸良料量輪	類	令冷例連	老労録		202字	642字
第五学年	6級	破犯判版		比肥非費備評	貧	布婦武復複仏	粉	編弁	保墓報豊防貿	暴		脈	務夢	迷綿			輸	余容		略留領		歴			193字	835字
第六学年	5級	派拝背肺俳班	晩	否批秘俵		腹奮		並陛閉片	補暮宝訪亡忘	棒	枚幕	密		盟	模	訳	郵優	預幼欲翌	乱卵覧	裏律臨			朗論		191字	1026字

級別漢字表

小学校学年別配当漢字を除く一一一〇字。

	4級	3級	準2級	2級
ア	握扱	哀	亜	挨曖宛嵐
イ	依威為偉違維緯壱 芋陰隠	慰	尉逸姻韻	畏萎椅彙咽淫
ウ			畝浦	唄鬱
エ	影鋭越援煙鉛縁	詠悦閲炎宴	疫謁猿	怨艶
オ	汚押奥憶	欧殴乙卸穏	凹翁虞	旺臆俺
カ	菓暇箇雅介戒皆壊 較獲刈甘汗乾勧歓 監環鑑含	佳架華嫁餓怪悔塊 慨該概郭隔穫岳掛 滑肝冠勘貫喚換敢 緩	渦禍靴寡稼蚊拐懐 劾涯垣核殻嚇括喝 渇褐轄且缶陥患堪 棺款閑寛憾還艦頑	苛牙瓦楷潰諧崖蓋 骸柿顎葛釜鎌韓玩
キ	奇祈鬼幾輝儀戯詰 却脚及丘朽巨拠距 御凶叫狂況狭恐響 驚仰	企忌軌既棋棄騎欺 犠菊吉喫虐虚峡脅 凝斤緊	飢宜偽擬糾窮拒享 挟恭矯暁菌琴謹襟 吟	伎亀毀畿臼嗅巾僅 錦
ク	駆屈掘繰	愚偶遇	隅勲薫	惧串窟
ケ	恵傾継迎撃肩兼剣 軒圏堅遣玄	刑契啓掲携憩鶏鯨 倹賢幻	茎渓蛍慶傑嫌献謙 繭顕懸弦	詣憬稽隙桁拳鍵舷
コ	枯誇鼓互抗攻更恒 荒項稿豪込婚	孤弧雇顧娯悟孔巧 甲坑拘郊控慌硬絞 綱酵克獄恨紺魂墾	呉碁江肯侯洪貢溝 衡購拷剛酷昆懇	股虎錮勾梗喉乞傲 駒頃痕
サ	鎖彩歳載剤咲惨	債催削搾錯撮擦暫	唆詐砕宰栽斎索酢 桟傘	沙挫采塞柵刹拶斬
シ	旨伺刺脂紫雌執芝 斜煮釈寂朱狩 シ続く	祉施諮侍慈軸疾湿 赦邪殊寿潤遵 シ続く	肢嗣賜璽漆遮蛇酌 爵珠儒囚臭愁 シ続く	恣摯餌叱嫉腫呪袖 羞蹴憧拭尻芯 シ続く

	シ続き	ス	セ	ソ	タ	チ	ツ	テ	ト	ナ	ニ	ネ	ノ	ハ
4級	趣需舟秀襲柔獣瞬旬巡盾召床沼称紹詳丈畳殖飾触侵振浸寝慎震薪尽陣尋	吹	是姓征跡占扇鮮	訴僧燥騒贈即俗	耐替沢拓濁脱丹淡嘆端弾	恥致遅蓄跳徴澄沈珍		抵堤摘滴添殿	吐途渡奴怒到逃倒唐桃透盗塔稲踏闘胴峠突鈍曇		弐		悩濃	杯輩拍泊迫薄爆髪抜罰般販搬範繁盤
3級	如徐匠昇掌晶焦衝鐘冗嬢錠譲嘱辱伸辛審	炊粋衰酔遂穂随髄	瀬牲婿請斥隻惜籍摂潜繕	阻措粗礎双桑掃葬遭憎促賊	怠胎袋逮滞滝択卓託諾奪胆鍛壇	稚畜窒抽鋳駐彫超聴陳鎮	墜	帝訂締哲	斗塗凍陶痘匿篤豚		尿	粘		婆排陪縛伐帆伴畔藩蛮
準2級	酬醜汁充渋銃叔淑粛塾俊准殉循庶緒叙升抄肖尚宵症祥渉訟硝粧詔奨彰償礁浄剰壌醸津唇娠紳診刃迅甚	帥睡枢崇据杉	斉逝誓析拙窃仙栓旋践遷薦繊禅漸	租疎塑壮荘捜挿曹喪槽霜藻	妥堕惰駄泰濯但棚	痴逐秩嫡衷弔挑眺釣懲勅朕	塚漬坪	呈廷邸亭貞逓偵艇泥迭徹撤	悼搭棟筒謄騰洞督凸屯	軟	尼妊忍	寧		把覇廃培媒賠伯舶漠肌鉢閥煩頒
2級	腎	須裾	凄醒脊戚煎羨腺詮箋膳	狙遡曽爽痩踪捉遜	汰唾堆戴誰旦綻	緻酎貼嘲捗	椎爪鶴	諦溺塡	妬賭藤瞳頓貪丼	那謎鍋	匂虹	捻		罵剝箸氾汎斑

	ヒ	フ	ヘ	ホ	マ	ミ	ム	メ	モ	ヤ	ユ	ヨ	ラ	リ	ル	レ	ロ	ワ
計313字 5級まで1026字 累計1339字	彼疲被避尾微匹描浜敏	怖浮普腐敷膚賦舞幅払噴	柄壁	捕舗抱峰砲忙坊肪冒傍帽凡盆	慢漫	妙眠	矛霧娘		茂猛網黙紋	躍	雄	与誉溶腰踊謡翼	雷頼絡欄	離粒慮療隣	涙	隷齢麗暦劣烈恋	露郎	惑腕
計284字 4級まで1339字 累計1623字	卑碑泌姫漂苗	赴符封伏覆紛墳	癖	募慕簿芳邦奉胞倣崩飽縫乏妨房某膨謀墨没翻	魔埋膜又	魅		滅免			幽誘憂	揚揺擁抑	裸濫	吏隆了猟陵糧厘		励零霊裂廉錬	炉浪廊楼漏	湾
計328字 3級まで1623字 累計1951字	妃披扉罷猫賓頻瓶	扶附譜侮沸雰憤	丙併塀幣弊偏遍	泡俸褒剖紡朴僕撲堀奔	麻摩磨抹	岬		銘	妄盲耗	厄	愉諭癒唯悠猶裕融	庸窯	羅酪	痢履柳竜硫虜涼僚寮倫	累塁	戻鈴		賄枠
計185字 準2級まで1951字 累計2136字	眉膝肘	訃	蔽餅璧蔑	哺蜂貌頰睦勃	味枕	蜜		冥麺		冶弥闇	喩湧	妖瘍沃	拉辣藍	璃慄侶瞭	瑠		呂賂弄籠麓	脇

巻末資料

■中学校で学習する音訓一覧表

＊学習漢字のうち、中学校で習う読み方を学年・字音の五十音順に一覧表にした。

学年	漢字	読み
小学校1年	音	イン
	下	もと
	字	あざ
	耳	ジ
	手	た
	出	スイ
	女	ニョ、め
	上	のぼ(せる)、のぼ(す)
	生	お(う)、き
	夕	セキ
	石	コク
	川	セン
	早	サッ
	文	ふみ
	目	ボク
小学校2年	羽	ウ
	園	その
	何	カ
	夏	ゲ
	外	ゲ
	弓	キュウ
	京	ケイ
	強	ゴウ、し(いる)
	兄	ケイ
	後	おく(れる)
	公	おおやけ
	交	か(う)、か(わす)
	黄	コウ、こ
	谷	コク
	今	キン
	姉	シ
	室	むろ
	図	はか(る)
	声	こわ
	星	ショウ
	切	サイ
	体	テイ
	茶	サ
	弟	テイ、デ
	頭	かしら
	内	ダイ
	麦	バク
	歩	ブ
	妹	マイ
	万	バン
	門	かど
	来	きた(る)、きた(す)
小学校3年	化	ケ
	荷	カ
	客	カク
	究	きわ(める)
	宮	グウ
	業	わざ
	軽	かろ(やか)
	研	と(ぐ)
	幸	さち
	次	シ
	守	も(り)
	州	す
	拾	シュウ、ジュウ
	集	つど(う)
	助	すけ
	商	あきな(う)
	勝	まさ(る)
	申	シン
	神	かん
	昔	シャク
	相	ショウ
	速	すみ(やか)
	対	ツイ
	代	しろ
	丁	テイ
	調	ととの(う)、ととの(える)
	度	タク、たび
	童	わらべ
	発	ホツ
	反	タン
	鼻	ビ
	病	や(む)
	命	ミョウ
	面	おも、おもて
	役	エキ
	有	ウ
	和	やわ(らぐ)、やわ(らげる)、なご(む)、なご(やか)
小学校4年	衣	ころも
	媛	エン
	街	カイ
	岐	キ
	器	うつわ
	機	はた
	泣	キュウ
	競	きそ(う)
	極	ゴク、きわ(める)、きわ(まる)、きわ(み)
	結	ゆ(う)、ゆ(わえる)
	健	すこ(やか)
	香	コウ
	氏	うじ
	試	ため(す)
	児	ニ
	滋	ジ
	辞	や(める)
	初	そ(める)
	笑	ショウ、え(む)
	焼	ショウ
	縄	ジョウ
	井	ショウ
	省	かえり(みる)
	静	ジョウ
	浅	セン
	戦	いくさ
	仲	チュウ
	阪	ハン
	夫	フウ
	望	モウ

牧	まき
民	たみ
要	い(る)

小学校5年

仮	ケ
眼	まなこ
基	もと
技	わざ
境	ケイ
経	キョウ
故	ゆえ
厚	コウ
災	わざわ(い)
財	サイ
示	シ
似	ジ
質	シチ
謝	あやま(る)
授	さず(ける) さず(かる)
修	シュ
性	ショウ
精	ショウ
素	ス
率	ソツ
損	そこ(なう) そこ(ねる)
貸	タイ
断	た(つ)
提	さ(げる)
程	ほど
得	う(る)
犯	おか(す)
費	つい(やす) つい(える)
貧	ヒン
報	むく(いる)
暴	バク
迷	メイ

小学校6年

遺	ユイ
映	は(える)
我	ガ わ
灰	カイ
革	かわ
割	カツ さ(く)
干	ひ(る)
危	あや(うい) あや(ぶむ)
机	キ
貴	たっと(い) とうと(い) たっと(ぶ) とうと(ぶ)
胸	むな
郷	ゴウ
穴	ケツ
厳	おごそ(か)
己	キ おのれ
紅	ク くれない
鋼	はがね
砂	シャ
座	すわ(る)
裁	た(つ)
若	ジャク
宗	ソウ
就	つ(く) つ(ける)
熟	う(れる)
除	ジ
承	うけたまわ(る)
傷	いた(む) いた(める)
蒸	む(す) む(れる) む(らす)
仁	ニ
推	お(す)
盛	セイ さか(る) さか(ん)
誠	まこと
舌	ゼツ
専	もっぱ(ら)
染	セン
銭	ぜに
装	ショウ
操	あやつ(る)
蔵	くら
探	さぐ(る)
値	あたい
著	あらわ(す) いちじる(しい)
敵	かたき
討	う(つ)
乳	ち
認	ニン
納	ナッ トウ
背	そむ(く) そむ(ける)
秘	ひ(める)
並	ヘイ
閉	と(ざす)
片	ヘン
暮	ボ
訪	おとず(れる)
忘	ボウ
優	やさ(しい) すぐ(れる)
欲	ほ(しい)
卵	ラン
裏	リ
臨	のぞ(む)
朗	ほが(らか)

高等学校で学習する音訓一覧表 1

＊学習漢字のうち、高等学校で習う読み方を学年・字音の五十音順に一覧表にした。

学年	漢字	読み
小学校1年	火	ほ
	女	ニョウ
	上	ショウ
	青	ショウ
	赤	シャク
	天	あめ
	白	ビャク
	目	ま
	立	リュウ
小学校2年	遠	オン
	回	エ
	会	エ
	行	アン
	矢	シ
	食	ジキ く(らう)
	数	ス
	声	ショウ
	通	ツ
	頭	ト
	道	トウ
	南	ナ
	風	フ
	聞	モン
	歩	フ
小学校3年	悪	オ
	期	ゴ
	宮	ク
	業	ゴウ
	庫	ク
	仕	ジ
	事	ズ
	主	ス
	神	こう
	昔	セキ
	想	ソ
	着	ジャク
	定	さだ(か)
	度	ト
	反	ホン
	坂	ハン
	氷	ひ
	病	ヘイ
	面	つら
	由	ユイ よし
	遊	ユ
	流	ル
	緑	ロク
	礼	ライ
	和	オ
小学校4年	栄	は(え) は(える)
	各	おのおの
	競	せ(る)
	建	コン
	験	ゲン
	功	ク
	香	キョウ
	候	そうろう
	産	うぶ
	祝	シュウ
	初	うい
	井	セイ
	成	ジョウ
	清	ショウ
	節	セチ
	説	ゼイ
	巣	ソウ
	沖	チュウ
	兆	きざ(す) きざ(し)
	灯	ひ
	博	バク
	富	フウ
	法	ハッ ホッ
	末	バツ
	利	き(く)
	老	ふ(ける)
小学校5年	因	よ(る)
	益	ヤク
	桜	オウ
	価	あたい
	過	あやま(つ) あやま(ち)
	解	ゲ
	格	コウ
	眼	ゲン
	基	もとい
	久	ク
	潔	いさぎよ(い)
	興	おこ(る) おこ(す)
	際	きわ
	殺	サイ セツ
	酸	す(い)
	枝	シ
	質	チ
	常	とこ
	情	セイ
	織	ショク
	政	ショウ まつりごと
	接	つ(ぐ)
	団	トン
	統	す(べる)
	暴	あば(く)
小学校6年	供	ク
	勤	ゴン
	絹	ケン
	権	ゴン
	厳	ゴン
	冊	サク
	若	ニャク も(しくは)
	就	ジュ
	衆	シュ
	従	ショウ ジュ
	障	さわ(る)
	盛	ジョウ
	染	し(みる) し(み)
	奏	かな(でる)
	装	よそお(う)
	操	みさお
	担	かつ(ぐ) にな(う)
	難	かた(い)
	納	ナ ナン
	否	いな
	亡	モウ な(い)
	欲	ほっ(する)
	律	リチ

■高等学校で学習する音訓一覧表 2

＊「4級」「3級」配当漢字のうち、高等学校で習う読み方を字音の五十音順に一覧表にした。

4級

依	エ
汚	けが(す) けが(れる) けが(らわしい)
押	オウ
奥	オウ
鑑	かんが(みる)
戯	たわむ(れる)
詰	キツ
脚	キャ
狭	キョウ
仰	おお(せ)
肩	ケン
鼓	つづみ
更	ふ(ける) ふ(かす)
彩	いろど(る)
惨	ザン みじ(め)
旨	むね
伺	シ
煮	シャ
寂	セキ
秀	ひい(でる)
瞬	またた(く)
沼	ショウ
端	は
澄	チョウ
滴	したた(る)
敷	フ
払	フツ
柄	ヘイ
傍	かたわ(ら)
凡	ハン
腰	ヨウ
謡	うたい うた(う)
絡	から(む) から(まる) から(める)
麗	うるわ(しい)

3級

詠	よ(む)
殴	オウ
華	ケ
嫁	カ
忌	い(む) い(まわしい)
虐	しいた(げる)
虚	コ
脅	おびや(かす)
契	ちぎ(る)
憩	いこ(う)
控	コウ
慌	コウ
絞	コウ
搾	サク
施	セ
慈	いつく(しむ)
如	ニョ
焦	あせ(る)
辱	はずかし(める)
穂	スイ
婿	セイ
請	シン こ(う)
阻	はば(む)
礎	いしずえ
桑	ソウ
葬	ほうむ(る)
袋	タイ
壇	タン
鎮	しず(める) しず(まる)
卑	いや(しい) いや(しむ) いや(しめる)
泌	ヒ
苗	ビョウ
覆	くつがえ(す) くつがえ(る)
芳	かんば(しい)
奉	たてまつ(る)
倣	なら(う)
謀	ム はか(る)
翻	ひるがえ(る) ひるがえ(す)
免	まぬか(れる)
憂	う(い)
陵	みささぎ
糧	ロウ かて
霊	リョウ たま

常用漢字表　付表（熟字訓・当て字など）

＊小・中・高：小学校・中学校・高等学校のどの時点で学習するかの割り振りを示した。

※以下に挙げられている語を構成要素の一部とする熟語に用いてもかまわない。

例「河岸（かし）」→「魚河岸（うおがし）」／「居士（こじ）」→「一言居士（いちげんこじ）」

付表1

語	読み	小	中	高
明日	あす	●		
小豆	あずき		●	
海女・海士	あま			●
硫黄	いおう		●	
意気地	いくじ		●	
田舎	いなか		●	
息吹	いぶき			●
海原	うなばら		●	
乳母	うば		●	
浮気	うわき			●
浮つく	うわつく		●	
笑顔	えがお		●	

語	読み	小	中	高
叔父・伯父	おじ		●	
大人	おとな	●		
乙女	おとめ		●	
叔母・伯母	おば		●	
お巡りさん	おまわりさん		●	
お神酒	おみき			●
母屋・母家	おもや			●
母さん	かあさん	●		
神楽	かぐら			●
河岸	かし			●
鍛冶	かじ		●	
風邪	かぜ		●	

語	読み	小	中	高
固唾	かたず		●	
仮名	かな		●	
蚊帳	かや			●
為替	かわせ		●	
河原・川原	かわら	●		
昨日	きのう	●		
今日	きょう	●		
果物	くだもの	●		
玄人	くろうと			●
今朝	けさ	●		
景色	けしき	●		
心地	ここち		●	

語	読み	小	中	高
居士	こじ			●
今年	ことし	●		
早乙女	さおとめ		●	
雑魚	ざこ			●
桟敷	さじき			●
差し支える	さしつかえる		●	
五月	さつき		●	
早苗	さなえ		●	
五月雨	さみだれ		●	
時雨	しぐれ		●	
尻尾	しっぽ		●	
竹刀	しない		●	
老舗	しにせ		●	
芝生	しばふ		●	
清水	しみず	●		
三味線	しゃみせん		●	
砂利	じゃり		●	

語	読み	小	中	高
数珠	じゅず			●
上手	じょうず	●		
白髪	しらが		●	
素人	しろうと			●
師走	しわす(しはす)			●
数寄屋・数奇屋	すきや			●
相撲	すもう		●	
草履	ぞうり		●	
山車	だし			●
太刀	たち		●	
立ち退く	たちのく		●	
七夕	たなばた	●		
足袋	たび		●	
稚児	ちご			●
一日	ついたち	●		
築山	つきやま			●
梅雨	つゆ		●	

語	読み	小	中	高
凸凹	でこぼこ		●	
手伝う	てつだう	●		
伝馬船	てんません			●
投網	とあみ			●
父さん	とうさん	●		
十重二十重	とえはたえ			●
読経	どきょう			●
時計	とけい	●		
友達	ともだち	●		
仲人	なこうど			●
名残	なごり		●	
雪崩	なだれ		●	
兄さん	にいさん	●		
姉さん	ねえさん	●		
野良	のら			●
祝詞	のりと			●
博士	はかせ	●		

語	読み	小	中	高
二十・二十歳	はたち		●	
二十日	はつか	●		
波止場	はとば		●	
一人	ひとり	●		
日和	ひより		●	
二人	ふたり	●		
二日	ふつか	●		
吹雪	ふぶき		●	
下手	へた	●		
部屋	へや	●		
迷子	まいご	●		
真面目	まじめ	●		
真っ赤	まっか	●		
真っ青	まっさお	●		
土産	みやげ		●	
息子	むすこ		●	
眼鏡	めがね	●		

語	読み	小	中	高
猛者	もさ			●
紅葉	もみじ		●	
木綿	もめん		●	
最寄り	もより		●	
八百長	やおちょう			●
八百屋	やおや	●		
大和	やまと		●	
弥生	やよい		●	
浴衣	ゆかた			●
行方	ゆくえ		●	
寄席	よせ			●
若人	わこうど		●	

付表2

語	読み	小	中	高
愛媛	えひめ	●		
茨城	いばらき	●		
岐阜	ぎふ	●		
鹿児島	かごしま	●		
滋賀	しが	●		
宮城	みやぎ	●		
神奈川	かながわ	●		
鳥取	とっとり	●		
大阪	おおさか	●		
富山	とやま	●		
大分	おおいた	●		
奈良	なら	●		

■二とおりの読み

↓のようにも読める。

「常用漢字表」（平成22年）本表備考欄による。

遺言	ユイゴン	↓	イゴン
奥義	オウギ	↓	おくギ
堪能	カンノウ	↓	タンノウ
吉日	キチジツ	↓	キツジツ
兄弟	キョウダイ	↓	ケイテイ
甲板	カンパン	↓	コウハン
合点	ガッテン	↓	ガテン
昆布	コンブ	↓	コブ
紺屋	コンや	↓	コウや
詩歌	シカ	↓	シイカ
七日	なのか	↓	なぬか
老若	ロウニャク	↓	ロウジャク
寂然	セキゼン	↓	ジャクネン
法主	ホッス	↓	ホウシュ ホッシュ
十	ジッ	↓	ジュッ
情緒	ジョウチョ	↓	ジョウショ
憧憬	ショウケイ	↓	ドウケイ
人数	ニンズ	↓	ニンズウ
寄贈	キソウ	↓	キゾウ
側	がわ	↓	かわ
唾	つば	↓	つばき
愛着	アイジャク	↓	アイチャク
執着	シュウジャク	↓	シュウチャク
貼付	チョウフ	↓	テンプ
難しい	むずかしい	↓	むつかしい
分泌	ブンピツ	↓	ブンピ
富貴	フウキ	↓	フッキ
文字	モンジ	↓	モジ
大望	タイモウ	↓	タイボウ
頬	ほお	↓	ほほ
末子	バッシ	↓	マッシ
末弟	バッテイ	↓	マッテイ
免れる	まぬかれる	↓	まぬがれる
妄言	ボウゲン	↓	モウゲン
面目	メンボク	↓	メンモク
問屋	とんや	↓	といや
礼拝	ライハイ	↓	レイハイ

表」（平成22年）本表備考欄による。

三位一体	サンミイ	反応	ハンノウ
従三位	ジュサンミ	順応	ジュンノウ
一羽	イチわ	観音	カンノン
三羽	サンば	安穏	アンノン
六羽	ロッぱ	天皇	テンノウ
春雨	はるさめ	身上	シンショウ シンジョウ （読み方により意味が違う）
小雨	こさめ		
霧雨	きりさめ		
因縁	インネン	一把	イチワ
親王	シンノウ	三把	サンバ
勤王	キンノウ	十把	ジッ（ジュッ）パ

漢検 準2級 分野別問題集 改訂二版

2022年8月30日 第1版第1刷 発行
編　者　公益財団法人日本漢字能力検定協会
発行者　山崎　信夫
印刷所　株式会社 太洋社
製本所　株式会社 渋谷文泉閣

発行所　公益財団法人日本漢字能力検定協会
〒605-0074　京都市東山区祇園町南側551番地
☎(075)757-8600
ホームページ　https://www.kanken.or.jp/

Printed in Japan
ISBN978-4-89096-482-6 C0081

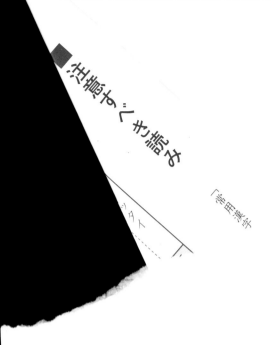

漢検 分野別問題集

改訂二版

別冊 標準解答

準2級

「標準解答」は、
別冊になっています。
とりはずして使って
ください。

※「標準解答」をとじているはり金でけがをしないよう、
気をつけてください。

700482 (1-1

漢字の読み 音読み ▼本誌P.10～19

ウォーミングアップ P.10・11

1 P.10

1 翁・凹（順不同）
2 括・褐（順不同）
3 棺・艦・寛（順不同）
4 栓・遷・旋・薦（順不同）

2

1 ジュン 准・遵（順不同）
2 カク 殻・嚇（順不同）
3 テイ 艇・亭（順不同）
4 ソウ 曹・喪・藻（順不同）
5 ユウ 融・裕（順不同）

3 P.11

1 でんれい
2 ふうりん
3 ほそう
4 しょうぞく
5 しっぴつ
6 しゅうねん
7 ほうけん
8 みっぷう
9 こんきょ
10 しょうこ
11 だそく
12 じゃぐち
13 こうりつ
14 いんそつ
15 じゅうなん
16 にゅうわ
17 しごく
18 きょくたん

練習1 P.12～15

1 P.12・13

1 れんま
2 もうそう
3 そうかん
4 はっしょう
5 ちつじょ
6 ごうけん
7 ゆうし
8 しゅさい
9 はあく
10 けんきょ
11 ほさ
12 きじょう
13 けしょう
14 こんいん
15 いつざい
16 かんげん
17 ほうてい
18 させん
19 かんじゃ
20 ぶんせき
21 とくそく
22 えきびょう
23 よくそう
24 きゅうだん
25 こうどく
26 はんぷ
27 しょかつ
28 だきょう
29 しゅくじょ
30 ごふく
31 ばくぜん
32 ひょうしょう
33 みってい
34 かこん
35 せいは
36 せんじょう
37 きんこう
38 ひんぱん
39 かんだい
40 せっちゅう
41 こうずい
42 ぐち
43 ふよう
44 たか
45 しんてい
46 しょこう

2 P.14・15

1 もくにん
2 けいふ
3 がんきょう
4 はくちゅう
5 けいちょうひ
6 ちくじ
7 じゅんぼく
8 かいたい
9 ぶじょく
10 せんもう
11 ぎんみ
12 ごうてい
13 せんがく
14 だっかん
15 ていちょう
16 けいこく
17 あんしょう
18 まもう
19 かいじゅう
20 へんれき
21 そぜい
22 ふんぜん
23 けんぎ
24 しょさい
25 じゅくすい
26 かそせい
27 けんしん
28 まっしょう
29 かんせい
30 しょうじょう
31 そえん
32 しょうがい
33 しんせい
34 しょうほん
35 かんめい
36 さいばい
37 せんたくし
38 びぼうろく
39 しんし
40 ぎじ
41 しょうぞうが
42 しゅうしゅう
43 そうこく
44 かくしん
45 だらく
46 じょじゅつ

練習2 P.16～19

1 P.16・17

1 にゅうりょう
2 こくし
3 ちゆ
4 たいと
5 こるい
6 あんねい
7 ちせつ
8 さしょう
9 ちゅうよう
10 けんちょ
11 こんい
12 しゅひん
13 せいきょ
14 きょうじゅ
15 だんがい
16 すうけい
17 ぼうが
18 こうてつ
19 いんぶん
20 はばつ
21 ちゅうすう
22 いろう
23 ぜんしん
24 けっしゅつ
25 とうほん
26 ゆいぶつ
27 しさく
28 ひぎょう
29 ぼくめつ
30 ひじゅん
31 きゅうへい
32 じよう
33 もうじゅう
34 こうとう
35 しゅぎょく
36 らっかん
37 そしょう
38 ふんいき
39 えっけん
40 もうら
41 さんどう
42 しゅんびん
43 ちき
44 せんきょう
45 さいしょう
46 おうとつ
47 ていげん
48 せっとうはん
49 あいしゅう
50 ほんぽう

スキルアップ

練習2 **1**

3 「治療《ちりょう》」と間違えない。

4 「泰斗《たいと》」とは、「泰山北斗」の略で、その道の大家として尊敬されている人。

5 「孤塁《こるい》を守る」は、孤立無援の状態でありながらも事を進めていくこと。

13 「逝去《せいきょ》」とは、人が死ぬことの尊敬語。

15 「弾劾《だんがい》」とは、不正や犯罪をはっきりさせて、責任をとるように求めること。

18 「更迭《こうてつ》」とは、その職にある人がかわること。また、かえること。

23 「ざんしん」と間違えない。

26 「唯物《ゆいぶつ》」とは、物質だけが真の存在とする考え方。

28 「同盟罷業《どうめいひぎょう》」とは、ストライキのこと。

33 「盲従《もうじゅう》」とは、分別なく人の言うままにつき従うこと。

36 「落款《らっかん》」とは、書画に作者が署名したり、雅号の印を押したりすること。その署名や印。

39 「謁見《えっけん》」とは、身分の高い人や目上の人に会うこと。

---

2 P.18・19

1 こうけん
2 ばいしょう
3 きょうじゅん
4 へい
5 そうちょう
6 じゅんかん
7 ゆうぜん
8 いかく
9 あいとう
10 せんぷう
11 きゅうくつ
12 じゅうそう
13 しゅこう
14 りょしゅう
15 きょうゆう
16 じぎ
17 さいきん
18 きょうさ
19 ゆうよ
20 とうてつ
21 いっかつ
22 だべん
23 せいしょう
24 かくりょう
25 ききょう

26 とうじょう
27 しょみん
28 ありゅう
29 いかん
30 きかんじゅう
31 じんりん
32 くんしょう
33 るいけい
34 かっぱ
35 どじょう
36 ゆえつ
37 こうしょう
38 ゆうふく
39 てっきょ
40 しゅくせい
41 かんしょう
42 かいぼう
43 じょうぞう
44 おうしゅう
45 ぜんじょう
46 とうすい
47 しょうれい
48 やっかい
49 じゅうそく
50 だみん

スキルアップ

練習2 **2**

3 「恭順《きょうじゅん》」とは、命令などにつつしんで従うこと。

13 「首肯《しゅこう》」とは、うなずくこと。もっともだと納得して賛同すること。

14 「虜囚《りょしゅう》」とは、捕虜のこと。

20 ここでの「透徹《とうてつ》」は、筋道がはっきりしていること。

34 「喝破《かっぱ》」とは、大声で他人の誤りを正すこと。また、真理を明らかにすること。

36 音符の「俞」に注目。

45 「禅譲《ぜんじょう》」とは、帝王がその位を世襲せずに有徳者に譲ること。また、社長や政権などの地位や権力を話し合いで譲り渡す意でも用いられる。

46 「統帥《とうすい》」とは、軍隊を指導し、率いること。

漢字の読み 訓読み

▼本誌 P.20～27

ウォーミングアップ P.20・21

1 P.20

1 か
2 さる
3 へび
4 まゆ
5 ねこ

6 たつ
7 ほたる
8 くじら
9 にわとり
10 かいこ

2

1 うるし
2 かたまり
3 たましい
4 ことぶき
5 おもむき
6 さむらい
7 ほのお
8 まぼろし
9 さかずき
10 たきぎ
11 くれない・べに（順不同）
12 こころざし・こころざ（す）

3 P.21

1 うつ
2 は
3 まじ
4 か
5 く
6 きた
7 しら
8 ととの
9 やさ
10 すぐ
11 きび
12 おごそ
13 か
14 まさ
15 おこた
16 なま
17 ひ
18 はず
19 いちじる
20 あらわ
21 すべ
22 なめ

練習1 P.22・23

1

1 およ
2 どろ
3 きわ
4 つか
5 ふく
6 ちの
7 えり
8 ゆ
9 かたむ
10 うね
11 かわぐつ
12 やわ
13 お
14 つぼ
15 くず
16 か
17 あま
18 てぜま
19 とぼ
20 かきね
21 きおく
22 ととの
23 しも
24 くちびる
25 う
26 さ
27 かばしら
28 さき
29 ほろ
30 そとぼり
31 へだ
32 とびら
33 い
34 うず
35 おもも
36 すぎ
37 すこ
38 きそ
39 つつうらうら（つづうらうら）
40 おおやけ
41 にお
42 たた
43 もぐ
44 かさ
45 きわ
46 みさき

練習2 P.24〜27

1 P.24・25

1 ただ
2 し
3 さ
4 おど
5 となり
6 のぞ
7 さまた
8 こうむ
9 ここ
10 か
11 おそれ
12 あわ
13 わくぐ
14 ひ
15 やわはだ
16 つたな
17 わずら
18 あや
19 たっと（とうと）
20 いまし
21 さず
22 するど
23 つ
24 おのれ
25 い
26 まこと
27 あやま
28 こ
29 つど
30 よこなぐ
31 あかつき
32 や
33 や
34 はがね
35 ひそ
36 かまあと
37 つらぬ
38 おとず
39 ゆえ
40 たまわ
41 に
42 ため
43 つい
44 はなは
45 きた
46 なぐさ
47 はなお
48 かえり
49 なご
50 もど

スキルアップ 練習2 1

10 送りがながないので「か」と訓読みする。「かおり」は「香り」と送る。

11 「虞《おそれ》」とは、悪いことが起こりそうだという心配のこと。

25 「癒」の訓は、「い—える」「い—やす」。

39 「故《ゆえ》」とは、理由のこと。

41 「のがす」と読まないように注意。「のがす」は「逃す」、「にがす」は「逃がす」と送る。

43 「費《つい》える」とは、少なくなる、むだに過ぎるという意味。

44 「甚《はなは》だしい」は、送りがなにも注意する。

49 「和」の訓は、「やわ—らぐ」「やわ—らげる」「なご—む」「なご—やか」。

2 P.26・27

1 わらべうた
2 よい
3 さ
4 そこ
5 かせ
6 たの
7 そむ
8 うけたまわ
9 い
10 くちはば
11 おか
12 ほ
13 たみ
14 ほ
15 ちまなこ
16 ひがた
17 むく
18 し
19 かお
20 お
21 すわ
22 こわ
23 さか
24 うつわ
25 た

26 たなおろ
27 ころも
28 にぶ
29 いくえ
30 はたお
31 む
32 まぎ
33 はか
34 た
35 はさ
36 と
37 すみ
38 かわ
39 わざ
40 つ
41 つ
42 わざわ
43 かたき
44 す
45 た
46 いた
47 おか
48 しぶかわ
49 あきな
50 は

練習2 **2**

スキルアップ

1 「童歌《わらべうた》」は、「どうか」とも読む。

10 「口幅《くちはば》ったい」とは、自分の身分以上に大きなことをいうこと。

22 「おそろしい」と読まない。「おそろしい」は「恐ろしい」と表記する。

26 「棚卸《たなおろ》し」とは、決算などのため、商品や原材料などの在庫をまとめて調べること。

29 「幾重《いくえ》にも」は、何度も繰り返す様子を表す副詞として使用されることもある。

34 「裁《た》つ」は、布や紙などをある寸法に切るときに使う。

36 「研《と》ぐ」とは、刃物を砥石《といし》などですって鋭くすること。

43 「敵」には、「てき」「かたき」の読み方があるが、「目の――」から文脈で判断する。

44 「据《す》わり」とは、安定度、落ち着き具合のこと。

漢字の読み 特別な読み ▼本誌 P.28〜31

ウォーミングアップ P.28

1

1 つゆ
2 しぐれ
3 さみだれ
4 おば
5 おば
6 うば

7 わこうど
8 ひとり
9 はたち
10 はつか

2

1 けびょう
2 かせつ
3 しゅぎょう
4 しゅうりょう
5 そうじ
6 じょきょ

7 けいだい
8 きょうぐう
9 さっそく
10 そうたい
11 すいとう
12 なっとう

練習1 P.29

1

1 たんもの
2 ここち
3 だいず
4 でこぼこ
5 したく
6 たぐ
7 てんじょう
8 しばふ
9 ふうふ
10 もみじ
11 まわ
12 こわいろ
13 こくだか
14 ぞうり
15 さいふ
16 なごり
17 もめん
18 やまと
19 むすこ
20 えがお
21 こんだて
22 がな
23 いなほ(いなぼ)
24 せいぼ

練習2 P.30・31

1

1 はとば
2 ひょうし
3 ばくろ
4 でし
5 いおう
6 じゃり
7 しんこう
8 かいどう
9 かぜ
10 しゃみせん
11 しらが
12 みやげ
13 さつき
14 なだれ
15 かのじょ
16 しない
17 びより
18 だいり
19 きげん
20 た・の
21 におう
22 ゆくえ
23 なわしろ
24 あずき
25 みょうじょう

26 さなえ
27 すもう
28 じょうみゃく
29 ふぶき
30 ふでぶしょう
31 いなか
32 たび
33 いっこん
34 もよ
35 おおうなばら
36 げし
37 ひろう
38 めがね
39 ぶぎょう
40 さおとめ
41 こんじゃく
42 しんく
43 かわせ
44 くふう
45 いくじ
46 しょうにか
47 うわ
48 いっさい
49 ふなうた
50 なっとく

練習2 **1**

スキルアップ

18 「内裏《だいり》びな」とは、天皇・皇后の姿に似せて作った、男女ひとそろいのひな人形のこと。

23 「苗代《なわしろ》」とは、稲の種をまいて、田植えのできる状態に育てた田のこと。「なえしろ」とも。

26 「早苗《さなえ》」とは、田植えをするころの若い稲の苗。

30 「筆不精《ふでぶしょう》」とは、手紙や文章を書くことを面倒くさがる人のことをいう。また、「ぶしょう」は「無精」とも書く。「精」を「しょう」と読むことばにはほかに、「精進《しょうじん》」がある。

33 「一献」は「いっこん」と読み、さかずき一杯の酒や、酒の振る舞いのこと。

漢字の読み　同字の音訓　▼本誌 P.32～41

ウォーミングアップ P.32・33

1 P.32

1 (音)カク　[訓]から
2 (音)キ　[訓]う―える
3 (音)キン　[訓]こと
4 (音)キョ　[訓]こば―む
5 (音)ケイ　[訓]くき
6 (音)カン　[訓]おちい―る
7 (音)リュウ　[訓]たつ
8 (音)グウ　[訓]すみ
9 (音)コウ　[訓]え
10 (音)ワイ　[訓]まかな―う
11 (音)ショウ　[訓]つぐな―う
12 (音)ケン・ゲン（順不同）　[訓]いや・きら―う（順不同）

---

2 P.33

1 せいだい
2 もる
3 くし
4 かける
5 じゅじゅ
6 さずける
7 はんじゅく
8 うれる
9 かつやく
10 おどる
11 ろうでん
12 もれる
13 しつじゅん
14 うるむ
15 じゅうたい
16 しぶる
17 ちょうえき
18 こりる

練習1 P.34～37

❶ P.34・35

1 けんえん
2 いや
3 しんだん
4 み
5 えんじん
6 さる
7 せっそう
8 あやつ
9 すいぼくが
10 すみ
11 かいこん
12 く
13 だこう
14 へび
15 たいだ
16 おこた
17 いちぐう
18 かたすみ
19 すいほう
20 あわ
21 さいしん
22 くだ
23 けんあん
24 か
25 にんじゅう
26 しの
27 けいこうとう
28 ほたる
29 ちょうせんしゃ
30 いど
31 しもん
32 はか
33 いっしょうびん
34 ますざけ
35 ぼしゅう
36 つの
37 さいそく
38 うなが
39 しんさん
40 から

❷ P.36・37

1 かじゅう
2 しるこ
3 へいよう
4 あわ
5 そしな
6 あら
7 らんま
8 あさ
9 かんしょう
10 ゆる
11 たんきゅうしん
12 さぐ
13 さくさん
14 す
15 じちょ
16 あらわ
17 じじょう
18 なわ
19 こうかくるい
20 から
21 かんせん
22 そ
23 えんとう
24 つつ
25 とうぎ
26 う
27 きんしん
28 つつし
29 きと
30 くわだ
31 ちかけい
32 はぐき
33 しゅうき
34 くさ
35 しせい
36 ほどこ
37 りんじ
38 のぞ
39 けんま
40 みが

練習2 P.38～41

❶ P.38・39

1 じせん
2 すす
3 めいろう
4 ほが
5 ちんたい
6 とどこお
7 しそう
8 も
9 しっこく
10 うるしぬ
11 はんざつ
12 わずら
13 けいぼ
14 した
15 くうどう
16 ほら
17 そうしつ
18 も
19 さぎ
20 あざむ
21 ちょうもん
22 とむら
23 たんしょ（たんちょ）
24 お
25 げんせい
26 おごそ
27 せんりゅう
28 やなぎ
29 ゆし
30 さと
31 かいこ
32 かえり
33 けっかん
34 おちい
35 きょうい
36 おど
37 こうはい
38 すた
39 りしゅう
40 は
41 しゃだん
42 さえぎ
43 ふんきゅう
44 まぎ
45 ぞうわい
46 まかな
47 せいやく
48 ちか

スキルアップ

練習2 ❶

7 「詞藻《しそう》」とは、美しいことばや、詩歌や文章のこと。また、詩文の才能のこと。

18 「喪《も》」とは、人の死後、近親者が一定期間、外出や交際、祝い事を避けること。

20 「…を欺《あざむ》く」には、「…と間違えさせる」という意味がある。

26 「ひそ（か）」「しめや（か）」などと読まない。

28 「柳《やなぎ》に風と受け流す」とは、少しも逆らわずに穏やかにあしらうこと。

29 「諭旨《ゆし》」とは、理由を言い聞かせること。

32 心にかけるという場合には、「顧《かえり》みる」を使う。

39 「履」の字の一部である「復」から「ふくしゅう」と読まないように。

46 「賄《まかな》う」とは、費用などを用意すること。

❷ P.40・41

1 びょうとう
2 むねあ
3 ふにん
4 おもむ
5 しょうそう
6 こ
7 せんこう
8 もっぱ
9 へんちょう
10 かたよ
11 なんか
12 やわ
13 ふしん
14 くさ
15 きょうさい
16 もよお
17 ふっとう
18 わ
19 ぎょうし
20 こ
21 きょぜつ
22 こば
23 そうわ
24 さ

25 きんせん
26 こと
27 のうりょう
28 ゆうすず
29 はいきん
30 そむ
31 ちょうぼう
32 なが
33 ていけい
34 たずさ
35 しゅうたい
36 みにく
37 そうさく
38 さが
39 はいすいこう
40 みぞ
41 しょうきゃく
42 つぐな
43 ふくすい
44 おお
45 きょぎ
46 いつわ
47 ゆうりょ
48 うれ

スキルアップ

練習2 ❷

5 「焦燥《しょうそう》」とは、あせって気持ちがいら立つこと。
9 この場合の「重」は「ジュウ」と読まない。
13 「腐心《ふしん》」とは、あれこれ考えること、苦心すること。
19 「疑」の部分から「凝」を「ギ」と読まないように。
23 「挿話《そうわ》」には、エピソードという意味がある。
25 「琴線《きんせん》」には、琴の糸という意味以外に、人の心の奥にある、人情に感じやすい心情という意味がある。
43 「覆水盆《ふくすいぼん》に返らず」とは、一度してしまったことは取り返しがつかないということ。
45 「虚偽《きょぎ》」とは、うそ、真実でないという意味。「虚」はむなしい、はかないという意味を持つ漢字。
47 「憂慮《ゆうりょ》」とは、心配に思うこと。
48 「後顧《こうこ》の憂《うれ》い」とは、あとあとの心配のこと。

漢字の部首

▼本誌 P.48〜57

ウォーミングアップ P.48・49

❶ P.48

1 亻
2 彡
3 行
4 飠
5 虫
6 亠
7 疒
8 女
9 馬
10 牜
11 囗

12 夕
13 弓
14 士
15 ⻊
16 亅
17 十
18 巾
19 辶
20 罒
21 八
22 歹

❷ P.49

1 イ
2 エ
3 ア
4 ア
5 エ
6 イ
7 ア
8 イ

9 ウ
10 ア
11 エ
12 イ
13 ウ
14 イ
15 ウ
16 ウ

17 イ
18 ア
19 エ
20 ア
21 ウ
22 イ

練習1 P.50〜53

❶ P.50

1 墓・土
2 舗・舌
3 京・亠
4 熟・灬
5 距・⻊
6 則・刂
7 麻・麻
8 伯・亻
9 現・⺩
10 貝・貝

11 察・宀
12 炭・火
13 並・一
14 集・隹
15 量・里
16 兼・八
17 和・口
18 忍・心
19 畑・田
20 尿・尸

❷ P.51

1 化・匕
2 料・斗
3 初・刀
4 慮・心
5 謄・言
6 奪・大
7 次・欠
8 扇・戸
9 軟・車
10 席・巾
11 穀・禾
12 隻・隹

13 視・見
14 暫・日
15 鳴・鳥
16 密・宀
17 禁・示
18 酒・酉
19 利・刂
20 放・攵
21 昼・日
22 敗・攵
23 唯・口

3 P.52

1 言・七
2 酉・七
3 穴・五
4 阝・三
5 門・八
6 金・八
7 力・二
8 糸・六
9 竹・六
10 忄・三
11 頁・九
12 犭・三
13 彳・三
14 亻・二
15 走・七
16 皿・五
17 卩・三
18 囗・三
19 刂・二
20 雨・八

4 P.53

1 免・兆・児・克・充
2 貴・貞・貫・貢・賃
3 即・却・印・卵・卸
4 五・互・井・亜・二
5 着・美・羊・群・義
6 幹・幸・干・年・平
7 幣・幕・帥・帝・希
8 攻・敢・数・敬・敏
9 奥・奇・奉・奔・奨
10 戒・戦・成・我・戯

（いずれも順不同）

練習2 P.54～57

1 P.54・55

1 肉
2 弓
3 口
4 口
5 辶
6 音
7 糸
8 ⺍
9 疋
10 廾
11 口
12 缶
13 衣
14 甘
15 扌
16 木
17 一
18 土
19 音
20 女
21 口
22 玄
23 革
24 力
25 宀
26 氵
27 鼓
28 青
29 口
30 金
31 頁
32 扌
33 言
34 艹
35 寸
36 貝
37 氵
38 木
39 冂
40 疒
41 斉
42 酉
43 小
44 文
45 山
46 宀
47 衣
48 而
49 入
50 土
51 糸
52 矢
53 手
54 足
55 氵
56 王
57 十
58 豕
59 隹
60 辶
61 口
62 ノ
63 木
64 自
65 歹
66 卩
67 穴
68 氵
69 雨
70 斤

スキルアップ 練習2 1

2 「弓(ゆみ)」という部首。「弱」「弟」などもこの部首に属する。

6 「音」の部首は、そのままの「おと」になる。

8 「⺍(しょう)」という部首。「当」もこの部首に属する。

14 「甘(かん・あまい)」という部首。「某」の部首は「木(き)」なので注意する。

39 「冂(どうがまえ)」は、けいがまえ・まきがまえともよばれる。

53 「手(て)」という部首。「才」もこの部首に属する。

57 「十(じゅう)」という部首。この部首の漢字は紛らわしいものが多いので確認しておくこと。

---

2 P.56・57

1 言 ごんべん
2 土 つち
3 日 ひ
4 玉 たま
5 氺 したみず
6 耳 みみ
7 亻 にんべん
8 月 つきへん
9 戸 とだれ・とかんむり
10 斉 せい
11 毋 なかれ
12 言 げん
13 犭 けものへん
14 穴 あなかんむり
15 土 つち
16 赤 あか
17 耳 みみ
18 厂 がんだれ
19 夕 た・ゆうべ
20 土 つち
21 宀 うかんむり
22 飠 しょくへん
23 火 ひへん
24 示 しめす
25 酉 とりへん

26 木 き
27 瓦 かわら
28 田 たへん
29 豕 ぶた・いのこ
30 爫 つめかんむり・つめがしら
31 衣 ころも
32 戸 とだれ・とかんむり
33 石 いし
34 耒 すきへん・らいすき
35 黒 くろ
36 口 くち
37 片 かたへん
38 山 やまへん
39 辛 からい
40 石 いし
41 凵 うけばこ
42 襾 おおいかんむり
43 心 こころ
44 巛 かわ
45 力 ちから
46 子 こ
47 肉 にく
48 牛 うしへん
49 目 め
50 犬 いぬ
51 羽 はね
52 手 て
53 木 き

54 耂 おいかんむり・おいがしら
55 頁 おおがい
56 丨 てつ
57 至 いたる
58 日 ひ
59 夕 た・ゆうべ
60 女 おんな
61 車 くるまへん
62 乙 おつ
63 彳 ぎょうにんべん
64 几 つくえ
65 皮 けがわ
66 廴 えんにょう
67 艹 くさかんむり
68 女 おんな
69 心 こころ
70 犬 いぬ
71 弋 しきがまえ

スキルアップ

練習2 2

8 「月」の部首名を「にくづき」としないように注意する。「つきへん」の漢字には、ほかに「服」がある。

27 「瓦」が部首の漢字は、常用漢字では「瓶」と「瓦(2級で学習)」のみ。

28 「たへん」の漢字には、ほかに「略」「畔」がある。

29 「豚」以外に「象」の部首も「豕」。

35 「黒」の部分のある「墨」では、「土(つち)」が部首なので注意。

39 「舌(した)」と間違えないように注意する。

56 常用漢字のうち「中」が部首の漢字は「屯」のみ。

熟語の理解　熟語の構成

▼本誌 P.64〜70

ウォーミングアップ P.64

1

1 国営
2 豊富
3 厳禁
4 功罪
5 納税
6 攻守
7 読書
8 定価

2

1 不
2 非
3 不
4 未
5 未
6 不
7 非
8 非
9 不
10 未
11 未
12 不

練習1 P.65

1

1 ア
2 ア
3 エ
4 イ
5 ウ
6 イ
7 エ
8 エ
9 ア
10 ウ
11 ア
12 オ
13 ウ
14 エ
15 エ
16 イ

練習2 P.66〜70

1 P.66・67

1 ウ　2 イ　3 ア　4 ア　5 エ　6 オ　7 ウ　8 エ　9 エ　10 ア
11 ア　12 イ　13 ウ　14 エ　15 エ　16 ウ　17 イ　18 ア　19 ア　20 エ

21 ア　22 ウ　23 イ　24 ウ　25 エ　26 ア　27 エ　28 ウ　29 イ　30 イ
31 ア　32 ウ　33 オ　34 ウ　35 エ　36 ア　37 ア　38 ウ　39 エ　40 ウ

41 イ　42 ア　43 イ　44 エ　45 ア　46 ウ　47 ウ　48 イ　49 エ　50 ウ
51 ア　52 エ　53 イ　54 ウ　55 ア　56 エ　57 ウ　58 ア　59 エ　60 ア

スキルアップ　練習2 **1**

9 「還暦《かんれき》」とは、六十年で生まれた年のえとに戻ること。通常は人の年齢についていい、数え年で六十一歳を指す。

12 「添削《てんさく》」とは、作文や答案などを、書き加えたり削ったりして直す作業のこと。

15 「殉教《じゅんきょう》」の「殉」はある目的のために命を投げ出す、という意味。「殉教」とは、信仰する宗教のために、命を捨てること。

20 「掌」とは、手のひらのこと。「手のひらを合わせる」と考える。

22 「硝煙《しょうえん》」とは、火薬の発火によって出る煙のこと。

26 「広漠《こうばく》」とは、果てしなく広いさま、という意味。

35 「翻」には、ひるがえすという意味がある。

37 「俊」も「秀」も、ひいでるという意味をもつ漢字。

47 似た意味の漢字を重ねた熟語ととらえない。「酪」には牛や羊などの乳や、それを元に作った食品の意味がある。「酪農《らくのう》」とは、そのような乳製品を作る農業のこと。

53 「点」には、ともすという意味がある。

54 「謹聴《きんちょう》」とは、相手の話をつつしんでまじめに聴くこと。

57 「賓」には、たいせつな客、という意味がある。「貴賓《きひん》」とは身分・地位の高い客のこと。

59 「上棟《じょうとう》」は「棟を上げる」、つまり日本建築で、柱などの骨組みの上に棟木《むなぎ》をとりつけること。したがって「上の棟」という意味でとらえないように。

---

2 P.68

1 超　2 哀　3 憩　4 陥
5 稚　6 択　7 価　8 清
9 充　10 睡

スキルアップ　練習2 **2**

1 「超」も「越」も「こ―える」という訓読みがある。

10 「睡」には、まぶた(目)が垂れるということから「ねむる」の意味がある。

3

1 受　2 偽　3 優　4 富
5 首　6 非　7 伸　8 因
9 暖　10 亡

練習2 3 スキルアップ

1 「授受《じゅじゅ》」は、さずけることと受けること。書き取りでは上下の漢字を反対にして「受授」と書かないように注意。
5 「首尾よく」で、都合よく、という意味。
6 「是」は正しい、「非」は悪いという意味。
8 「因果」とは、原因と結果のこと。

4 P.69

1 ケ　2 コ　3 イ　4 キ
5 ク　6 カ　7 ウ　8 ア
9 エ　10 オ

練習2 4 スキルアップ

6 辛うじて勝利を収めることという意味の「辛勝」が適切。
10 「筆談」では「聞く人の」という部分に沿わない。立派な行いの話という意味の「美談」を選ぶ。

5

1 イ　2 ウ　3 ア
4 エ　5 イ

練習2 5 スキルアップ

2 ウの「専従」とは、ある一つの仕事だけにもっぱら従事すること。

6 P.70

1 e　2 g　3 h　4 c
5 b　6 a　7 d　8 j
9 f　10 i

練習2 6 スキルアップ

3 「昇天」としないように注意。イは、反対の意味の漢字を重ねた構成である。

熟語の理解　熟語の作成

▼本誌P.71〜75

ウォーミングアップ　P.71

1

1 雅　2 逸　3 拠　4 緒
5 充　6 廃　7 没　8 酷

練習1　P.72

1

1 拒否　2 秩序　3 免疫　4 艦艇　5 哀惜
6 顕著　7 購買　8 総括　9 扶助　10 窮地

2

1 念・説・数
2 憤・嘆
3 快・悦
4 説・旨
5 快・着
6 沸・貴・高
7 写・本

（いずれも順不同）

練習2　P.73〜75

1 P.73

1 エ　2 カ
3 イ　4 コ
5 キ

練習2 1 スキルアップ

1 「泰西《たいせい》」とは、西洋諸国のこと。
3 「駆逐《くちく》」とは、敵などを追い払うこと。
5 「偏」と「遍」とを混同しない。「偏」は、かたよる、「遍」は、広くゆきわたるという意味の漢字。

2

1 キ　2 ケ
3 イ　4 コ
5 ク

練習2 2 スキルアップ

4 「喚」は呼ぶ、叫ぶという意味を持つ漢字。「喚起《かんき》」は呼び起こすこと。
5 「嫌気《いやけ》」「機嫌《きげん》」「嫌疑《けんぎ》」と、三つとも違う読み方になるので注意。

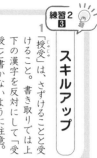

3 P.74

1 イ
2 キ
3 ケ
4 ク
5 オ

練習2 3 スキルアップ

1 「放逐《ほうちく》」とは、追い払う、または追放すること。

3 「逐」と「遂」は字形が似ているので間違えないようにする。

5 「年末」「年月」とはいうが、「年時記」とはいわない。

4

1 ケ
2 オ
3 ア
4 ウ
5 コ

練習2 4 スキルアップ

1 「等閑視《とうかんし》」とは、物事をなおざりにすること。

2 「境」の音読みは「境遇《きょうぐう》」「仙境《せんきょう》」のように「きょう」だが、「境内」では「けい」と特別な読み方をする。

4 取り除くという意味を持つのは「撤」。同音類字の「徹」は、つらぬき通すの意味。

5 「前後策」ではないので注意。

5 P.75

1 ア 彩　イ 色　ウ 手　エ 紀　オ 要
2 ア 羅　イ 列　ウ 窓　エ 枠　オ 紛
3 ア 督　イ 促　ウ 退　エ 棄　オ 権

練習2 5 スキルアップ

1 「色素《しきそ》」「素手《すで》」「手綱《たづな》」「綱紀《こうき》」と、しりとりになる漢字の読みが変わることに注意。
漢字のしりとりは、わかる部分から順に入れていくとよい。この問題ではオやウの□に入る漢字を手がかりにして解いていく。

6

1 c
2 b
3 a
4 d
5 f

練習2 6 スキルアップ

1 「宅配」という語はあるが、「卓配」とは書かない。

3 「賞罰」と混同しないようにする。「償還《しょうかん》」とは、債務を返済すること。

対義語・類義語 ▼本誌P.82〜91

ウォーミングアップ P.82・83

1 P.82

1 床
2 購
3 悼
4 過
5 拡
6 浄
7 却
8 庸

2

1 繁栄
2 簡略
3 勤勉
4 末端
5 偉大
6 親密
7 老練
8 美麗
9 混乱
10 低俗
11 貧困
12 答申

3 P.83

1 衡
2 任
3 介
4 方
5 胸
6 憶
7 奇
8 剣
9 匹
10 到

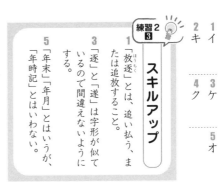

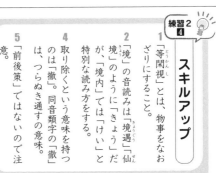

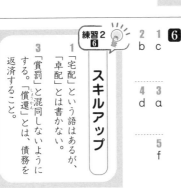

4 P.83

1 汚名
2 路傍
3 祝福
4 抜群
5 負債
6 考慮
7 手柄
8 失敬
9 冷淡
10 延期

練習1 P.84〜87

1 P.84

1 アきおく　イ忘却
2 アけつぶつ　イ凡人
3 アせいじょう　イ汚濁
4 アじゅんぱく　イ漆黒
5 アたんぱく　イ濃厚
6 アこくさん　イ舶来
7 アいっかつ　イ分割
8 アはんこう　イ恭順
9 アえんぽう　イ近隣
10 アひあい　イ歓喜
11 アえいてん　イ左遷
12 アそうごう　イ分析

---

2 P.85

1 アぎりょう　イ手腕
2 アりゅうい　イ配慮
3 アはくちゅう　イ互角
4 アだんぱん　イ交渉
5 アけいしょう　イ踏襲
6 アほんそう　イ尽力
7 アかいゆ　イ全治
8 アがまん　イ忍耐
9 アじょうほ　イ妥協
10 アざし　イ傍観
11 アぜにん　イ肯定

3 P.86

1 ア・エ
2 イ・ウ
3 ウ・エ
4 ア・イ
5 イ・ウ
6 ア・ウ
7 イ・ウ
8 ア・ウ
9 ウ・エ
10 ア・イ
11 イ・エ
12 ウ・エ
（いずれも順不同）

---

4 P.87

1 ア・イ
2 イ・ウ
3 ア・エ
4 イ・エ
5 ウ・エ
6 ア・イ
7 ア・イ
8 イ・ウ
9 ア・イ
10 ア・エ
11 イ・エ
12 イ・ウ
（いずれも順不同）

練習2 P.88〜91

1 P.88

1 寛
2 弱
3 凡
4 分
5 遍
6 懲
7 推
8 沈
9 縛
10 悠

スキルアップ　練習2 1

1 「狭量《きょうりょう》」とは、度量が小さい様子。
2 「柔弱《にゅうじゃく》」とは、意志や体力がひ弱なさま。
10 「悠久《ゆうきゅう》」とは、はるかに長く続くこと。

2

1 忙
2 汚
3 侮
4 祝
5 敏
6 睡
7 厄
8 肯
9 隣
10 盲

スキルアップ　練習2 2

3 「軽侮《けいぶ》」とは、軽んじあなどること。
10 「盲点《もうてん》」とは、人が気づかずにうっかり見落としてしまう事柄。

3 P.89

1 秩序
2 兼任
3 購買
4 酷評
5 禁欲
6 退却
7 撲滅
8 大衆
9 倫理
10 丈夫

スキルアップ 練習2 3

4 「酷評《こくひょう》」とは、手きびしい批評のこと。

6 「退却《たいきゃく》」とは、戦いや物事の成り行きが不利になって引き下がること。対義語は「進撃」。

9 「倫理《りんり》」とは、人として守り行うべき道、モラルのこと。

4

1 俗界
2 尊大
3 閉鎖
4 中枢
5 賢明
6 窮地
7 難点
8 知己
9 妥当
10 黙殺

スキルアップ 練習2 4

1 「俗界《ぞっかい》」とは、俗人の住む世の中のこと。

10 「黙殺《もくさつ》」とは、無視して問題にしないこと。

5 P.90

1 寡黙
2 沈降
3 任命
4 迅速
5 警戒
6 追憶
7 逝去
8 歴然
9 富豪
10 欠陥

スキルアップ 練習2 5

3 「罷免《ひめん》」とは、公務員の職務を辞めさせること。

8 「顕著《けんちょ》」の類義語には、「歴然《れきぜん》」のほかに「明白」もある。

6

1 高慢
2 独創
3 恒久
4 綿密
5 劣悪
6 慶賀
7 策謀
8 憤慨
9 幽閉
10 邸宅

スキルアップ 練習2 6

3 「暫時《ざんじ》」とは、しばらくの間という意味。

7 P.91

1 自慢
2 消耗
3 大略
4 熱烈
5 末尾
6 死角
7 模範
8 遺憾
9 披露
10 着服

スキルアップ 練習2 7

3 「大略《たいりゃく》」とは、おおよその内容、概要のこと。

10 「着服《ちゃくふく》」とは、金品をこっそり盗んで不当に自分のものとすること。

8

1 軽快
2 売却
3 喪失
4 分裂
5 軽薄
6 発祥
7 泰然
8 合致
9 切迫
10 担保

スキルアップ 練習2 8

10 「抵当《ていとう》」とは、借金が返せない場合に、貸手が自由に処分することを認めて、借手が差し出す財産や権利のこと。

四字熟語
▼本誌P.96〜107

ウォーミングアップ P.96・97

1 P.96
1 悪
2 平
3 尽
4 金
5 麗
6 周
7 断
8 霧
9 心
10 奇
11 背
12 厚

2 P.97
1 千
2 一
3 九
4 百
5 一
6 七
7 八
8 一
9 三
10 五
11 千
12 千
13 一
14 千
15 百
16 一
17 四
18 三
19 九
20 三

練習1 P.98〜101

1 P.98
1 順風・d
2 得失・f
3 鬼面・a
4 奪胎・c
5 以伝・e
6 画賛・b

2 P.99
1 白日・b
2 群雄・e
3 墨客・d
4 孤軍・f
5 揚揚・c
6 即離・a

3 P.100・101
1 悠悠(悠々)
2 投合
3 一致
4 半句
5 新陳
6 乾燥
7 呉越
8 異口
9 錯誤
10 表裏
11 有為
12 急転
13 深謀
14 始終
15 東奔
16 真剣
17 一髪
18 滅裂
19 猶予
20 暗鬼
21 論旨
22 感慨
23 単刀
24 晩成
25 粗衣
26 気鋭
27 前途
28 必罰
29 平身
30 維持
31 炉辺
32 折衷
33 公私
34 晴耕
35 消沈
36 卓説
37 非道
38 劣敗
39 息災
40 月歩
41 驚天
42 一遇
43 落着
44 是非
45 緩急

練習2 P.102〜107

1 P.102
1 創
2 泰
3 紫
4 鏡
5 因
6 縫
7 孤
8 髪
9 汁
10 翼

スキルアップ（練習2 **1**）

2 「泰《たい》然《ぜん》自《じ》若《じゃく》」とは、何か事が起こっても、落ち着いていて動じない様子。

3 「山《さん》紫《し》水《すい》明《めい》」とは、自然の景観が美しく清らかなこと。

4 「明《めい》鏡《きょう》止《し》水《すい》」とは、邪念のない澄みきった心境のこと。

6 「天《てん》衣《い》無《む》縫《ほう》」とは、天人の衣には縫い目がないことから、詩文や物事に細工のあとがなく自然のままで美しく完成していること。また、人柄に飾り気がなく無邪気なことをいう。

8 「怒《ど》髪《はつ》衝《しょう》天《てん》」とは、髪の毛が逆立つほど激しく怒ること。

10 「比《ひ》翼《よく》連《れん》理《り》」とは、男女の情愛が深く、仲のよいことのたとえ。

2

1 引
2 斎
3 鬼
4 佳
5 飽
6 深
7 鶏
8 離
9 喪
10 故

練習2 2 スキルアップ

1 「我田引水《がでんいんすい》」とは、自分に都合よく考えたり、事を進めたりすること。

3 「百鬼《ひゃっき》夜行《やこう》《やぎょう》」とは、多くの悪人がのさばりはびこることのたとえ。

5 「暖衣飽食《だんいほうしょく》」とは、物質的に何の不自由もない満ち足りた生活のこと。

7 「鶏口牛後《けいこうぎゅうご》」は、大組織の末端(牛後=牛の尻《しり》)よりは、小さくても人の上に立つ方がよいということ。

9 「禍福得喪《かふくとくそう》」とは、よいこと(幸せや出世)があったり、悪いこと(わざわいや失脚)があったりすること。

3

P.103

1 励
2 壮
3 挙
4 安
5 忍
6 強
7 踏
8 床
9 末
10 火

練習2 3 スキルアップ

1 「刻苦勉励《こっくべんれい》」とは、身を刻むような苦労をして仕事や勉学に励むこと。

4 「安心立命《あんしんりつめい》《あんじんりゅうめい》」とは、心安らかに運命に身をまかせ、どのような場合でも動揺しないこと。

5 「堅忍不抜《けんにんふばつ》」とは、意志が強く、どんな困難にも耐えて動じないこと。

7 「未踏」を「前人未到《ぜんじんみとう》」の「未到」と混同しない。

8 類義語に「同床各夢《どうしょうかくむ》」がある。同じ仲間でも、考え方や目的が違うことのたとえ。

9 類義語に「主客《しゅかく》《しゅきゃく》転倒《てんとう》」がある。

10 「電光石火《でんこうせっか》」とは、動作がとてもすばやいこと。

4

1 船
2 漫
3 寧
4 依
5 迅
6 操
7 暮
8 回
9 哀
10 攻

練習2 4 スキルアップ

1 「南船北馬《なんせんほくば》」とは、あちらこちらを忙しく駆け回ること。

3 「安寧秩序《あんねいちつじょ》」とは、社会が安らかで、秩序立っていること。

5 「迅速果断《じんそくかだん》」とは、物事をすばやく決断し、思いきって行うこと。

6 「志操堅固《しそうけんご》」とは、主義や考えなどを堅く守って変えないこと。

8 「起死回生《きしかいせい》」とは、絶望的な状況を立て直して、もとに戻すこと。「起死」も「回生」も死んだ人を生き返らせるという意味がある。

5

P.104

1 蛇
2 酔
3 尚
4 壮
5 孤
6 徹
7 客
8 鳥
9 楼
10 充

練習2 5 スキルアップ

1 「竜頭蛇尾《りゅうとうだび》」とは、最初は盛んであるが終わりになると振るわなくなること。

2 「酔生夢死《すいせいむし》」とは、何をするということもなく、ぼんやりと一生を過ごすこと。

3 「尚早《しょうそう》」とは、それをするには時期が早すぎること。

4 「大言壮語《たいげんそうご》」とは、口では大きなことを言っても、実力が伴わないこと。「壮」を「荘」と間違えないこと。

9 「空中楼閣《くうちゅう(の)ろうかく》」とは、根拠がなく、現実性に欠けることのたとえ。

10 「汗牛充棟《かんぎゅうじゅうとう》」とは、本を牛車で運ぶと牛が汗だくになり、家の中では本が棟木まで届くということから、非常に蔵書の多いこと。

6 P.104

1 巧
2 逆
3 承
4 別
5 偏
6 閑
7 慮
8 奔
9 即
10 猛

練習2 6 スキルアップ

1 「巧言令色《こうげんれいしょく》」とは、ことばを飾ったり、顔色をつくろったりして人にこびへつらうこと。「巧」を「功」と書き誤らないこと。

5 「不偏不党《ふへんふとう》」とは、偏ることなく、中立・公平の立場をとること。

6 「静寂閑雅《せいじゃくかんが》」とは、ひっそり静かでみやびやかな趣のあること。「閑雅」は静かで風情のあること。

9 「当意即妙《とういそくみょう》」は、機転をはたらかせて、その場に合った対応をすること。

10 「勇猛《ゆうもう》」とは、勇ましく強いこと。「果敢《かかん》」は、判断力があり、押しきってなしとげること。

7 P.105

1 衰
2 狂
3 離
4 薄
5 滑
6 公
7 潜
8 拙
9 吐
10 謀

練習2 7 スキルアップ

2 「狂喜乱舞《きょうきらんぶ》」とは、非常に喜ぶ様子をいう。「強喜」「狂気」ではないので、注意する。

3 「愛別離苦《あいべつりく》」とは、別れによる苦しみのこと。語の構成は「愛別離」+「苦」なので注意する。

8 「巧遅拙速《こうちせっそく》」とは、上手で遅いより、下手でも速いほうがよい、という意味。「巧遅拙速にしかず」の略。

9 「青息吐息《あおいきといき》」とは、非常に困ったり苦しんだりするときに吐くため息のこと、またそのときの状態。

8

1 工
2 励
3 迅
4 眠
5 環
6 才
7 眺
8 臨
9 垂
10 忍

練習2 8 スキルアップ

1 「同工異曲《どうこういきょく》」とは、外見は違っていても内容は似たり寄ったりであること。「同口」「同巧」と書かないこと。

2 「奮励努力《ふんれいどりょく》」とは、気力を奮って努め励むこと。似た意味の熟語を重ねて意味を強調している。

3 「疾風迅雷《しっぷうじんらい》」とは、行動がすばやく激しい様子。

5 「衆人環視《しゅうじんかんし》」とは、多くの人が周りを取り囲んで見ていること。

6 「才色兼備《さいしょくけんび》」とは、女性が、才能と容姿の両方に恵まれていること。

9 「率先垂範《そっせんすいはん》」とは、人の先に立って手本を示すこと。

10 「隠忍自重《いんにんじちょう》」とは、苦しみなどをじっと我慢して軽々しい行動をとらないこと。対義語は、「軽挙妄動《けいきょもうどう》」。

9 P.106

1 衡
2 妄
3 志
4 遍
5 異
6 寂
7 顕
8 発
9 銘
10 是

練習2 9 スキルアップ

3 「薄志弱行《はくしじゃっこう》」とは、意志が弱くて実行力に乏しいこと。

4 「普遍妥当《ふへんだとう》」とは、いつどこでも真理として承認されること。「遍」を「偏」としないように注意。

6 「和敬清寂《わけいせいじゃく》」とは、千利休の茶道の精神を象徴したことばで、主人と客が心を和らげて敬い、身のまわりを清らかで静かに保つこと。

7 「破邪顕正《はじゃけんしょう》」とは、不正を打破し、正しい道理を明らかにすること。

10 「色即是空《しきそくぜくう》」とは、万物の本質は空であるという、仏教の教え。「空」は、うつろであること、ないの意味。語の構成は「色」+「即是」+「空」なので、注意すること。

10 P.106

1 羅　2 魂　3 暗　4 抱　5 閑

6 奪　7 体　8 斗　9 失　10 傑

練習2 10 スキルアップ

1 「森羅万象《しんらばんしょう》」とは、宇宙に存在しているすべてのもののこと。

2 「和魂漢才《わこんかんさい》」とは、日本固有の精神を持ちながら、中国伝来の学問の才も備え持つこと。

3 「暗雲低迷《あんうんていめい》」とは、前途が不安な状態が続くこと。

4 「抱腹絶倒《ほうふくぜっとう》」とは、腹を抱えて大笑いすること。

5 「閑話休題《かんわきゅうだい》」は、それはさておきと、話の本題に入る時や、それた話をもとに戻す時に用いる語。

6 「生殺与奪《せいさつよだつ》」とは、他のものを自分の思い通りに支配すること。

8 「冷汗三斗《れいかんさんと》」とは、冷や汗が三斗も出るような、とても恐ろしいめにあったり、恥ずかしい思いをしたりすること。一斗は約18リットル。

9 「千慮一失《せんりょ(の)いっしつ》」とは、どんなに賢い人であっても、多くの考えの中には一つぐらい誤りがあるということ。

10 「英俊豪傑《えいしゅんごうけつ》」とは、多くの才能を持つ、特に優れた人物のこと。

11 P.107

1 径行　2 騒然　3 無双　4 躍如　5 幽谷

6 鯨飲　7 博覧　8 無為　9 軽挙　10 大胆

練習2 11 スキルアップ

1 「直情径行《ちょくじょうけいこう》」とは、自分の思った通りに振る舞うこと。類義語には、「直言直行《ちょくげんちょっこう》」がある。また、対義語は「熟慮断行《じゅくりょだんこう》」である。

2 「物情騒然《ぶつじょうそうぜん》」とは、世論が騒がしいこと。

5 「深山幽谷《しんざんゆうこく》」とは、人が足を踏み入れていない、奥深い静かな自然のこと。

6 「鯨飲馬食《げいいんばしょく》」とは、一度にたくさん飲んだり食べたりすること。

7 「博覧強記《はくらんきょうき》」とは、広く書物を読み、よく覚えているさま。知識が豊富なこと。

8 「無為徒食《むいとしょく》」とは、何もせずに、ただぶらぶらと日々を過ごすこと。

9 「軽挙妄動《けいきょもうどう》」とは、是非をわきまえずに、軽はずみな行動をとること。

12

1 伯仲　2 来歴　3 東風　4 兼行　5 曲直

6 喜色　7 附和(付和)　8 千紫　9 異端　10 妙計

練習2 12 スキルアップ

5 「理非曲直《りひきょくちょく》」とは、正しいことと間違っていること。また、道理にかなったこととそうでないこと。

6 「喜色満面《きしょくまんめん》」とは、喜びが顔いっぱいにあふれている様子。「色」は、様子や表情のこと。「満面」は、顔全体の意味。「喜色」を「気色」とまちがえないこと。

7 「附和(付和)」を「不和」と間違えないように注意。

9 「異端邪説《いたんじゃせつ》」とは、正統からはずれている思想や学説、信仰などのこと。

10 「妙計奇策《みょうけいきさく》」とは、人の意表を突いた優れたはかりごとのこと。

送りがな

ウォーミングアップ P.114・115

▼本誌P.114〜121

1

1 イ
2 ア
3 イ
4 イ
5 ア
6 イ
7 ア
8 ア
9 イ
10 ア
11 ア
12 イ
13 ア
14 ア
15 イ
16 イ
17 ア
18 ア
19 イ
20 ア
21 イ
22 イ
23 ア
24 ア
25 イ

練習1 P.116・117

1 P.116

1 妨げる
2 雇う
3 慕う
4 迫る
5 詳しい
6 率いる
7 催す
8 辛い
9 促す
10 与える
11 掲げる
12 易しい
13 熟れる
14 募る
15 貫く
16 繕う

2 P.117

1 やめる
2 となえる
3 みちびく
4 うしなう
5 あやまる
6 ひさしい
7 ひびく
8 めぐる
9 つぐなう
10 たずねる
11 おとる
12 ゆずる
13 とどこおる
14 とぼしい
15 のぞむ
16 かしこい

練習2 P.118〜121

1 P.118・119

1 頼もしく
2 腐ら
3 踏まえ
4 輝かしい
5 飢える
6 偽り
7 澄まし
8 賢い
9 避ける
10 眺める
11 挑む
12 費やす
13 枯れる
14 従っ
15 速やかに
16 弾む
17 蓄える
18 迎える
19 恐ろしい
20 褒める
21 浸す
22 嘆かわしい
23 温かい
24 脱げる
25 拒む
26 誓う
27 弔う
28 朗らかな
29 煙る
30 承り
31 賄い
32 拙く
33 戒める
34 危ぶま
35 垂らす
36 控え
37 醜い
38 映える
39 朽ちる
40 自ら
41 磨く
42 遮る
43 揺らぐ
44 寂しい
45 退ける
46 臭い
47 諭す
48 稼い
49 鮮やかな
50 誇らしく

スキルアップ（練習2 **1**）

12 活用語尾よりも前の音節から送ることに注意する。

15 活用語尾の前に「やか」を含む形容動詞はその音節から送る。

22 「なげかわしい」の動詞形は、「なげく」なので、動詞の活用語尾から考えると「嘆く」。よって、「嘆かわしい」と「かわしい」から送る。

23 一般的に、反対の意味を表すときに「冷たい」を使う「あたたかい」には「温」、「寒い」を使う「あたたかい」には「暖」を用いる。送りがなにも注意。

28 「らか」を含む形容動詞なので、その音節から送る。

30 音節数が多いので注意。「承る」と、活用語尾を送る。

2 P.120・121

1 和やかに
2 操る
3 隠れ
4 涼しい
5 結わえる
6 盛んだ
7 著しい
8 報いる
9 幼い
10 乾かす
11 戻す
12 改める
13 誉れ
14 渇く
15 陥る
16 挟む
17 飽かし
18 及ぼす
19 慈しむ
20 謹ん
21 謝る
22 強いる
23 嫌がる
24 漬ける
25 被る
26 煩わしい
27 砕ける
28 偏る
29 潤い
30 捕まえる
31 忍ばせ
32 渋い
33 厳かな
34 損ねる
35 縛ら
36 奪わ
37 訴える
38 廃れる
39 但し
40 紛らわしい
41 漏れる
42 専ら
43 頂く
44 据える
45 慌て
46 懸かる
47 災い
48 狂おしい
49 鋭い
50 癒やさ

スキルアップ
練習2 **2**

7 「送り仮名の付け方」通則1の例外①より、語幹が「し」で終わるので「著しい」と送る。

13 「誉《ほま》れ」とは、名誉やよい評判のこと。名詞だが、「送り仮名の付け方」通則3の例外①により、「誉れ」は最後の音節を送る。

22 「強」には、「つよ―い」という訓もあるので注意する。

23 「嫌」の訓読みは「いや」「きら―う」。「いや」に「～がる」という接尾語が付いて動詞のように使う。

43 名詞の場合は、「頂《いただき》」と送りがなはつかないが、動詞の場合は、活用語尾を送るので「頂く」になる。

同音・同訓異字
▼本誌P.124～131

ウォーミングアップ P.124・125

1 P.124

1 ア
2 イ
3 ア
4 イ
5 イ
6 ア
7 イ
8 ア
9 ア
10 イ
11 イ
12 ア
13 ア
14 イ
15 ア
16 イ

2 P.125

1 イ
2 ア
3 イ
4 ア
5 イ
6 ア
7 イ
8 ア
9 ア
10 イ
11 ア
12 イ
13 イ
14 ア

練習1 P.126・127

1

1 イ
2 エ
3 ウ
4 ア
5 イ
6 ア
7 オ
8 イ
9 エ
10 ア
11 オ
12 エ
13 ウ
14 イ
15 イ
16 ウ
17 エ
18 オ
19 ウ
20 ア
21 エ
22 ウ
23 オ
24 ア
25 オ
26 エ
27 イ
28 イ
29 エ
30 ウ
31 イ
32 ア
33 イ
34 ウ
35 エ

練習2 P.128～131

1 P.128・129

1	2	3	4	5	6	7	8	9	10	11	12	13	14	15
オ	ウ	イ	ウ	イ	ア	イ	ウ	ア	ウ	オ	ア	エ	ウ	ア

16	17	18	19	20	21	22	23	24	25	26	27	28	29	30
ウ	ア	イ	エ	オ	ウ	ウ	エ	イ	エ	イ	ウ	オ	ア	ウ

31	32	33	34	35	36	37	38	39	40	41	42
エ	ア	オ	イ	エ	ウ	エ	ウ	ア	エ	ア	イ

スキルアップ 練習2 1

7 「偏在《へんざい》」とは、ある一部だけに偏ってたくさんあること。

8 「遍在《へんざい》」とは、広くあちこちに行き渡って存在すること。

15 「講読《こうどく》」とは、文章を読み、意味を明らかにすること。「購読《こうどく》」とは、本、新聞、雑誌などを買って読むこと。

16 「騰」には、上がるという意味がある。

18 「謄」には、写すという意味がある。

21 「舶来《はくらい》」とは、外国から運ばれてくるものやこと。

25 「殊《こと》に」には、特に、格別にという意味がある。

28 「堪《た》える」とは、それ相応の意味や価値があること。

37~39 「こうしょう」と読む熟語の例。「交渉」「好尚」「公称」「校章」「公傷」「高承」「公証」「考証」「口承」「高尚」「高笑」「工商」「工匠」…などがある。

40~42 「きかん」と読む熟語の例。「帰還」「基幹」「季刊」「既刊」「期間」「気管」「器官」「機関」「貴簡」「帰館」…などがある。

---

2 P.130・131

1	2	3	4	5	6	7	8	9	10	11	12	13	14	15	16	17	18	19	20	21	22	23	24	25
鈴	励	麗	妊	忍	烈	劣	裂	診	侵	伸	殖	嘱	彼	疲	卑	弔	徴	遣	賢	猿	縁	抄	奨	渉

26	27	28	29	30	31	32	33	34	35	36	37	38	39	40	41	42	43	44	45	46	47	48	49	50
進	薦	勧	整	調	駆	狩	刈	留	止	泊	挿	差	刺	指	異議	意義	威儀	歓心	感心	寒心	関心	応酬	押収	欧州

スキルアップ 練習2 2

14 「彼我《ひが》」とは、相手と自分という意味。

25 「渉猟《しょうりょう》」とは、多くの書物を読みあさること。

41 「異議《いぎ》」とは、ある意見に対する反対意見や不服のこと。

42 「意義《いぎ》」とは、言葉が表す意味や内容、事柄や行為が持つ価値という意味。

46 「寒心《かんしん》」とは、恐ろしさにぞっとすること。

書き取り

▼本誌P.134〜153

ウォーミングアップ P.134・135

1 P.134

1 尾・尾行
2 尋・尋常
3 執・執念
4 遂・未遂
5 冒・冒険
6 炊・雑炊
7 硬・硬直
8 伏・降伏
9 被・被害

2 P.135

1 翁
2 載
3 廊
4 帽
5 揺
6 邦
7 郭
8 髪
9 准
10 削
11 緯
12 紫
13 薄
14 崎
15 獣
16 璽
17 朕
18 棄
19 稚
20 寝
21 幾
22 亜

練習1 P.136〜141

1 P.136・137

1 犠牲
2 微妙
3 樹齢
4 店舗
5 沢
6 碁盤
7 穂先
8 贈
9 凡庸
10 窯
11 退屈
12 紳士
13 撮
14 記憶
15 銃弾
16 脂肪
17 錠剤
18 近郊
19 王侯
20 頻度
21 範囲
22 審議
23 癖
24 誇
25 柔和
26 滋味
27 握手
28 慰労
29 依頼
30 桟橋
31 殴
32 堀
33 架線
34 柳
35 載
36 縄張
37 大枠
38 伺
39 岬
40 訴
41 庶務
42 既成
43 昆虫
44 炎症
45 比較
46 雇

2 P.138・139

1 惨禍
2 唇
3 恨
4 矛先
5 敷金
6 擦
7 霧
8 稲妻
9 休暇
10 洪積
11 浅瀬
12 鎮火
13 越
14 抱擁
15 暁
16 惜
17 裁量
18 淡
19 尼寺
20 熱狂
21 攻撃
22 袋
23 大尉
24 盆栽
25 紫
26 鉢合
27 影響
28 薫
29 約款
30 即決
31 叔母
32 特徴
33 鋭角
34 逃
35 因循
36 統轄
37 鋳
38 発酵
39 土壌
40 炎
41 縫
42 拝謁
43 福祉
44 額縁
45 削
46 硝煙

3 P.140・141

1 情緒
2 埋
3 環境
4 娘婿
5 帆
6 検索
7 恒例
8 貝殻
9 私淑
10 乾燥
11 宵
12 返還
13 瞬間
14 勇敢
15 化粧
16 渓流
17 紹介
18 補佐
19 勘違
20 邪推
21 婚姻
22 戯曲
23 溶
24 原稿
25 黒焦
26 歓迎
27 欧州
28 津波
29 跳
30 侍
31 鐘
32 喚起
33 販売
34 殺菌
35 側溝
36 経緯
37 茎
38 肝要
39 凹凸
40 壊
41 描
42 同僚
43 縁起
44 濁
45 妃殿下
46 脚本

練習2 P.142〜153

1 P.142・143

1 漫然
2 封筒
3 衝突
4 端的
5 妊娠
6 胸騒
7 虞
8 浸
9 烈火
10 泥沼
11 連邦
12 盾
13 鶏
14 木琴
15 車掌
16 適宜
17 鑑定
18 変哲
19 出塁
20 困惑
21 儒教
22 水仙
23 裸一貫
24 圏内
25 仰
26 佳境
27 俗説
28 誘拐
29 酢豚
30 荒天
31 巡
32 吐露
33 奇異
34 威嚇
35 悟
36 堅固
37 穏便
38 自粛
39 鼓舞
40 詔書
41 漂着
42 需給
43 日陰
44 暫定
45 猛威
46 平衡
47 御中
48 叙勲
49 韻律
50 戸棚

スキルアップ 練習2 1

1 「漫然《まんぜん》」とは、一定の目的や意識を持たず、ぼんやりしている様子。

4 「端的《たんてき》」とは、遠回しではなく、はっきりと表すさま。

9 「烈火《れっか》」とは、激しく燃えさかる火のこと。ひどく怒る様子の比喩《ひゆ》として使われることが多い。

30 「好天」としないように。「欠航した」という文意から、荒れた天候であることをつかむ。

32 「吐露《とろ》」とは、心中にあることを隠さず口に出すこと。「露」には、「あらわす」という意味がある。

36 「堅固《けんご》」は、どちらの漢字も「かたい」という意味である。しっかりとして攻められても負けないさま。また、心が動じないという意味もある。

39 「鼓舞《こぶ》」は、人を励まし、気持ちを奮い起こさせること。

47 「御中《おんちゅう》」とは、郵便物などで、会社や団体など個人名以外のあて名の下に添える語。読みにも注意。

2 P.144・145

1 網戸
2 幽囚
3 謙虚
4 渦巻
5 升席
6 刃物
7 関与
8 太刀
9 詐欺
10 名誉
11 偉業
12 唯一
13 排出
14 弾劾
15 箇所
16 塾
17 疾患
18 購読
19 放浪
20 拠点
21 喫茶
22 一抱
23 気遣
24 連峰
25 境涯
26 為替
27 繰
28 破棄
29 畝
30 襟元
31 全幅
32 鉛
33 凝
34 弁償
35 陣頭
36 幻
37 魂
38 時雨
39 雨傘
40 扉絵
41 豪語
42 斜
43 後悔
44 遠征
45 剣
46 干潟
47 艦艇
48 浮揚
49 軒並
50 天賦

スキルアップ 練習2 2

2 「幽囚《ゆうしゅう》」とは、捕らえて閉じ込めること。また、閉じ込められた人のこと。

5 「升席《ますせき》」とは、相撲場や劇場などで四角く区切った客席のこと。

11 「偉業《いぎょう》」とは、立派な業績のこと。故人が残した仕事の意味の「遺業」との使い分けに注意。

25 「境涯《きょうがい》」とは、生きていく上で置かれている立場、境遇のこと。

31 「全幅《ぜんぷく》」は、あるだけすべて、という意味。

41 「豪語《ごうご》」とは、意気盛んに大きなことをいうこと。

50 「天賦《てんぷ》」とは、天から分け与えられたもののこと。

3 P.146・147

1 釣
2 卸
3 俊足
4 裂
5 又貸
6 繁茂
7 人垣
8 雅致
9 不肖
10 怒号
11 拷問
12 盤石
13 魅惑
14 戒律
15 硫酸
16 繭
17 完膚
18 享年
19 嘆息
20 換気
21 虚勢
22 元帥
23 筆致
24 摩擦
25 怪獣
26 岩礁
27 交錯
28 腐心
29 浦風
30 搬入
31 悲惨
32 高吟
33 厳
34 諸般
35 猫
36 揺
37 尋
38 襲
39 霜柱
40 獣道
41 一喝
42 含蓄
43 四肢
44 匹敵
45 堪
46 発端
47 下弦
48 要旨
49 飽
50 逃避

スキルアップ（練習2 **3**）

8 「雅致《がち》」とは、風雅な趣のこと。

10 「怒号《どごう》」とは、怒ってどなること。また、風や波の激しい音という意味。

12 「盤石《ばんじゃく》」とは、大きな岩のこと。極めて堅固なことのたとえに用いられる。

17 「完膚《かんぷ》」とは、傷のない皮膚のこと。転じて、欠点や傷のない部分の意味。

19 「嘆息《たんそく》」とは、ため息をつくこと。嘆いたときに出るため息。

28 「腐」には、くさる、くされるという意味のほかに、悩ませるという意味がある。

38 「襲《おそ》う」には、受け継ぐという意味がある。「襲名《しゅうめい》」の「襲」がその意味で使われている。

41 「一喝《いっかつ》」とは、ひと声、大声でしかりつけること。

42 「含蓄《がんちく》」とは、深い意味が含まれていること。奥深い内容や味わいを含んでいること。

---

4 P.148・149

1 酔
2 肌身
3 寝食
4 報酬
5 希薄
6 嗣子
7 摘要
8 畳
9 風刺
10 褐色
11 掲揚
12 検疫
13 愉快
14 矯正
15 雌雄
16 謹呈
17 吹雪
18 隅
19 湿
20 江
21 抵触
22 監督
23 伸
24 寂
25 勧告
26 剛直
27 帳簿
28 令嬢
29 中核
30 隔絶
31 滴
32 踏破
33 出棺
34 獲物
35 坪庭
36 釈然
37 曇天
38 軽業
39 暦
40 辛
41 奇抜
42 浄財
43 靴擦
44 殉死
45 健闘
46 杉
47 固執
48 鈍化
49 薪
50 遭難

スキルアップ（練習2 **4**）

3 「寝食《しんしょく》を忘れる」とは、食べることも寝ることも忘れるほど一つのことに打ち込むこと。

7 「摘要《てきよう》」とは、要点を抜き書くこと。

21 「抵触《ていしょく》」とは、規定の事項に反すること。

26 「剛直《ごうちょく》」とは、気性が強く、信念を曲げないこと。また、その様子。

32 「踏破《とうは》」とは、困難な道や長い道のりを歩き通すこと。

47 「固執《こしつ》」は、元は「固執《こしゅう》」と読んでいたものの慣用読み。

5 P.150・151

1 模擬
2 金塊
3 蚊
4 蛍雪
5 旅愁
6 減俸
7 寿命
8 混紡
9 旋回
10 合併
11 骨髄
12 料亭
13 禅問答
14 懸垂
15 匿名
16 無我
17 奥歯
18 狩
19 祝宴
20 胴上
21 涙
22 譲与
23 趣
24 旧姓
25 渡

26 採択
27 酪農
28 且
29 缶
30 徐行
31 柔軟
32 洗濯
33 粘土
34 懇願
35 下痢
36 甲乙
37 財閥
38 栓
39 洞察
40 冠
41 空疎
42 玄関
43 書籍
44 汚
45 発掘
46 彫
47 殺到
48 発汗
49 眠気
50 肩書

練習2 5 スキルアップ

4 「蛍雪《けいせつ》」とは、ホタルの光や窓からもれる雪のあかり。苦心して学問をすること。

12 「亭」を「廷」としない。

14 「懸」には、物をひっかける、物をぶらさげる、という意味がある。

24 「姓」とは名字のこと。「性」としないよう注意。

30 「徐行《じょこう》」とは、車などがスピードを落として進むこと。「除行」としないよう注意。

46 木をほるときは「彫」。地面などをほるときは「掘」となる。

6 P.152・153

1 憎
2 来賓
3 珠算
4 鯨
5 示唆
6 培養
7 豪華
8 貞節
9 藻
10 陳腐
11 撤回
12 露骨
13 登竜門
14 衰
15 晩酌
16 猛暑
17 祈
18 恥
19 伴奏
20 曇
21 詰
22 恋
23 凶作
24 条項
25 彼岸

26 葬列
27 爵位
28 麻薬
29 貝塚
30 浴槽
31 逮捕
32 素朴
33 完遂
34 貨幣
35 鉄瓶
36 窃盗
37 崇高
38 概算
39 括弧
40 苗木
41 突
42 線香
43 締
44 隠匿
45 連絡
46 実況
47 童謡
48 秀麗
49 耐震
50 寸暇

練習2 6 スキルアップ

6 「培養《ばいよう》」とは、やしなってふやすこと。「培」を「賠」「倍」と書き誤らないよう注意。

11 「撤」を「徹」としない。

20 動詞「くもる」のときは「曇る」。「雲る」と書かないように。

21 「根を詰める」とは、休まず一心に仕事をすること。

38 「概」を「慨」としない。

39 「弧」を「孤」としない。

50 「寸暇《すんか》」とは、忙しい中のわずかな時間のことをいう。

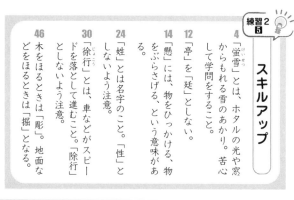

書き取り 誤字訂正

▼本誌P.154〜163

ウォーミングアップ P.154・155

1 P.154

1 ア
2 イ
3 イ
4 ア
5 ア
6 イ
7 ア
8 イ
9 イ
10 ア
11 イ
12 イ

2 P.155

1 僚・寮
2 偶・遇
3 夫・扶
4 得・特
5 伸・心
6 賢・堅
7 伴・判
8 名・命
9 加・可
10 容・要
11 材・剤
12 択・託
13 角・隔
14 認・忍
15 面・免
16 影・映
17 隣・臨
18 窒・秩
19 慮・虜
20 迫・白

練習1 P.156〜159

1 P.156・157

1 温・穏
2 受・請
3 伸・延
4 製・整
5 奮・雰
6 眺・頂
7 以・依
8 蓄・逐
9 破・把
10 治・収
11 殊・珠
12 併・塀
13 覆・復
14 奇・企
15 塔・搭
16 就・襲
17 証・詳
18 講・購
19 布・付
20 房・胞
21 漁・猟
22 快・解
23 走・争
24 正・斉
25 堤・提
26 透・陶
27 全・漸
28 想・相
29 激・劇
30 廷・艇
31 票・表
32 陣・尋
33 加・架
34 動・導
35 撲・僕
36 部・侮
37 当・党
38 丹・胆
39 被・披
40 裕・融
41 符・譜
42 初・染
43 燃・粘
44 行・航

2 P.158・159

1 概・該
2 震・奮
3 優・憂
4 邸・廷
5 訪・尋
6 到・踏
7 否・秘
8 基・既
9 滴・摘
10 狭・峡
11 噴・憤
12 連・廉
13 末・抹
14 粘・念
15 善・全
16 直・勅
17 徐・除
18 類・累
19 操・燥
20 醜・臭
21 払・沸
22 雄・勇
23 錯・索
24 懸・掛
25 提・訂
26 官・管
27 派・覇
28 淑・粛
29 退・怠
30 供・備
31 科・課
32 到・倒
33 勝・訟
34 崇・枢
35 観・看
36 操・捜
37 詳・証
38 坊・房
39 暖・温
40 摩・魔
41 砲・泡
42 謙・兼
43 僕・撲
44 知・痴

練習2 P.160〜163

1 P.160・161

1 超・長
2 証・照
3 継・次
4 培・媒
5 帰・起
6 豚・屯
7 森・深
8 化・加
9 討・当
10 郎・朗
11 平・丙
12 謁・閲
13 感・観
14 気・器
15 鼓・呼
16 獲・穫
17 逓・偵
18 阻・租

19 計・諮
20 墾・懇
21 熱・厚
22 尺・酌
23 冒・剖
24 堕・駄
25 討・悼
26 究・極
27 妥・惰
28 縁・援
29 芽・我
30 掃・履
31 偉・遺
32 賞・昇
33 前・善
34 銭・践
35 旨・棟

スキルアップ 練習2 1

3 「継《つ》ぐ」とは、家や仕事のあとを受けて続けること。「次《つ》ぐ」とは、あと、または下位に続くという意味。

12 「閲覧《えつらん》」の「閲」は「目を通す。注意深く調べる」の字義がある。「謁《えつ》」は「お目にかかる（身分の高い人に会う）」という字義がある。

15 「歓呼《かんこ》」とは、喜びの声を上げること。

25 「追悼《ついとう》」とは、死者の生前をしのんで、その死をいたみ悲しむこと、「追討《ついとう》」とは、敵を追いかけて討ちとること。

26 「きわめて」とは、この上なく、非常に、という意味。動詞の「極める」は、この上ない所まで達する、「究める」は、物事を最後の所まで深く研究するの意味。

2 P.162・163

1 感・関
2 鉄・迭
3 慢・満
4 ○
5 着・嫡
6 礎・塑
7 殊・首
8 近・緊
9 継・契
10 寛・緩
11 奉・訪
12 憎・蔵
13 章・彰
14 久・朽
15 誤・娯
16 倒・到
17 ○
18 乗・剰

19 ○
20 頂・潮
21 刷・撮
22 応・押
23 挑・眺
24 珍・鎮
25 年・念
26 譲・醸
27 ○
28 範・煩（繁）
29 抵・逓
30 潔・傑
31 倍・賠
32 観・鑑
33 強・驚
34 布・附
35 逃・当

スキルアップ 練習2 2

1 「感心《かんしん》」とは、心を動かされるほど驚いたり、立派であったり、ほめるべきさま。深く心に感じるさま。「関心《かんしん》」は、あるものごとに注意をしたり、興味を持ったりすること。

7 「首尾《しゅび》」とは、物事の始めから終わりまでという意味。

12 「腹蔵《ふくぞう》」とは、心の中に包み隠すこと。

14 「腐朽《ふきゅう》」とは、金属・木材などが腐って崩れること。

24 「重鎮《じゅうちん》」の「鎮」を同音異字の「珍」や、異音類字の「慎」と誤らないように注意。

32 「観賞《かんしょう》」とは、動植物などを見て、楽しみ味わうこと。「鑑賞」とは、芸術作品を見たり聞いたりして味わうこと。

実力完成問題 第1回

▼本誌P.164～169

一
1 そうにゅう
2 かんきゅう
3 ざぜん
4 ぼんよう
5 めいか
6 じゅんしゅ
7 きょうせい
8 ちんたい
9 ていかん
10 でこぼこ
11 めんえき
12 ちゃしぶ
13 ますい
14 きんせん
15 はんぼう
16 よゆう
17 けしょう
18 じゅっかい
19 だこう
20 いご
21 かお
22 ちか
23 すた
24 たまわ
25 すずむし
26 ことさら
27 あやつ
28 たなだ
29 さ
30 うるしぬ

二
1 衣
2 鬼
3 刀
4 人
5 行
6 貝
7 八
8 一
9 木
10 心

三
1 ウ
2 エ
3 ウ
4 エ
5 ア
6 イ
7 イ
8 ア
9 オ
10 ア

四 問1
1 懇
2 俗
3 御
4 鬼
5 威
6 謹
7 徹
8 堕
9 戒
10 憾

四 問2
11 オ
12 ウ
13 ケ
14 キ
15 ア

五
1 閑散
2 享楽
3 撤退
4 拙劣
5 濃厚
6 平癒
7 野暮
8 逝去
9 普遍
10 極意

六
1 融
2 悠
3 芳
4 俸
5 祥
6 奨
7 壌
8 剰
9 冒
10 犯

七
1 惜・析
2 蛍・渓
3 疑・擬
4 装・荘
5 型・景

八
1 傾ける
2 挟まっ
3 甚だしい
4 透かし
5 伴う

九
1 振興
2 迎合
3 苦汁
4 債権
5 窮
6 履歴
7 遮音
8 寡占
9 嘱望
10 伐採
11 購入
12 真珠
13 一斉
14 暴騰
15 疎通
16 損
17 遣
18 繭玉
19 潤
20 諭
21 震
22 背丈
23 洞穴
24 竜巻
25 償

実力完成問題 第2回

▼本誌P.170〜175

一

1 まっちゃ
2 じんそく
3 もうどうけん
4 すうはい
5 せんせい
6 けんざい
7 けんじょう
8 しゅんさい
9 てきぎ
10 かつあい
11 きゅうめい
12 ほっさ
13 びんわん
14 みゃくらく
15 ないしょ
16 だいしょう
17 しゅらば
18 ひんぱつ
19 しょくばい
20 こうぐう
21 くだ
22 ますめ
23 はか
24 いつわ
25 うずしお
26 かまもと
27 いど
28 くさ
29 えりあし
30 み

二

1 寸
2 土
3 宀
4 八
5 又
6 手
7 扌
8 一
9 虍
10 广

三

1 オ
2 ウ
3 イ
4 オ
5 ア
6 エ
7 ウ
8 ウ
9 ア
10 ア

四 問1

1 壮
2 錯
3 励
4 氷
5 潔
6 息
7 岐
8 麻
9 笑
10 喝

四 問2

11 キ
12 オ
13 ク
14 ア
15 イ

五

1 一般
2 湿潤
3 獲得
4 更生
5 快諾
6 潤沢
7 寄与
8 抜粋
9 午睡
10 運搬

六

1 謄
2 搭
3 泊
4 拍
5 践
6 旋
7 緩
8 監
9 詰
10 釣

七

1 授・寿
2 打・妥
3 提・呈
4 観・監
5 閉・締

八

1 悩まさ
2 慌ただしい
3 勇ましい
4 嫌いな
5 懲らしめ

九

1 寛容
2 賛嘆
3 啓発
4 花瓶
5 拘束力
6 酷暑
7 繊維
8 歓心
9 弦
10 屈託
11 開墾
12 警鐘
13 奨励
14 失墜
15 搭載
16 倒
17 据
18 狭
19 縁
20 酢
21 棚
22 棟上
23 泡
24 磨
25 小豆

ふ ろ く

都道府県名

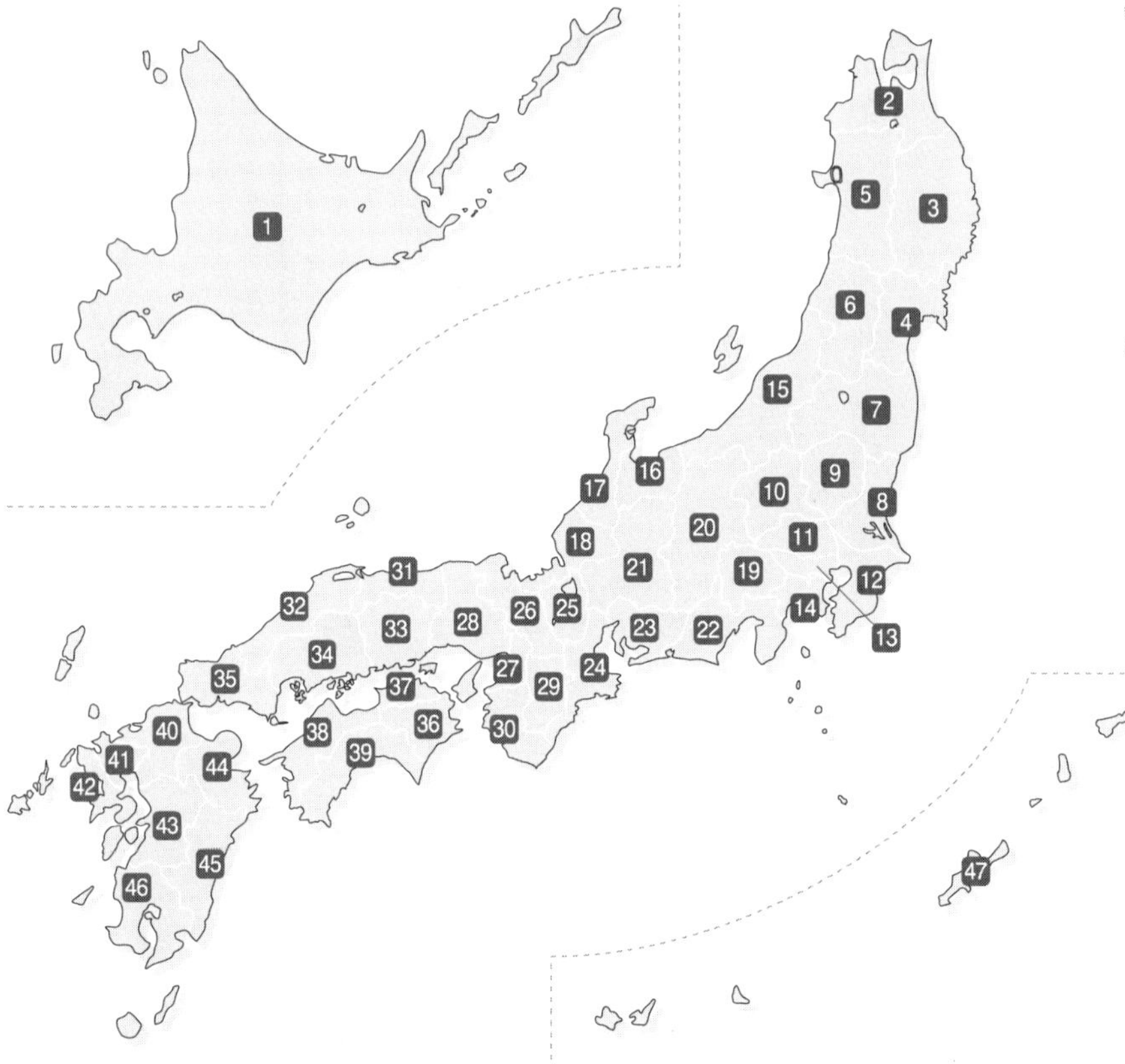

16	15	14	13	12	11	10	9	8	7	6	5	4	3	2	1
富山《とやま》県	新潟《にいがた》県	神奈川《かながわ》県	東京都《とうきょうと》	千葉《ちば》県	埼玉《さいたま》県	群馬《ぐんま》県	栃木《とちぎ》県	茨城《いばらき》県	福島《ふくしま》県	山形《やまがた》県	秋田《あきた》県	宮城《みやぎ》県	岩手《いわて》県	青森県《あおもりけん》	北海道《ほっかいどう》

32	31	30	29	28	27	26	25	24	23	22	21	20	19	18	17
島根《しまね》県	鳥取《とっとり》県	和歌山《わかやま》県	奈良《なら》県	兵庫《ひょうご》県	大阪府《おおさかふ》	京都府《きょうとふ》	滋賀《しが》県	三重《みえ》県	愛知《あいち》県	静岡《しずおか》県	岐阜《ぎふ》県	長野《ながの》県	山梨《やまなし》県	福井《ふくい》県	石川《いしかわ》県

47	46	45	44	43	42	41	40	39	38	37	36	35	34	33
沖縄《おきなわ》県	鹿児島《かごしま》県	宮崎《みやざき》県	大分《おおいた》県	熊本《くまもと》県	長崎《ながさき》県	佐賀《さが》県	福岡《ふくおか》県	高知《こうち》県	愛媛《えひめ》県	香川《かがわ》県	徳島《とくしま》県	山口《やまぐち》県	広島《ひろしま》県	岡山《おかやま》県